일상에서 만난 인문학

아보하 사람들

CONTENTS.

프롤로그 ……………………………………………………………… 004

CHAPTER 01.
공자의 『논어』를 통해 본 대통령의 리더십 | 김민겸 …………… 006

CHAPTER 02.
삶의 주인으로 행복하게 사는 법, 『엥케이리디온』 | 김성용 …… 048

CHAPTER 03.
『피터 팬』의 네버랜드 구석구석 탐험하기 | 김효엽 …………… 088

CHAPTER 04.
『구운몽』: 꿈과 욕망, 그리고 자아실현의 여정 | 이혜민 ……… 144

CHAPTER 05.
신세계 프로젝트 | 장두종 …………………………………………… 194

CHAPTER 06.
멸망의 도시에서 탈출하는 법, 『천로역정』 | 한동균 …………… 230

에필로그 ……………………………………………………………… 290

일상에서 만난 인문학
아보하 사람들

Prologue

　아보하는 '아주 보통의 하루'를 줄인 말이다. 아주 보통의 하루를 보낼 수 있다면 그것만으로도 만족하는 삶의 자세를 말한다. 2024년에 유행하기 시작한 신조어다. 그 이전에는 소확행이란 신조어가 유행했다. 소확행은 '소소하지만 확실한 행복'을 줄인 말이다. 소확행이란 신조어가 유행하면서 저마다의 소확행으로 자신의 행복을 만들어갔다. 소확행은 소소한 소비로 작은 행복을 느끼자는 취지가 담겨있었지만 어느새 작은 사치라는 의미로 변하면서 SNS마다 과시형 소확행이 넘쳤다. 소확행으로 행복을 느끼기보다 사람들의 피로감이 높아졌다. 이때 아보하는 소확행의 대안 키워드로 등장했다. 이제 사람들은 아주 보통의 하루를 보낼 수 있으면 만족하고 행복을 느낀다. 한 달에 한 번씩 독서 토론을 하면서 아주 보통의 하루를 사는 사람들이 있다. 그들은 바로 리케이온 멤버들이다.'리케이온'은 경북대학교 경영대학원 인문 고전 독서 토론 동호회다. 리케이온 멤버들은 독서 토론에서 만족하지 않고 책을 쓰기 시작했다. 리케이온 멤버들은 『인문의 어깨에 올라 경영을 바라보다. 동양고전으로 읽는 경영 이야기』(2018년), 『인문의 어깨에 올라 경영을 바라보다 : 서양 고전으로 읽는 경영 이야기』(2021년), 『서로』(2023년), 『난 괜찮아 I AM FINE』(2023년) 4권의 책을 출판했다. 이에 멈추지 않고 지역 출판사의 단행본과 지역 일간신문에 글을 기고하는 등 활발히 활동하고 있다.

　2023년 말에 리케이온 멤버들 몇 명이 책을 쓰기위해 모였다. 아주 보통의 하루를 사는 리케이온 멤버 6명이 대한민국의 각자의 자리에서 인문 고전 소설을 읽기 시작했다. 2024년의 6명의 아보하를 사는 리케이온 멤버와 오래전 인문 고전을 쓰며 아보하를 산 6명의 작가가 종이 위의 글자로 모여 만났다. 오래전 그 시대의 아보하와 2024년의 아보하의 만남으로 6가지 주제를 가지고 서로가 질문과 대답을 하고 경청하고 공감했다. 리더십, 행복, 네버랜드에 대한 새로운 시각, 꿈과 자아실현, 자녀 교육, 인생을 아름답게 완주하는 법 등 다양한 삶의 여러 주제에 관하여 2024년 아보하를 사는 6명의 작가가 당신을 위해 발자취를 기록하기 시작하고 1년이 지났다.

　그 기록을 책으로 남긴 이 책으로 당신의 아보하에 인문 고전이 주는 특별한 감동과 삶에 대한 인사이트로 행복이 가득하기를 바란다.

CHAPTER 1.

공자의 『논어』를 통해 본
대통령의 리더십

| 김민겸

영진고 1학년 재학 시절 '신비정신'으로 매일신문 학생 논술 우수작에 선정되었다. 다음 해 문학동아리 청죽(靑竹) 일원으로 시문학 관련 다양한 활동을 했다. 대구가톨릭대 정보 통계학을 졸업하고 경북대 경영대학원(MBA)에 재학 중 인문 고전 독서토론 모임을 하면서 글에 대한 열망을 키워나갔다. 아주스틸(주) 철강사업부 파트리더를 지냈으며, 현재는 공영측기(주) 대표로 공간정보산업에 종사하고 있다. 다시 잡은 펜이 어색하지만, 글을 쓰는 하루가 즐겁고 소중하다.

01 글을 시작하며   007
02 리더십   009
03 대통령별 리더십   016
04 글을 맺으며   044

01 글을 시작하며

　논어를 들어보지 못한 사람은 거의 없는 반면에 읽어 본 사람도 많지는 않을 것이다. 필자도 논어를 본격적으로 읽은 것이 불과 4년 전이다. 당시 코로나 질병이 유행하던 때에 자기 계발의 필요성을 느껴서 서재 한쪽에 묵혀두었던 고전들을 하나씩 꺼내 읽었는데 그중 하나가 논어다. 그 무렵 대중매체에서는 코로나 질병으로 인해 고통받거나 사망하는 소식이 심심찮게 들려왔다. 특히 나이 많으신 분들의 안타까운 소식이 많았기에 논어 속에서 부모에 대한 효의 구절이 유독 마음에 닿았다.

　시간이 제법 흘러 마스크가 익숙할 때쯤 다시 한번 논어를 집어 들었다. 여전히 코로나로 인한 경기침체로 기업의 매출이 감소하고 자영업자의 신용대출이 증가하여 소비가 위축되면서 국민의 삶이 취약해졌다. 또한 사회적 거리 두기로 인한 고립감과 외로움으로 국민들의 정서적 불안감 역시 심해졌다. 백신 부작용과 같은 방역 정책의 논란 및 코로나 대응 방식에 대한 의견 차이로 사회적 갈등이 심화했으며, 이는 정부에 대한 불신으로 확대되고 정치적 양극화를 낳았다.

　그 무렵에는 20대 대한민국 대통령 선거가 있었다. 늘 선거철이 되면 그렇듯 후보자 간 비방 및 허위사실 유포, 흑색선전, 후보 단일화 및 사퇴 등의 이슈가 있었다. 특히 코로나 질병이라는 특수성을 가지고 논란이 더 거세어졌다. 우리는 코로나로 인해 무너진 사회 안전망을 강화할 수 있는 강력한 리더십을 가진 후보에게 투표할 필요가 있었다. 모두가 지쳐있는 그때 우리 국민들은 이러한 갈등을 해소할 수 있는 리더를 꿈꾸었는지도 모른다. 그 당시 논어 속의 공자는 필자에게 리더십에 대해서 고민할 수 있는 실마리를 던져주었다.

시간이 더 흘러 마스크를 벗고 일상생활로 돌아갈 때쯤 다시 한번 논어를 꺼내 들었다. 3년 남짓의 코로나 시대가 있었지만, 그 짧은 기간에 필자에게 논어는 매번 다르게 이해되었다. 오래된 고서들은 그런 것이다. 책을 읽는 환경에 따라 독자가 느끼는 감정 또한 다르다. 코로나로 인한 어지러운 시기에서 논어를 읽었기에 더욱 리더십에 대해 깊이 있는 이해를 할 수 있었다.

이제 필자가 논어를 통해 이해한 리더십을 어떻게 하면 독자들에게 쉽게 전달할 수 있을까 생각해 보았다. 논어를 풀이한 책들은 쉽게 접할 수 있지만 역사적 사실에 접목하여 집필한 책은 찾기 쉽지 않다. 이에 많은 고민 끝에 먼저 과거로부터 내려오는 리더십의 분류에 대해 언급한 뒤, 대한민국 역대 대통령의 업적을 예로 들어 리더십을 풀어볼까 한다. 단순히 뜻의 해석보다는 역사적인 사실관계에 바탕을 둔 내용이 독자들에게 보다 친숙하게 다가갈 것이라고 믿는다.

02 리더십

1. 리더십이란 무엇인가

현대 사회의 구성원으로서 한 번쯤은 고민해 보는 단어가 바로 리더십이지 않나 생각한다. 우리는 리더십의 정확한 사전적 의미보다는 학습이나 다양한 매체를 통해 리더십이 가지는 의미를 스스로 쉽게 해석하곤 한다. 다만 누군가가 리더십이란 무엇이냐고 물을 때 하나의 문장으로 간단명료하게 대답할 수 있는 사람도 드물 것이다. 미국 학자이자 조직 컨설턴트로서 리더십 연구 분야의 선구자로 널리 알려진 베니스Bennis는 '리더십은 마치 미인과 같아서 정의하기는 어렵지만 보면 안다'라고 하였다. 리더십은 한 문장으로 표현하기에 모호하며 추상적이고 의미가 다양하여 리더십을 바라보는 관점에 따라 다르게 구분 지을 수 있다.

아리스토텔레스Aristoteles는 인간을 정치적 동물zoon politikon이라고 부르며 인간은 어떤 경우에도 사회적 존재라는 사실을 부정할 수 없다고 했다. 사회적 존재 속에서 정치적 인간이란 대부분의 사람은 다른 사람의 협조 및 도움 없이 목숨을 부지할 수 없다는 것으로 집단에 대해서 명확하게 이야기하고 있다.[1] 기르케Gierke[2]도 그의 저서 '독일단체법론' 첫머리

---

1 김우창, [내면의 경험으로부터 보는 세상] 추상적 이념과 인간의 실존, 열린 연단, 2016. 8. 10.
2 오톤 폰 기르케(Otto Friedrich von Gierke, 1841-1921)는 독일의 법학자이자 역사법학파(派)로서, 게르마니스텐의 입장에 서서 독일 민법 제1 초안을 비판하였다. 게르만법 연구로는《독일단체법론》,《독일사법론(獨逸私法論)》등을 저술하여 게르만법적 입장에서 단체주의적 법률관을 주장하였다. 브레슬라우·하이델베르크·베를린 대학의 교수로 재직하였다, 두피디아 두산백과.

에 '사람이 사람인 까닭은 사람과 사람과의 결합에 있다'라고 말하였다. 이처럼 사람은 공동체 안에서 사회생활을 통하여 더불어 지내게 되는데 구성원의 크기가 커질수록 예기치 못한 잦은 분쟁도 발생하기 마련이다.

분쟁이 생기면 구성원들은 힘에 의한 해결에서부터 상호 협력적인 방식으로까지 문제를 해결하려 한다. 이것을 필자는 집단 유지 현상이라 표현하고 싶다. 집단 유지 현상은 집단의 현재 상태를 유지하려는 경향을 의미하며 개인의 편향뿐만 아니라 집단의 압력, 집단의 폐쇄성으로 인해 발생할 수 있다고 본다. 문제 해결을 위한 결정은 개인적인 의사뿐만 아니라 집단의 의사에 의해서도 영향을 미칠 수 있는데, 해결 과정에 있어서 누군가는 앞장서서 문제해결을 주도적으로 이끌게 되고 여기서 지도자가 자연스럽게 생겨난다.

논어에서도 지도자와 피지도자의 관계를 어렵지 않게 찾아볼 수 있는데 공자는 팔일편[3]에서 아래와 같이 이야기하였다.

> 정공이 물었다.
> "임금이 신하를 부리고 신하가 임금을 섬기는 일은 어떻게 해야 합니까?"
> 공자께서 대답하셨다.
> "임금은 예로써 신하를 부리고, 신하는 충으로써 임금을 섬겨야 합니다."

한편, 지도자는 영문 표기로 'leader'로 '지도하는 사람' 또는 '이끌어 가는 사람'이라는 뜻을 지닌다. 좁게는 가족이나 직장, 넓게는 단체나 국

---

[3] 공자 저, 김형찬 역, 『시대를 뛰어넘는 삶의 지혜 논어』, 현암사, 2023, 팔일편 19, 「定公問 "君使臣, 臣事君, 如之何?" 孔子對曰 "君使臣以禮, 臣事君以忠."(정공문 "군사신, 신사군, 여지하?" 공자대왈 "군사신이례, 신사군이충.")」

가 등 우리가 속해있는 공동체를 이끄는 사람이다. 리더십leadership에서 'ship'은 바이킹에서 배라는 뜻이고, 'leader'는 배의 방향을 잡는 사람을 의미한다. 이것은 ship이라는 공동체를 leader라는 영향력을 가진 사람이 이끌어 가는 행태가 모인 단어이다. 결국 리더십은 개인이나 집단의 공동 목표를 달성하기 위해 다른 사람에게 영향을 미치는 과정이다. 'leader' 영어 단어의 철자 글자에 의미를 부여해서 풀이하면 다음과 같은 설명도 가능하다.[4]

l : **listening** 다른 사람의 말을 잘 들어 줄 수 있는 사람
e : **explaining** 다른 사람이 현재 당면하고 있는 문제점을 잘 설명해 줄 수 있는 사람
a : **assisting** 다른 사람의 일을 도와줄 수 있는 사람
d : **discussing** 상호 간 문제 발생 시 쟁점(爭點)에 대해 충분한 토론을 이끌 수 있는 사람
e : **evaluating** 결과에 대해 진지하게 토론하며 가치를 논할 수 있는 사람
r : **responsible** 확실하게 자기 일에 책임을 질 수 있는 사람

종합해 보면 리더는 넓은 시야와 책임감을 가지고 있으면서 공동체 구성원들의 자발적인 참여와 능력의 발휘를 통하여 모든 구성원의 목표에 가장 가깝게 나가갈 수 있도록 이끌어 주는 사람이라고 정의할 수 있다. 일반적으로 이러한 사람이 가진 능력을 리더십이라 일컫는다. 리더십은 개인 또는 집단의 활동에 영향을 미치는 과정으로, 주어진 상황 속에서 목표를 달성하기 위하여 이루어진다. 리더십은 조직, 사회, 국가 등 다양한 영역에서 이루어지며, 여러 가지 방법에 의해 다양하게 분류되기도 한다.

---

4   신응섭 저, 『리더십의 이론과 실재』, 지학사, 1999, p.77.

2. 리더십의 분류

리더십은 과거부터 현재까지 여러 가지 측면에서 다양하게 정의되고 분류되고 있다.

막스 베버Weber는 리더의 권한에 대한 근거를 기준으로 전통적 권한의 리더, 카리스마적 권한의 리더, 합리적 또는 합법적 권한의 리더로 분류했다. 전통적 권한의 리더는 과거부터 이어져 내려오는 윤리나 사회관습, 신분을 기초로 하는 권위로서 원시사회나 근대화가 늦은 사회에서 주로 나타나는 리더의 유형으로 가부장적인 경향이 있다. 카리스마적 권한의 리더는 예언자나 영웅 등 개인의 탁월한 통솔력이나 인기에 토대를 둔 권위자로서 주로 전쟁영웅이나 종교적 예언자와 같은 초인간적인 지도자가 여기에 속한다. 합리적 또는 합법적 권한의 리더는 집단의 구성원들이 정당하다고 인정하는 규칙이나 법률에 토대를 둔 권위자로서 선거를 통해 선출된 현대국가의 대통령, 국회의원 및 법률에 따라 임명된 관료 등이 이에 속한다.

서전트Sargent는 리더와 부하 사이의 관계에 따라 카리스마적 리더, 상징적 리더, 예우자Head man, 전문가Expert, 행정적 리더Administrator, 선동가 혹은 개혁가Agitator or reformer, 강압적 리더Coercive leader로 분류했다. 서전트의 카리스마적 리더도 막스베버의 분류와 비슷하게 예수나, 마호메트, 잔다르크, 히틀러, 손문 등과 같이 초자연적인 능력을 갖추거나 신성시되는 리더로 설명한다. 상징적 리더는 일본의 히로히토 천왕, 영국의 엘리자베스 여왕과 같이 실질적인 권력은 거의 없지만 국가나 국민과 같은 집단을 대표하는 명예와 위신을 갖고 있는 리더로 설명한다. 예우자는 중세 시대의 공작, 남작처럼 전통적으로 세습되거나 상대적 지위에 의해 권위를 행사하는 리더로 설명한다. 전문가는 뉴턴, 아인슈타인, 베토벤과 같이 전문 분야에서 이룬 업적에 바탕을 둔 리더를 뜻하며, 행정적 리더는 이건희나 나폴레옹, 링컨, 비스마르크처럼 기업이나 행정부에서 탁월한 통솔 능력을 발휘하여 집단의 목표 달성에 이바지하는 리더로 설명한다. 선동가 혹은 개혁가는 히틀러나 링컨, 처칠처럼 행정이나 관리 능력보다는 설득이나 선동적인 방법에 의존하는 리더로 설명하며, 강압적 리더는 알폰소 카포네[5]와 같이 주어진 권력이나 지위를 이용하여 강압적인 방법으로 통솔하는 리더를 말한다.

이 밖에도 유리스^{Uris}는 리더의 역할에 따라 전문가형 리더, 조정가형 리더, 문제 해결형 리더, 인간주의형 리더, 목표 추구형 리더로 분류했으며, 헨리 프레더릭 리핏$^{Henry\ Frederick\ Lippitt}$과 레너드 듀피 와이트$^{Leonard\ Dupee\ White}$는 집단의 형태에 따라 민주형, 독단형, 자유방임형 리더로 분류했다.[6] 정신분석학적 측면에서 레들^{Redl}은 학교나 캠프와 같은 공동체의 생활 관찰을 통해 집단 형성에는 10가지 유형이 있다고 하고 이러한 집단의 형성 과정에는 대개 중심인물이 생기게 마련인데 그 중심인물이 바로 리더라고 표현했으며, 르봉^{Lebon}은 사회심리학적으로 강한 신념으로 모든 이성을 지배하여 대중을 복종하게 하는 사람을 가리켜 대중적 리더로 이야기했다. 캘리포니아 성격검사^{CPI}[7]를 개발한 고프$^{H.\ Gough}$는 학생들과 성인成人 집단의 다양한 표집을 통해 리더형, 개혁자형, 성직자형, 예술가형

---

5 앞의 책, 알폰소 카포네(Alphonse Gabriel Capone)는 미국 시카고를 중심으로 조직범죄단을 이끌었던 유명한 갱단 두목이다. 뺨에 흉터가 있어 스카페이스(Scarface)라는 별명으로 유명하다. 1929년 2월 '성 밸런타인데이 대학살' 등 수많은 폭력·살인 사건을 배후에서 지휘하였다.

6 [코로나 시대의 에코 페미니즘], 여성신문, 2020. 10. 23.

7 캘리포니아 성격검사(California Psychological Inventory)는 12~70세 정상인의 사교성, 인내성, 책임감과 같은 대인관계 행동을 이해하고 진단하기 위하여 고프(H. Gough)가 개발하였다. MMPI를 기초로 개발하였으며, 총 434문항 중 194문항이 MMPI 문항과 일치한다. 하지만 MMPI가 임상 장면에서 이상행동을 평가하기 위해 고안되었다면, CPI는 보통 사람들의 행동을 설명하기 위해 제작되었다. 4개의 척도군과 18개의 하위척도로 구성되어 있다. 김춘경 외 4인, 『상담학 사전』, 학지사, 2016. 1. 15.

의 네 가지 유형으로 구분하기도 했다.

　이와 같이 리더십의 유형은 시대, 문화, 조직, 개인의 특성에 따라 다양하게 분류된다. 기존의 리더십에 대한 이론들은 과거부터 현재까지 긴 시간을 거치며 조금씩 지속적으로 수정되고 보완되어 왔다. 리더는 하나의 리더십만 가지고 있는 것이 아니라 구성원들이 속해있는 환경에 따라 적절하게 적용해야 한다. 따라서 리더는 새로운 기술이나 경영, 사회적 트렌드에 관련된 리더십을 꾸준히 학습하여 변화하는 요구에 민첩하게 대응할 수 있어야 한다. 또한 기본적인 자신의 성향과는 별개로 유연한 리더십을 지니기 위해 다양한 상황에 맞게 대응할 수 있는 역량을 길러야 한다.

　다양한 리더십의 예를 들기에는 지면이 모자란 감이 있기에 필자는 간략하게 전통적 리더십과 현대적 리더십 두 가지로 구분하고 우리나라 대통령들의 성과나 업적, 개인의 성향을 바탕으로 예를 들어보고자 한다.

　먼저 전통적 리더십이다. 이는 지위를 바탕으로 한 권위 중심의 리더십으로 리더가 명령하고 구성원이 복종하는 관계를 기반으로 한다. 이 시대의 리더는 강력한 카리스마와 결단력, 통솔력을 갖춘 것이 특징이며, 힘과 권력을 통제하여 지시를 내리고 구성원은 이를 실행한다. 특히 비상 상황이나 위기 상황에서 명확한 지침과 결정이 필요한 경우 매우 효과적이다. 하지만 전통적 리더십은 개인의 창의성과 참여를 억압하며 조직 내 협력과 혁신을 저해할 수 있기 때문에 지속해서 비판을 받는다. 대표적인 전통적 리더로는 박정희, 전두환 대통령 등이 있다.

　다음은 참여와 협력 중심의 현대적 리더십이다. 리더는 구성원과 함께 목표 설정부터 달성까지 수평적 관계를 기반으로 하며, 대부분의 과정에서 구성원에게 자율성과 책임감을 부여하여 역량 개발에 도움을 준다. 이러한 현대적 리더십의 지도자는 평소 구성원과의 원활한 의사소통을 통해 다양한 의견을 반영하여 급격하게 변화하는 환경에 대해 빠르게 대응이 가능하다. 또한, 현대적 리더는 과거 전통적 리더와는 달리 개인의 성과보다는 그룹의 이익을 중요시하고 구성원들 간의 협력을 끌어낸다. 이를 통하여 구성원들은 공통된 조직의 목표를 가지고 개개인이 성장하며 그룹의 발전을 통하여 만족을 느끼고, 이를 통해 공동체는 더욱 더 단단해진다. 이러한 점에서 현대의 리더는 좋은 방향 제시자이면서 의견 조율자이기도 하고 일과 삶을 지원해 주는 조력자이기도 하다. 우리는 이러한 리더십을 서번트 리더십[8]이라고 부르기도 하는데 이는 현대적 리더십에서 중요하게 자리매김한다. 대표적인 현대적 리더로는 김영삼, 김대중, 이명박 대통령 등이 있다.

---

8   서번트리더십은 국내에서는 '섬기는 리더십'으로 알려져 있다. 미국 학자 로버트 그린리프가 1970년대 처음 주창한 이론으로 '다른 사람의 요구에 귀를 기울이는 하인이 결국은 모두를 이끄는 지도자가 된다.'는 것이 핵심이다. 즉, 서번트리더십은 인간 존중을 바탕으로 구성원들이 잠재력을 발휘할 수 있도록 앞에서 이끌어주는 리더십이라 할 수 있다. 한편, 서번트리더십은 리더의 역할을 크게 방향 제시자, 의견 조율자, 일·삶을 지원해 주는 조력자 등 세 가지로 제시하고 있다, PMG 지식엔진연구소, 「시사상식사전」, 박문각.

03
대통령별 리더십

1. 전통적 리더십

1) 박정희 대통령 : 대한민국의 경제는 내가 살린다

강력한 군사력을 바탕으로 대통령직선제를 실시한 3공화국과 유신정권으로 유명한 4공화국을 연이어 통치한 박정희 대통령은 전통적 리더십을 가진 우리나라의 대표적인 지도자다.

박정희 대통령은 산골에서 가난한 농가의 막내로 태어나 일찍부터 가난의 철학을 배웠다. 가난을 극복하는 방법은 부지런하고 절약하는 길밖에 없다고 믿어 후에 그의 임기 동안 특별히 경제 분야에 높은 노력을 기울였으며 국민들에게 근면과 절약의 정신을 강조하였다. 그는 가난에도 불구하고 국군 내에서 보기 드물게 청렴결백한 성격을 가진 것으로 알려져 있는데 가난 속에서 청빈한 삶의 중요성은 논어 옹야편[9]에서도 찾아볼 수 있다.

> 어질도다, 회여! 한 그릇의 밥과 한 표주박의 물을 가지고 누추한 거리에 살고 있으니, 보통 사람들이라면 그런 근심을 견뎌내지 못하겠지만, 안회는 그 즐거움이 변치 않는구나, 어질도다, 회여!

---

9 앞의 책, 옹야편 9,「子曰 "賢哉, 回也! 一簞食, 一瓢飮, 在陋巷, 人不堪其憂, 回也不改其樂. 賢哉, 回也!"(자왈 "현재, 회야! 일단식, 일표음, 재누항, 인불감기우, 회야불개기락. 현재, 회야!")」

여기서 근심은 물질적, 육체적 궁핍으로 인한 고통과 근심을 말하는 데 물질적, 육체적으로는 불편할지라도 그러한 궁핍을 벗어나기 위해 진리를 추구하는 즐거움을 포기하지 않는다는 말이다. 가난이나 고난을 극복하지 못하면 지니고 있는 뜻을 포기하기가 쉽기에 가난한 삶 속에서 청빈한 삶을 유지하기란 매우 어려운 일이다.

박정희 대통령은 5.16 쿠데타를 통하여 집권함으로써 정당성을 갖추지 못한 채 시작하였다. 군부 세력을 배경으로 등장한 탓에 그의 정치 방법을 살펴봤을 때에 군대식 행동유형이 반영된 것은 어찌 보면 당연한 결과였다. 이러한 성향은 대상을 피아로 구분하는 이분법 사고방식이나 강력한 민족주의, 단방향 대화 및 통제 등에서 여실히 잘 나타난다. 그렇기에 그는 지금까지 역대 대통령 중 가장 강력한 카리스마를 바탕으로 한 권위주의적 리더십의 대표 인물로 거론되곤 한다.

그의 업적을 분야별로 살펴보면 먼저 '한강의 기적'으로 불리는 한강 정비 사업을 포함한 민간 개발 산업, 경제개발 5개년 계획, 새마을 운동 등이 있으며 이를 통해 대한민국 경제는 급속도로 발전하였다. 그리고 산업용지를 개발하고 농촌의 도시화를 꾀하였으며, 쌀을 일부러 낮은 가격에 판매하도록 하는 저곡가 정책을 시행하여 농촌의 일손을 열악한 공장으로 돌려 공업화를 촉진했다. 이때 시행한 도시화 정책은 1960년대의 강남 개발로 이루어지며 이후 강남지역이 서울로 편입이 된다. 점점 커지는 도시로 말미암아 도로 건설이 필요하게 되고 인프라 구축을 위해 많은 자금이 필요한 정부는 비용을 충당하기 위한 토지인 체비지[10] 발행으로 자금을 마련하는데, 그 결과 강남의 지가가 급격하게 상승하게 된다. 외교

---

10 토지구획은 정리지역에서 정리사업 결과 정부나 지방자치단체에 환수되는 잉여의 토지를 말한다, 기획재정부, 시사경제용어사전, 2017. 11.

적으로는 남북 대치 상황에서 주한 미군을 유지하며 한미 동맹을 강화했고 '선 개발 후 통일' 원칙으로 경제 개발을 통한 국력 강화를 우선순위로 삼았다.

이와 같이 그의 정책들 대부분은 경제에 치중하고 있다. 이에 필자는 여러 가지 업적 중 가장 대표되는 경제 정책인 경제개발 5개년 계획과 새마을 운동에 대해 아래에 자세하게 소개하겠다.

먼저 경제개발 5개년 계획이란 정부 주도의 경제성장 방식을 의미한다. 1950년대 후반 세계 각국에서는 2차 세계대전 이후 급속한 냉전체제 속에서 자국의 경제발전을 우선시 하는 정책으로 내실을 다지던 시기였다. 이 무렵 우리나라는 미국의 무상원조를 받고 있었는데 미국은 경제 원조를 줄이기 위해 대한민국 정부에 스스로 경제를 융성하라는 압박을 하고 있었다. 미국의 원조 정책에 의존하던 대한민국은 전후 복구뿐만 아니라 경제개발 전략을 수립해야 하는 상황에 직면했다. 2공화국 때부터 개발 전략은 있었지만, 박정희 대통령에 이르러 빠른 공업화를 통해 본격적인 경제성장의 발판을 마련하게 되었다.

경제 성장의 발판은 그의 과감한 리더십과 더불어 남들보다 더 먼 미래를 바라볼 수 있는 시야를 가졌기에 가능한 것이었는데 이러한 덕목은 논어 위령공편[11]에서도 찾아볼 수 있다.

> 사람이 멀리 내다보며 깊이 생각하지 않으면, 반드시 가까운 근심이 있게 된다.

---

11 앞의 책, 위령공편 11, 「人舞遠慮, 必有近憂 (인무원려, 필유근우)」

정부 조직에서 장기 발전 계획을 수립하지 않으면 눈앞에 닥친 작은 일에도 마음이 어지러워져서 잘못된 결과를 도출할 확률이 높다. 회사도 마찬가지다. 대부분의 대기업은 연말마다 1년 단위의 사업계획을 수립하고 이와 병행하여 5~10년 단위의 장기 사업계획을 수립하여 매번 수정한다. 삼성전자의 경우를 예로 들어보자. 삼성전자는 10년간 매출액 규모가 크게 증가하고 한국의 이류 기업에서 글로벌 1위 기업으로 성장한 대한민국 최고 기업이다. 삼성전자의 사업은 크게 고목 사업, 과수 사업, 묘목 사업, 씨앗 사업으로 분류할 수 있다. 고목 사업은 더 이상 과수를 수확할 수 없는 사업으로 사업을 철수해야 하는 사업이고, 과수 사업은 현재의 매출과 이익을 책임지며 회사의 성장을 이끄는 사업이다. 묘목 사업과 씨앗 사업은 단어에서 알 수 있듯이 미래를 준비하는 사업이다. 묘목 사업은 5년 이내의 기간에 결실을 얻고, 씨앗 사업은 장기 프로젝트로써 5~10년 뒤 주력사업이 될 것으로 분류해 장기적인 관점에서 미래의 신사업을 육성하는 것이다. 다시 말해, 미래의 신사업이 될 묘목 사업과 씨앗 사업을 명확하게 구분하여 미래의 신제품, 신사업을 준비하는 것이다.[12]

그리고 리더는 균형 있는 성장을 끌어내는 것도 중요하다. 대한민국이 처해있는 궁핍한 경제 상황으로 인하여 공업화를 통한 외적인 경제성장을 이루었지만 이제 못지않게 내적인 질적 성장도 동반하였어야 한다고 필자는 강하게 주장하고 싶다. 외적인 성장은 얼핏 보면 풍요로운 삶인 것으로 보일 수 있지만 결국 다수의 국민들은 절대적 풍요보다는 상대적 마음의 빈곤을 가지게 되고 이는 사회 빈부격차를 발생시킴으로써 보이지 않는 계층을 만들게 된다. 박정희 대통령의 경우 지금까지 경제성장 분야에서 많은 찬사를 받고 있지만 오늘날에 이르러 그의 한쪽으로 치중된 경제성장에 대해 부정적인 시각이 늘어나고 있다.

---

12 「비전을 달성할 장기 사업계획을 수립하라」, 이창수 소장, 바이오타임즈, 2022. 12. 26.

논어 옹야편[13]에도 균형에 대해 강조하는 항목을 볼 수 있다.

> 바탕이 겉모습을 넘어서면 촌스럽고, 겉모습이 바탕을 넘어서면 형식적으로 된다. 겉모습과 바탕이 잘 어울린 후에야 군자다운 것이다.

여기서 바탕은 내면의 모습으로 질적인 측면을 의미하는 것이고, 겉모습은 외적인 측면을 의미하는 것으로 해석할 수 있다. 즉 내면의 바탕이 외적 겉모습보다 뛰어나면 촌스럽고, 내면의 바탕이 외적 겉모습보다 모자라면 실속이 없다는 뜻이다. 공자는 내적 바탕과 외적 모습의 조화를 통해 빈빈彬彬[14] 즉, 서로 알맞게 갖추어져 있어 아름다운 모양을 이룬다고 보았다. 이러한 측면으로 볼 때 박정희 대통령의 리더십이 반영된 경제정책은 오늘날 우리에게 또 다른 평가를 하게 한다.

다음으로는 새마을 운동이다. 새마을 운동은 지역사회 개발을 위하여 1970년부터 근면, 자조, 협동 정신과 '잘 살아보세'라는 구호를 바탕으로 시작된 농촌 계몽 활동이다.[15] 경제개발 5개년 등 중공업 중심의 성장으로 인해 상대적으로 농업의 비중이 축소되다 보니 농촌과 도시지역 간 빈부격차가 날로 심해졌다. 이러한 격차로 인해 농가의 불만은 점점 커졌으며 이는 고스란히 집권당에 대한 정치적 불안 요소로 자리 잡게 된다. 이에 정부는 농가의 불만을 잠재우면서 권위주의 정권을 유지하기 위해 새마을 가꾸기를 시행하였는데 이는 하나의 정책에 끝나지 않고 전 국민적 운동으로 전개되어 새마을운동으로 확산하였다.

13　앞의 책, 옹야편 16, 「質勝文則野 文勝質則史 文質彬彬 然後君子 (질승문즉야, 문승질즉사, 문질빈빈, 연후군자)」
14　빈빈은 문조와 바탕이 잘 갖추어져 훌륭하다는 뜻이다. 국립국어원, 표준국어대사전.
15　앞의 책, 새마을 운동.

새마을 운동은 최빈국 중 하나였던 대한민국이 세계 10대 경제 대국으로 상장할 수 있는 발판이 되었는데 이 운동의 성공 요인은 크게 3가지로 나누어 볼 수 있다.

첫 번째는 시기적절한 정부 차원의 정책 추진이다.

농촌 환경의 개선은 독재정치를 정당화하기 위한 정책이라는 비판적 시각도 있지만 도시와 농촌의 수준 차이를 빠르게 인식하여 해결책을 도모했다는 점에서 매우 긍정적이다. 이는 빈부격차에 대한 박정희 대통령의 구체적 인식과 문제 해결에 대한 일관성 있는 정책 추진이 없었으면 크게 성공하지 못했을 것이다.

논어 학이편[16]에서도 적절한 시기에 대한 구절이 나온다.

> 나라를 다스릴 때는 일을 신중하게 처리하고 백성들의 신뢰를 얻어야 하며, 씀씀이를 절약하고 사람들을 사랑해야 하며, 백성들을 동원할 경우에는 때를 가려서 해야 한다.

비록 정권의 독재화가 가미된 농촌계몽 운동이라 할지라도 도시와의 소득격차로 인한 농민들의 어려운 목소리를 들어주면서 신뢰를 쌓았다고 볼 수 있다. 또한 국가의 재정을 농민들에게 직접 나누어주기보다는 도로 확장 및 하천 정비, 농촌 주택 보수와 같은 사회간접자본 사업(SOC)[17]

---

16 앞의 책, 학이편 5,「道千乘之國, 敬事而信, 節用而愛人, 使民以時 (도천승지국, 경사이신, 절용이애인, 사민이시)」

17 앞의 책, 사회간접자본(社會間接資本, SOC-social overhead capital)에서 '사회(Social)'라는 의미는 누구나 이용 가능하다는 것이며, '간접(Overhead)'은 특별한 어느 한 생산과 직접적으로 연관되어 있지 않고, 사회 전반적인 생산에 이용된다는 의미다. 이 두 가지 특성을 가진 자본을 사회간접자본이라고 하며 항만, 도로, 철도, 전기, 가스 등을 산업 발전의 기반이 되는 여러 가지 공공 시설이 이에 해당된다고 볼 수 있다.

에 투자함으로써 직접적인 씀씀이를 절약했다. SOC 사업을 통하여 향후 농촌발전의 기반을 만듦과 동시에 가난한 농민들에게 일자리를 제공하여 직접적으로 빈부격차를 해소했다고 믿게 했다. 이면에 다소 부정적인 시각으로 바라볼 수도 있는 운동이지만 정권 안정 및 빈부격차 환경에서 두 마리의 토끼를 잡을 수 있는 좋은 정책이 아니었나 한다.

두 번째는 헌신적인 노력과 봉사를 한 새마을지도자다.

새마을 지도자란 새마을 운동에서 마을 단위의 세분된 조직을 이끌어 나가는 리더를 뜻한다. 새마을지도자는 마을 주민 한 사람으로서 마을의 발전을 위해 헌신적으로 봉사를 한다.

대통령이 권위주의적 리더십을 가진다면 새마을지도자는 마을 개선에 대한 구체적인 비전을 제시하고 이를 달성하기 위해 주민들을 설득하며 참여를 유도하는 현대적 리더십을 가진다. 그는 가난한 농촌 마을 주민들 위에 있지 않고 자기 시간과 노력을 희생하면서 모두가 평등한 가운데 주민 스스로 봉사할 수 있는 욕구를 만든다. 이는 인간 존중을 바탕으로 섬기고 봉사하는 자세로 구성원들을 후원하고 지지하여 잠재력을 끌어내는 서번트리더십의 모습과도 일맥상통한다고 볼 수 있다. 새마을 지도자의 보이지 않는 희생정신과 노력이 동반된 서번트리더십은 특히 과거 양반·상민 신분이 스며든 향약[18] 등의 위계적인 농촌 관계에서 수평적 협력 관계로 바꾸게 되는 동력이 되었다.

이러한 봉사의 모습은 논어 학이편[19]에서도 찾아볼 수 있다.

---

18 앞의 책, 향약은 조선시대 향촌 사회의 자치 규약으로 유교적인 예속(禮俗)을 보급하고, 농민들을 향촌 사회에 긴박 시켜 토지로부터의 이탈을 막고 공동체적으로 결속시킴으로써 체제의 안정을 도모하려는 목적에서 실시되었다.

19 앞의 책, 학이편 1,「人不知而不慍, 不亦君子乎 (인부지이불온, 불역군자호)」

> 남이 알아주지 않아도 성내지 않는다면 또한 군자답지 않은가?

많은 서번트리더십에 대한 연구 결과를 보면 리더가 구성원들에게 의사결정 과정에서 능동적으로 참여하도록 하거나 많은 리더의 권한을 위임할 때 몰입과 만족도가 증가하는 것으로 나타난다. 2012년 서번트리더십에 관련된 매개 회귀분석 결과를 보면 서번트리더는 부하들의 잠재력과 역량을 확인하여 성장과 개발을 도와줌으로써 부하들이 직무에 대한 만족과 조직에 대한 몰입을 높여 준다고 한다.[20]

서번트리더십은 논어 안연편에서도 찾아볼 수 있다.

> 집 문을 나가면 누구라도 큰 손님을 대하듯이 하고, 백성을 부릴 때에는 큰 제사를 받들듯 하며, 자기가 하고 싶지 않은 일은 남에게 시키지 않아야 한다. 그리하면 나라를 원망하는 사람이 없을 것이요, 집안에 원망하는 사람이 없을 것이다.

공자는 인을 실천하는 방법으로 세 가지를 꼽았는데 첫째는 사람을 대할 때 정성을 다하여야 하고, 둘째는 백성에게 일을 시킬 때는 손님을 대하듯 신중하게 해야 하며, 셋째는 누구나 하기 싫고 힘든 일을 남에게 미루기 쉬우나 이러한 마음을 버리고 솔선수범해야 한다는 것이다. 이 중 세 번째 방법인 솔선수범은 공자의 인을 실천하는 대표적인 방법이며, 이는 사람과의 관계 속에서 리더로서의 따뜻한 배려가 깃들어있는 구절이다. 리더는 말이 아닌 솔선수범하는 행동이 있어야 하며, 나눔과 배려야

---

20 『서번트 리더십이 정서적 몰입과 직무만족에 미치는 영향』, 정부학연구 제18권 제3호(2012)

말로 서번트리더십의 중요한 항목이다.[21]

세 번째는 새마을 교육을 통한 국민의 공감이다. 새마을 교육은 성공적인 새마을 운동을 위하여 국민을 대상으로 차별 없는 평생교육을 지향하는 일종의 정신 교육으로 볼 수 있다.

새마을 교육의 목표는 국민 교육 헌장의 이념 아래에 학교 교육을 통하여 학생과 향토 인에게 자조·자립·협동의 새마을 정신을 함양시킴으로써 향토 개발과 국가 발전에 공헌하는 실질적인 인간을 육성하는 데 있다.[22] 효과적인 새마을 운동을 위해서 새마을 교육은 필수 불가결한 요소였는데 특히, 도시와 농촌 간의 격차 해소를 위해서 꼭 필요한 교육이었다.

교육의 중요성 및 실천은 논어에서도 잘 나타나는데 공자는 학이편에서[23] 다음과 같이 말했다.

> 배우고 때때로 그것을 익히면 또한 기쁘지 않은가?

아마 이 구절은 처음 논어를 접하는 독자들도 쉽게 떠올릴 수 있을 것이다. 새마을 교육에서 배우고 익힌다는 것은 농업에서 공업 중심으로 변화하는 사회·경제적 현상을 빠르게 파악하여 계속 학습한다는 것이다. 리더는 다른 구성원들보다 사회의 변화를 먼저 파악할 수 있어야 하며 단순히 파악으로 그치지 않고 구성원들에게 곧은 방향을 제시해 줄 수 있어야

---

21 곽대훈 외 6명 저, "리더십 논어", 『인문의 어깨에 올라 경영을 바라보다』, 부카, 2018.
22 앞의 책, 새마을 교육은 근면·자조·협동 정신과 '잘 살아보세'라는 구호를 바탕으로 빈곤퇴치와 지역사회개발을 위하여 1970년부터 전개된 운동이다.
23 앞의 책, 학이편 1, 「學而時習之, 不亦說乎(학이시습지, 불역열호)」

한다. 이를 위해서는 지속적으로 변화에 맞는 공부를 해야 한다. 공업 교육은 짧은 시간 내에 이루어지는 것이 아니라 반복되는 현장실습을 바탕으로 몸에 익혀야 하기에 리더나 구성원은 끊임없는 공부가 필요하다. 제대로 된 교육이 바탕이 될 때 생산성은 향상되며 향토개발과 국가 발전에 공헌하게 된다.

2) 전두환 대통령 : 내가 왕이 될 상인가

권위주의적 통치를 해오던 박정희 대통령의 서거 이후 정부는 극도로 혼란한 상태가 계속되었으며 이에 우리 사회는 정치·경제·사회 개혁을 기대하고 있었다. 민주화에 대한 열망은 점차 고조되었고 사회 곳곳에서 노동자 파업, 대학생 궐기대회 등의 민주화를 부르짖는 시위가 일어났다. 하지만 전국으로 퍼진 비상계엄령하에 대부분의 정치 활동이 중단되었으며, 특히 광주에서는 민주화 항쟁 진압으로 인하여 많은 사상자가 나왔다. 국민의 바람과는 다르게 민주화의 불씨는 점차 옅어지고 결국 전두환 대통령은 12·12사태 등을 통하여 반대편에 있는 군부 세력을 평정한 후 측근 군부 세력을 등에 업고 제11대 대통령으로 취임했다.

이와 같이 무력을 통해 비합법적인 방식으로 통치권을 장악한 5공화국의 전두환 대통령은 정통성이 상당히 결여되어 있으며, 이전 정권의 강압적인 스타일에서 크게 바뀐 것이 없다. 하지만 다른 점이 있다면 12·12사태에서 다른 고위 참모들을 뒤로하고 앞장서서 쿠데타를 이끌었다는 점에서 적극적이면서도 고집스러운 권위주의적 리더십을 가지고 있다고 볼 수 있다.

당시 국내 정보의 핵심적 역할을 하는 부서는 중앙정보부와 대통령 경호실, 보안사령부였다. 박정희 대통령 서거 후 정승화 육군참모총장이 계엄사령관을 맡으면서 공식적인 군부의 라인이 형성된 듯했으나 실질적인 힘은 누구에게도 있지 않았다. 역설하면 그만큼 박정희 대통령의 권력 집중화가 얼마나 대단했는가를 보여주는 것인데, 박정희 대통령 서거 후 중앙정보부와 대통령 경호실이 힘을 잃은 가운데 전두환 당시 보안사령관은 합동수사본부장까지 맡으며 국내 정보 유통의 중심에 서게 된다. 낮은 계급의 불리한 상황에서도 정보 독점을 바탕으로 수사권을 앞세운 그는 적극적으로 자기 생각을 관철해 반대 군부 세력을 몰아내는 데 성공한다. 쿠데타의 결과가 올바른 것이 아님은 분명하지만, 그의 빠른 결단으로 정적을 없애고 중심에 서게 된 행동에 대해서는 한 번쯤은 생각해 볼 필요가 있다.

이처럼 우리는 때로는 어떤 일을 진행할 때 깊은 고민보다는 과감한 판단이 필요할 때가 있는데 공자는 논어 공야장편[24]에서 다음과 같이 이야기하였다.

> 계문자는 세 번 생각한 뒤에야 행동하였다. 공자께서 이 말을 들으시고 말씀하셨다. "두 번이면 된다."

한국 경제사에서 전두환 대통령 시절은 대체로 평가가 후한 편이다. 제조업을 중심으로 수출 산업의 개발과 적극적인 기업 육성 정책으로 연평균 8% 정도의 성장률을 기록했다. 이러한 경제성장의 이면에는 '경제 대

---

24 앞의 책, 공야장편 19, 「季文子, 三思而後行. 子聞之日 "再斯可矣"(계문자, 삼사이후행. 자문지왈 "재사가의")」

통령'으로 불리는 김재익[25] 경제수석비서관이 있다. 당시 쿠데타를 통해 힘들게 얻은 권력의 일부를 남에게 일임한다는 것은 냉혹한 권력 세계에서 유례를 찾아보기 어려운 일이었다. 김재익의 적극적인 경제개혁을 위해 전두환 대통령은 신뢰를 아끼지 않았으며 설혹 외부에서 경제정책을 비판해도 전혀 흔들리지 않았다. 이는 자신의 모자란 부분을 스스로 알기에 가능했던 일이며, 일단 사람을 쓰면 자신과의 의견이 대립하더라도 믿어야 한다는 전두환 대통령의 리더십이 있었기에 가능했다.

이처럼 자신의 모자람을 스스로 깨닫기는 쉽지 않은데 공자는 논어 위정편[26]과 공야장편[27]에서 아래와 같이 이야기하였다.

> 유야! 너에게 안다는 것에 대해 가르쳐주랴? 아는 것을 안다고 하고 모르는 것을 모른다고 하는 것, 이것이 아는 것이다.

> 다 글렀구나! 나는 아직 자기의 허물을 보고서 마음속으로 반성하는 사람을 보지 못했다.

그는 대통령 퇴임 후 1997년 뇌물수수와 군 형법상 반란 혐의로 기소되어 무기징역과 2,205억 원의 추징금을 청구받았다. 국세청은 추징금이 책정되자마자 전두환의 명의로 된 채권 188억과 이에 대한 이자 100억

---

[25] 이현덕 저, [과학기술이 미래다] '전두환 대통령, 김재익 경제수석비서관 발탁', 전자신문, 2023. P.19.

[26] 앞의 책, 위정편 17, 「子曰 "由! 誨女知之乎? 知之爲知之, 不知爲不知, 是知也."(자왈 "유! 회여지지호? 지지위지지, 부지위부지, 시지야.")」

[27] 앞의 책, 공야장편 26, 「子曰 "已矣乎! 吾未見能見其過而內自訟者也."(자왈 "이의호! 오미견능견기과이내자송자야.")」

원을 즉시 추징하는 데 성공했지만, 채권을 추징한 후 국세청은 더 이상 압류할 자산이 없는 상황에 직면하게 되었다.

대부분의 자산은 사실상 돈세탁이 끝난 상태였다. 법정에서 계속되는 추징 압박에도 전혀 반응하지 않았으며 심지어는 고급 차량에 수행 비서를 데리고 골프를 치러 다니는 그가 '전 재산이 29만 원밖에 없다'고 이야기하며 큰 이슈를 몰고 왔다.

재물에 대한 욕심에 대해 공자는 논어 계씨편[28]에서 아래와 같이 이야기했다.

> 군자에게는 세 가지 경계해야 할 일이 있다. 젊을 때는 혈기가 안정되지 않으므로 정욕을 경계해야 한다. 장년이 되어서는 혈기가 막 왕성해지므로 다툼을 경계해야 한다. 노년이 되어서는 혈기가 이미 쇠약해졌으므로 탐욕을 경계해야 한다.

아무리 건강한 사람이라도 결국 죽는 날은 오는 것이고, 아무리 사고가 올바른 사람이라도 나이가 들면 생각이 변한다. 군자라 하더라도 의식주와 같은 일반적 욕구와 살아가면서 겪어야 하는 경제적 어려움은 피하기 어렵다. 공자와 같은 군자도 그러한데 아집이 강한 전두환 대통령은 두말할 나위 없을 것이다.

그의 정권은 부정부패와 민주화운동 탄압 및 고문 등의 다툼으로 시작

---

[28] 앞의 책, 계씨편 7, 「孔子曰, 君子有三戒. 少之時, 血氣未定, 戒之在色. 及其壯也, 血氣方剛, 戒之在鬪. 及其老也, 血氣旣衰, 戒之在得. (공자왈, 군자유삼계. 소지시, 혈기미정, 계지재색. 급기장야, 혈기방강, 계지재투. 급기로야, 혈기기쇠, 계지재득)」

됐으며, 퇴임 후에도 추징금을 내기 위해 다 내어놓겠다던 과거의 약속과 달리 재산을 지키기 위한 법적 다툼까지 벌이며 비협조적 태도로 일관하여 죽을 때까지 내지 않았다. 그의 고집스러운 성격은 쿠데타 성공으로 가장 높은 자리까지 올라가는 데 큰 역할을 했을지는 모르나 그것으로 인해 마지막까지 국민들에게 손가락질 받았다.

2. 현대적 리더십

1) 문민정부 김영삼 대통령 : 민주주의, 투명한 경제의 발판을 만들다

문민정부란 군인이 아닌 일반인 출신의 대통령이 통치하는 정부를 일컫는 말이다. 1961년부터 박정희 대통령의 5·16 군사 정변 이후 약 30년간 전두환, 노태우 대통령 등으로 이어지는 군사정권이 대한민국을 통치한다. 그러나 1987년 6월 민주항쟁으로 대통령 직선제가 실시되고, 1993년에는 제14대 대통령으로 김영삼 정부가 들어섬으로써 문민정부가 시작된다.[29]

김영삼은 지난 군사독재 정부에 대해 비판의 목소리를 많이 내었고 민주개혁을 하고자 노력을 하였다. 국회에서는 서민들의 권리와 나라의 민주화를 위해서 핵심적인 역할을 했고, 항상 권위주의적 정권에 맞서서 투쟁하였다. 집권당에 대한 강력한 반대와 대한민국 정부의 투명성과 책임성을 높이기 위해 갖은 모욕을 견디며 끊임없는 협치의 노력을 하였다. 당시 어려운 시기에도 당을 계속 이끌고 여러 선거에 당이 승리할 수 있도록 큰 노력을 했는데, 이러한 점에서 볼 때 그는 참여와 협력 중심의 현대적 리더십을 가졌다고 볼 수 있다. 특히 그의 현대적 리더십의 표현은

---

29 문민정부, 정치학대사전편찬위원회, 『21세기 정치학대사전』, 한국사전연구사.

1993년 2월 25일 대통령 취임사[30]에서도 잘 나타난다.

> 오늘 우리는 그렇게도 애타게 바라던 문민 민주주의의 시대를 열기 위하여 이 자리에 모였습니다. 〈중략〉
> 마침내 국민에 의한, 국민의 정부를 이 땅에 세웠습니다.

그는 어린 나이에 최연소 국회의원을 시작으로 원내총무, 야당 총재를 여러 차례 거치고 대통령 당선이라는 영광의 시간도 있었지만, 그보다는 초산 테러, 국회의원직 제명, 가택연금, 단식투쟁과 같은 시련과 고난의 세월도 있었다. 특히 국회의원직 제명 때 발언한 '아무리 닭 모가지를 비틀지라도 새벽이 온다'라는 발언은 가혹한 탄압 속에서도 민주항쟁을 이어가겠다는 굳은 의지를 보여준다. 이처럼 그의 민주주의는 혹독한 군사독재의 한가운데서도 투쟁의 불씨를 꺼트리지 않는 힘의 원천이었으며, 앞을 막아선 벽에 대한 도전과 좌절, 재도전의 원동력이었다.

그의 꺾이지 않는 신념은 논어에서도 잘 나타나는데 공자는 리인편[31]에서 인(仁)에 대해 아래와 같이 이야기하였다.

---

30 김영삼 취임식, 행정안전부, 대통령기록관.

31 앞의 책, 리인편 5장, 「子曰, "富與貴, 是人之所欲也, 不以其道得之, 不處也. 貧與賤是人之所惡也, 不以其道得之, 不去也. 君子去仁, 惡乎成名? 君子無終食之間違仁, 造次必於是, 顚沛必於是."(자왈, "부여귀, 시인지소욕야, 불이기도득지, 불처야. 빈여천시인지소오야, 불이기도득지, 불거야. 군자거인, 오호성명? 군자무종식지간위인, 조차필어시, 전패필어시.")」

> 부유함과 귀함은 사람들이 바라는 것이지만, 정당한 방법으로 얻은 것이 아니라면 그것을 누려서는 안 된다. 가난함과 천함은 사람들이 싫어하는 것이지만 부당하게 그렇게 되었다 하더라도 억지로 벗어나려 해서는 안 된다. 군자가 인을 버리고 어찌 군자로서의 명성을 이루겠는가? 군자는 밥 먹는 순간에도 인을 어기지 말아야 하고, 아무리 급한 때라도 반드시 인에 근거해야 하고, 위태로운 순간일지라도 반드시 인에 근거해야 한다.

우리의 정당사에는 많은 거대정당 및 군소정당들이 출현했다가 이슬처럼 사라졌다. 막강한 조직과 거대한 힘을 자랑하던 집권당도 권력을 잃으면 한순간에 소멸해 버린다. 어려운 정치 환경 속에서도 야당의 생명력이 끈질길 수 있었던 것은 민주주의에 대한 신념, 즉 인(仁)과 희망을 저버리지 않았기 때문이었다. 이러한 신념은 그를 끊임없이 정권에 도전할 수 있게 하였고, 넘어졌다가도 다시 일어날 수 있게 해주었다.

김영삼 대통령은 굳은 심지로 민주주의 신념을 끝까지 사수하기도 했으나 한편으로는 그 신념을 실행하기 위해 '구국의 결단'이라는 표현까지 하면서 3당 합당三黨合黨을 추진하기도 했다. 3당 합당三黨合黨은 보수대연합保守大聯合으로도 불리는데 이는 집권 여당인 민주정의당과 제2야당인 통일민주당, 제3야당인 신민주공화당이 합당하여 민주자유당으로 출범한 사건이다. 이 사건으로 민주 진영의 양대 주자였던 김영삼, 김대중의 통합은 끝내 이루어지지 못하고 김영삼 대통령이 민주자유당 단독 후보로 출마해 대통령에 당선했다. 이에 대해 혹자는 야합이라 부르며 민주 진영이 분열되었다고 비판하기도 하지만 필자는 민주개혁의 실천을 위해 좋은 판단이었다고 생각한다.

공자는 주어진 상황에 따른 행동에 대해 논어 리인편[32]에서 다음과 같이 이야기하였다.

> 군자는 천하에서, 반드시 그래야만 한다는 것도 없고, 절대로 안 된다는 것도 없으며, 오직 의로움만을 따를 뿐이다.

군자는 미리 어떤 판단을 결정하고 그것만을 고수하는 것이 아니라, 오직 의로운 기준에 맞추어 상황에 따라 행동해야 한다. 그의 3당 합당이 기회주의적 정치, 지역주의 정치라고 비판받기도 하지만, 군부 세력의 핵심 단체인 하나회 해체 및 정부 관료의 정경유착을 끊어내는 데 필요한 결정이었다. 결국 이 행동으로 인해 민주정권이 입성하여 기존의 권위주의적 정치를 타파하고 민주주의의 씨앗을 심는 데 성공한다.

지금까지 정치 분야를 살펴보았다면 이제는 경제 분야를 살펴보겠다. 김영삼 대통령의 업적 중 가장 대표적인 것은 금융실명제金融實名制다. 금융실명제金融實名制, real-name financial system란 금융기관과 거래를 함에 있어 가명이나 차명이 아닌 본인의 실지명의, 즉 실명으로 거래해야 하는 제도다.[33] 금융실명제 이전에는 은행에서 통장을 만들 때 반드시 본인의 이름이 아니더라도 통장 개설이 가능했다. 이로 인해 지하경제가 확대되고 탈세 문제가 발생하여 투명하고 균형 있는 경제성장의 발목을 잡았다.

이전부터 정부는 금융실명제의 필요성은 인식했으나 경제계의 반발이 심해 미뤄오다가 김영삼 대통령이 긴급명령緊急命令으로 금융실명제를 실

---

32 앞의 책, 리인편 10장, 「子曰 "君子之於天下也, 無適也, 無莫也, 義之與比"(자왈, "군자지어천하야, 무적야, 무막야, 의지여비")」

33 앞의 책, 금융실명제(金融實名制).

시했다. 긴급명령은 국가비상사태에 처하여 국가원수가 긴급한 조처를 하기 위하여 발하는 명령으로써, 국가긴급권國家緊急權에 근거하여 발하는 명령인데, 평상시의 헌법상의 기본원칙에 대한 중대한 예외로서 국민의 기본권을 법률에 의하지 않고 명령으로써 제한할 수 있는 법률적 효력을 가지는 명령이다.[34] 평소 절차대로 금융실명제를 실시한다면 국회 입법에만 수개월이 소요되는데 이렇게 되면 입법 절차 기간 동안 차명으로 보유한 재산들이 다른 곳으로 은닉될 가능성이 높아진다. 따라서 금융실명제의 목적인 지하경제 양성화와 탈세 문제 해결에는 정보의 통제와 신속한 발표가 필수이다. 실제로 김영삼 대통령은 아무도 예상을 못 한 은행 업무 종료 후 금융실명제 담화를 발표한다.

이처럼 그는 필요한 경제의 투명성을 위해 경제계의 반대에도 불구하고 다소 독단적으로 결정을 내렸는데 비슷한 맥락으로 공자도 술이편[35]에서 아래와 같이 이야기하였다.

> 부(富)가 만약 추구해서 얻을 수 있는 것이라면, 비록 채찍을 드는 천한 일이라도 나는 하겠다.

여기에서 부富란 단순히 부유함을 이야기하는 것이 아니라 하고자 하는 목표나 의지를 이야기하는 것이라고 필자는 생각한다. 금융실명제와 같은 경제 분야의 개혁이 당장은 경제인들의 반감을 살 수는 있으나, 투명성과 지하경제 양성화를 통해 미래의 대한민국의 경제는 더욱 견고해지

---

34 국가긴급권(國家緊急權)은 긴급사태에 대처하기 위하여 국가의 존립을 보전하는 제도다, 행정안전부, 국가기록원.

35 앞의 책, 술이편 11장, 「子曰, "富而可求也, 雖執鞭之士, 吾亦爲之"(자왈, "부이가구야, 수집편지사, 오역위지")」.

고 것이고 한층 더 성장할 수 있게 되었다.

2) 국민의 정부 김대중 대통령 : 노벨 평화상을 수상한 서번트 리더십

제15대 대통령 선거에서 새정치국민회의와 자유민주연합의 공동정당이 김대중 대통령을 단일후보로 내세워 여야 정권교체를 이루었다. 대통령 취임과 함께 자유민주연합의 김종필金鍾泌을 국무총리로 하고, 내각 각료를 안배해 공동정부를 구성한 뒤, 새 정부의 주권이 국민에게 있다는 것을 분명히 하는 의미에서 새 정부의 이름을 '국민의 정부'로 붙였다. 특히 김대중은 대통령 취임사에서 전반적 개혁을 다짐한 후 민주주의와 경제발전의 병행 실천을 국정과제로 제시하고 참여민주주의를 구현하고자 했다.

국민의 정부라는 단어에서도 볼 수 있듯이 그는 가장 높은 대통령이라는 자리에 있지만 낮은 곳에서 국민을 위해 봉사하려는 마음가짐을 가지고 있었다. 특히 국민과의 대화를 위해 사이버상의 열린 청와대 등을 만들어 기존의 상하 명령에 따른 하향식 정책이 아닌 국민들이 더 자유롭게 의사 표현을 할 수 있게 하였다. 참여민주주의에 바탕을 둔 수평적 대화로 국민의 눈높이에서 의견을 수렴하고 국민과의 신뢰를 바탕으로 국민을 위한 정책을 펼치고자 하는 그의 정신에서 우리는 서번트 리더십을 찾을 수 있다.

공자는 논어 안연편[36]에서 백성의 중요성에 대해 다음과 같이 이야기하였다.

---

36 앞의 책, 안연편 7장,「子貢問政, 子曰 "足食, 足兵, 民信之矣." 子貢曰 "必不得已而去, 於斯三者, 何先?" 曰 "去兵". 子貢曰 "必不得已而去, 於斯二者, 何先?" 曰 "去食. 自古皆有死, 民無信不立."(자공문정, 자왈 "족식, 족병, 민신지의." 자공왈 "필부득이이거, 어사삼자, 하선?" 왈 "거병". 자공왈 "필부득이이거, 어사이자, 하선?" 왈 "거식. 자고개유사, 민무신불립.")」

> 자공이 정치에 대해서 여쭙자, 공자께서 말씀하셨다.
> "식량을 풍족하게 하는 것, 군비를 넉넉히 하는 것, 백성들이 믿도록 하는 것이다."
> 자공이 말하였다.
> "어쩔 수 없어서 한 가지를 버려야 한다면 이 세 가지 가운데 어느 것을 먼저 버려야 합니까?"
> "군대를 버려라."
> 자공이 여쭈었다.
> "어쩔 수 없어서 한 가지를 버려야 한다면 남은 두 가지 가운데 어느 것을 먼저 버려야 합니까?"
> "식량을 버려라. 예로부터 누구나 결국에는 죽지만, 나라는 백성들의 믿음이 없으면 존립하지 못한다."

우리는 과거 권위주의적 리더십을 가진 지도자들 아래에서 긴 시간을 보내왔기에 대통령에 대한 신뢰가 낮고 정치인들에 대한 믿음이 크지 않다. 대통령이 국민의 신뢰를 얻어가는 과정은 말처럼 쉬운 것이 아니다. 처음은 같은 가치관을 가지고 지지했던 사람들도 특정 정책의 수립이나 집행, 언론에 비추어지는 모습에서 자신과 다른 양상을 보이면 신뢰를 거두어들이기 쉽다. 꾸준한 신뢰를 위해서는 끊임없는 소통이 중요한데 이런 점에서 김대중 대통령의 서번트 리더십은 국민의 신뢰를 조금은 굳건히 할 수 있게 하는 발판이 되지 않았을까 한다. 대통령이 신뢰 구축을 위해 모든 국민들과 소통하기는 현실상 불가능하다. 다만 그의 국민을 위한 노력이 각 개인의 이해를 구하는데 적지 않은 영향을 미친 것만은 분명해 보인다.

김대중 정부는 출범 후 과반수의 의석을 갖지 못해 국무총리 및 감사원장의 국회 인준이 지연되는 등 국정운영에 어려움을 겪다가 구여권의 국회의원을 대거 영입함으로써 가까스로 국회 안정세를 확보하였다. 이후

기업 구조조정, 금융개혁, 외환위기 탈출 등의 경제적 난국을 타개하는 한편, 민주주의와 시장경제의 병행 발전을 바탕으로 하는 'DJ 노믹스'를 표방하고, 남북 관계에서는 '햇볕정책'이라는 큰 틀을 내세워 남북 화해와 협력의 시대를 여는 데 주력하였다.[37]

그의 평가는 크게 대외적 평가와 대내적 평가로 나누어 볼 수 있다. 먼저 대외적으로는 악화한 북·미 사이의 관계 속에서도 한반도의 평화 체제를 구축하여 남북공동선언에 합의하였고, 국제무대에서도 노벨평화상 수상 등으로 한국의 위상을 높였다. 2000년 남북정상회담을 개최한 이후 이산가족 상봉, 경의선·동해선 연결 등 활발한 교류와 민간 통일운동의 활성화, 그리고 금강산 관광 등 남북 경제협력의 확대를 통해 화해·협력 체제를 구축하였다.

김대중 대통령 리더십의 근본이 되는 도덕성은 군나르 베르게 노르웨이 노벨상위원회 위원장 발표문[38]에서도 찾아볼 수 있다.

---

37   앞의 책, 김대중 정부.

38   노벨평화상-수상 발표문, 김대중평화센터, Nobel Peace Prize 2000, Oslo, 13 October 2000.

"1997년 그가 대통령에 당선됨으로써 한국은 세계의 민주국가 대열에 확고히 자리 잡았다. 대통령으로서 김대중 씨는 확고한 민주 정부의 수립과 한국에서의 내부적 화합 증진을 추구해 왔다. 강력한 도덕적 힘을 바탕으로 김 대통령은 인권을 제한하려는 시도들에 맞서 동아시아 인권 수호자의 역할을 수행해 왔다. 미얀마의 민주주의를 지지하고 동티모르의 인권탄압에 반대하는 그의 헌신적 노력 역시 괄목할 만한 것이었다. '햇볕정책'을 통해 김 대통령은 50년 이상 지속된 남북한 간의 전쟁과 적대관계의 해소에 노력해 왔다. 그의 북한 방문은 남북한 간의 긴장을 완화하는 과정에 큰 동력이 되었다. 이제 한반도에 냉전이 종식되리라는 희망을 품을 수 있을 것이다. 김 대통령은 또한 인근 국가들, 특히 일본과의 화해를 위해 노력해 왔다. 노벨 위원회는 한반도의 화해 진전과 통일을 위한 북한 및 여타 국가 지도자들의 기여를 인정하고자 한다."

또한, 그의 인권에 대한 열망 및 국민을 사랑하는 마음은 노벨평화상 수상식 연설문[39]에서도 쉽게 찾아볼 수 있다.

저는 한국에서 민주주의와 인권, 그리고 민족의 통일을 위해 기꺼이 희생한 수많은 동지와 국민들을 생각할 때 오늘의 영광은 제가 차지할 것이 아니라 그분들에게 바쳐져야 마땅하다고 생각합니다.〈중략〉
'백성을 하늘로 삼는다.' '사람이 즉 하늘이다.' '사람 섬기는 것을 하늘 섬기듯 하라.' 이런 것은 중국이나 한국 등지에서 근 3천 년 전부터 정치의 가장 근본 요체로 주장되어 온 원리였습니다.

관련하여 공자도 논어 위정편[40]에서 덕(德)에 대해 아래와 같이 이야기하였다.

---

39 노벨평화상-수상식 연설문(김대중 대통령), 김대중평화센터, 2000. 12. 10.
40 앞의 책, 위정편 1장, 「子曰 "爲政以德, 譬如北辰, 居其所而衆星共之." (자왈 "위정이덕, 비여북신, 거기소이중성공지.")」

> 덕으로 정치를 하는 것은 비유하자면 북극성은 제자리에 있고 모든 별이 그것을 받들며 따르는 것과 같다.

그의 공정하고 남을 넓게 이해하며 받아들이려고 하는 마음가짐은 40여 년간 야당 생활을 통해 더욱 굳건해졌으며, 이러한 애민의 마음이 노벨평화상 수상이라는 큰 업적을 남기게 되고 그는 오늘날까지 민중의 아이콘으로 거론되곤 한다.

한편, 대내적으로는 긍정적인 평가보다는 부정적인 평가가 많다. IMF 외환 위기 극복과 정보기술의 활성화, 복지 개념의 도입 등 긍정적인 성과가 있음에도 불구하고 임기 말에 불거진 아들과 측근들의 비리를 막지 못함으로써 도덕성이 실추되었을 뿐 아니라 국민의 신뢰도 크게 떨어졌다.

공자는 백성들이 따르는 정치에 대해 위정편[41]에서 아래와 같이 이야기하였다.

> 애공이 물었다.
> "어떻게 하면 백성들이 따릅니까?"
> 공자께서 대답하셨다.
> "정직한 사람을 등용하여 그릇된 사람의 위에 놓으면 백성들이 따르고, 그릇된 사람을 등용하여 정직한 사람의 위에 놓으면 백성들은 따르지 않습니다."

---

41 앞의 책, 위정편 19장, 「哀公問曰 "何爲則民服?" 孔子對曰 "擧直錯諸枉, 則民服, 擧枉錯諸直, 則民不服."(애공문왈 "하위즉민복?" 공자대왈 "거직조저왕, 즉민복, 거왕조저직, 즉민불복.")」

김대중 대통령 개인의 도덕성이나 서번트리더십은 더할 나위 없이 훌륭했으나 측근의 대북 불법 송금 및 뇌물수수 등 정치 문제가 임기 동안 계속 지적됨으로써 새로운 변화를 요구하는 국민의 바람에 아쉬움을 남겼다. 특히 당시 아들의 비리에 대해 그는 대국민 사과를 하면서 "내 일생에서 지금처럼 참혹한 시대는 없었다"고 말하기도 했다. 어쩌면 그의 자애로운 리더십은 국민에게 희망과 기대를 심어주기에 충분했을지는 모르나, 지역주의 및 노사갈등, 정치 불신과 같은 부정적 결과를 초래한 게 아닌가 한다.

3) MB정부 이명박 대통령 : 경영마인드로 청계천을 바꾸다

이전 정권까지는 참여정부, 국민의 정부, 문민정부 등 정권마다 추구하는 핵심 가치를 담은 정부 명칭을 사용하였으나, 이명박 정부는 대통령의 실명을 공식적으로 명칭에 사용했다. 초기에는 "실용정부"를 사용하였으나, 과거 정권들의 명칭 패턴을 반복하는 것은 구태의연한 데다가 '실용'이라는 표현이 밋밋하고 의미가 다소 모호하다는 지적을 받아들여 이명박 대통령이 이름을 걸고 국정을 운영하겠다는 뜻을 피력하며 "이명박 정부"를 사용해 달라고 부탁하여 현재처럼 불리고 있다.

이명박 대통령을 한마디로 이야기하자면 훌륭한 경영을 바탕으로 정계에 입문하여 대통령까지 오른 노력형 인간이라고 요약할 수 있다. 그는 가난한 목부牧夫의 아들로 태어나 어릴 때부터 어머니를 도와 생활전선에 나섰으며, 고교 졸업 후 상경하여 달동네에서 일용노동자로 서울 생활을 시작했다. 대학 졸업 후 현대건설에 입사하여 5년 후에 이사, 12년 만에 35세 나이로 현대건설의 최고경영자CEO에 오르며 1977년 '샐러리맨의 신화'라는 별칭을 얻었다. 이후 1992년까지 현대그룹의 8개 계열사 대표이사 및 회장을 지냈다. 이후 민주자유당民主自由黨에 입당하여 제14·15대

국회의원을 거쳐, 2002년 서울특별시장에 출마해 당선되었다.[42] 그의 별칭에서 볼 수 있듯이 그는 열악한 환경에서도 굴하지 않고 앞으로 나가기 위해 부단한 노력을 하였으며, 승승장구하여 원하는 위치까지 오른 대표적인 인물이다.

공자는 이러한 노력에 대해 리인편[43]에서 아래와 같이 이야기 하였다.

> 지위가 없음을 걱정하지 말고 그 자리에 설 수 있는 능력을 갖추기를 걱정해야 하며, 자기를 알아주지 않는 것을 걱정하지 말고 남이 알아줄 만하게 되도록 노력해야 한다.

이는 자신의 자리에서 최선을 다하면 언젠가는 그 진가를 알리게 된다는 의미로서 그 가치는 결국 인정받는다는 뜻이다. 가난한 환경에서 끊임없는 노력을 통한 경제적 성공은 이후 그가 서울시장에 당선되는 발판이 되고 나아가 대통령의 자리에 오르게 되는 궁극적인 힘이 된다.

이명박 대통령의 업적은 4대 강 사업, 금융위기 극복, FTA 활성화, 평창동계올림픽 유치, G20 정상회의 개최 등 여러 가지가 있으나 지금에 이르러 다소 부정적 평가가 있기에 필자는 가장 성공한 업적으로 평가되는 서울시장 재임 시절의 청계천 복원 사업에 대해 이야기해 보겠다.

청계천 복원 사업은 서울특별시가 서울의 역사와 문화·환경을 복원하고, 강남과 강북의 균형 발전을 위해 2003년 7월부터 2005년까지 추진

---

42 앞의 책, 이명박.

43 앞의 책, 리인편 14장, 「不患無位, 患所以立, 不患莫己知, 求爲可知也.(불환무위, 환소이립, 불환막기지, 구위가야.)」

한 청계천 일대의 복원 사업으로 복개로인 청계천로와 청계고가로의 구조물 노후화에 따른 안전 문제의 근원적인 해소, 친환경적인 도시 공간 조성, 서울의 역사성과 문화성 회복, 장기적 주변 개발을 통한 강남과 강북의 균형 발전 도모를 위해 추진한 사업이다.[44] 노후한 청계고가의 전면 유지보수보다는 청계고가를 과감히 제거하고 청계천을 복원하자는 시민단체 및 전문가들의 주장을 적극 받아들여 사업을 실시하였다.

당시 하루 16만 대의 교통량을 담당하는 청계고가를 철거하는데 서울시의 일부 간부들조차도 강하게 반대하였으나 현대건설 시절 이명박 대통령의 경험과 시민의 보편적 이익을 중요시하는 윤리관이 있었기에 철거를 추진할 수 있었다. 이명박의 생각은 항상 그가 강조하던 경영마인드에서 잘 찾아볼 수 있는데 바로 고객제일주의다. 서울의 주인은 시민이고 시민이 광장을 원하는데 교통이 막힌다고 광장 조성을 포기하는 것은 고객의 요구를 무시하는 것이라 했다. 이렇듯 그의 공공성과 축적된 경영 노하우, 브라에스 역설[45]과 같은 지식을 바탕으로 친환경적 도시개발사업 및 교통 개편 등에 적용하여 사업을 성공적으로 이끌었다.

공자는 배움과 실천에 대해 논어 술이편[46]에서 아래와 같이 이야기하였다.

---

44 앞의 책, 청계천복원사업(淸溪川復元事業).
45 앞의 책, 브라에스의 역설(Braess' paradox)은 독일 보쿰 루르대 수학과 교수였던 디트리히 브라에스(Dietrich Braess)가 주장한 가설로, 자동차 수가 증가해 도로 정체가 빚어지면 교통체증 해소를 위해 새로운 도로를 건설해 상황을 개선하고자 하지만, 오히려 더 악화한다는 것이다. 즉, 도로가 확충되면 이를 이용하고자 하는 차량이 더 늘어나면서 악순환이 반복되지만, 반대로 도로를 축소하거나 폐쇄하면 아이러니하게도 교통체증이 보다 완화된다는 것이다.
46 앞의 책, 술이편 3장, 「子曰 德之不修, 學之不講, 聞義不能徙, 不善不能改, 是吾憂也. (자왈 덕지불수, 학지불강, 문의불능사, 불선불능개, 시오우야)」

> 인격을 수양하지 못하는 것, 배운 것을 익히지 못하는 것, 옳은 일을 듣고 실천하지 못하는 것, 잘못을 고치지 못하는 것, 이것이 나의 걱정거리이다.

이명박 대통령은 학교 및 현장에서 배운 것을 자신만의 경영마인드로 가꾸었고 이렇게 익힌 경영 철학과 공적 윤리관으로 시민들의 부름에 화답하게 된다. 그의 첫 번째 거대한 프로젝트인 청계천 복원 사업은 막대한 예산이 투입되기에 경기침체에 따른 상가 보상 문제 및 교통, 생태계, 수질, 유지관리 비용 등에 대한 논란이 많았다. 특히, 노점상 정비 시작 후 반대 활동이 극심했으며 착공 반대 시위도 수시로 일어났다. 공사가 진행되는 도중에도 온갖 잡음이 들려왔으나 이러한 반대 활동이 있을 때마다 그는 노점상인 대표와 협상하고 공정 중에도 수시로 진행 상황을 보고받고 자주 현장에 나가 살펴보았다. 여러 집단의 다른 이해관계에도 불구하고 하나의 목표를 완수하기 위해 스스로 세운 길을 걷는 행동에서 우리는 전형적인 목표완료형 리더십을 찾아볼 수 있다.

여러 사람들에 휘둘리지 않고 소신대로 최선을 다하라는 이야기는 공자의 논어 위령공편[47]에서도 찾아볼 수 있다.

> 많은 사람들이 미워한다 해도 반드시 잘 살펴보아야 하며, 많은 사람들이 좋아한다 해도 반드시 잘 살펴보아야 한다.

청계천 복원 사업은 지금도 해외 커뮤니티에서 극찬을 받을 정도로 많은 관심을 받고 있다. 전 세계적으로 많은 대도시가 교통량 증가로 인해

---

[47] 앞의 책, 위령공편 27장,「子曰 衆惡之, 必察焉, 衆好之, 必察焉 (자왈, 중오지, 필찰언, 중호지, 필찰언)」

몸살을 앓고 있는데, 이 때문에 대도시에 거주하는 사람들은 도로를 줄여 교통량을 통제해야 한다고 입을 모은다. 청계천 고가도로를 없애고 하천을 복원하여 공원을 조성하고 이를 서울 시민의 품에 돌려준 복원 사업은 서울시의 공공 생활과 경제적 성공을 이끌었다는 평가를 받는다. 이 사업의 성공 열쇠는 시민들의 목소리에 귀 기울이는 이명박 대통령의 현대적 리더십과 하나의 목표를 향해 나아가는 과감한 권위주의적 리더십에 있다고 본다.

04
글을 맺으며

앞서 필자는 몇 가지 리더십의 유형에 대해 대통령별로 나누어 보았다. 사실 한 나라의 수장이 하나만의 리더십을 가진다는 것은 어불성설이다. 모든 대통령은 각 분야나 처한 상황에서 그에 맞는 리더십을 가진다고 본다. 다만 필자가 강조하고 싶은 것은 보편적인 리더십 중에서 그 인물에 대해 유독 강한 리더십이 존재한다는 것이고 그로 인해 역사는 그 부분만을 강조하게 된다. 역사상 많은 대통령이 그들만의 리더십을 통해서 업적을 남기고 후대에 업적에 대해 평가받는다. 아이러니하게도 우리나라 역사상 대부분의 대통령은 후대에 민주주의 파괴, 헌법 유린, 뇌물, 청탁, 부패, 자녀 문제 등 부정적인 평가를 많이 받았다. 무릇 대통령이라는 자리는 국민들의 관심도가 높고 하나의 발언에도 많은 이들이 움직이는 중요한 자리이다. 이에 다음 대통령은 이러한 점을 인지하여 보다 많은 사람들에게 기억이 되는 훌륭한 업적을 남겼으면 하는 바람이다.

지금까지 논어를 통해 대통령들의 업적을 평가하면서 좌파와 우파 혹은 진보와 보수의 편에 서지 않고, 객관적 사실을 왜곡되지 않게 글을 쓰려고 노력했다. 대한민국에서 이념 간 대립이나 갈등이 없을 수는 없지만, 이 글은 단기간에 작성하지 않았기에 중간마다 펜을 잡고 고민하는 동안 필자의 생각이나 사상이 투영되었을 수도 있다. 이 글이 독자에게 진영에 대한 갈등을 유발했다면 지면을 빌려 사과의 말을 전하고 싶다. 리더십에 대해서 무겁지 않게 이야기하고 싶었지만, 대통령과 같은 훌륭한 정치인들에 대해 구체적 사례를 언급하는 것이 쉽지 않았다.

이번 글이 독자에 따라 다르게 다소 정치적인 느낌이 묻어났다면 다음에는 이념적으로 기울지 않는 경영에 관련된 리더십에 대해 글을 쓰고 싶다. 이는 필자가 경영대학원을 다니면서 관심 있는 분야이기도 하지만, 작은 회사를 운영하면서 쌓은 필자만의 기업 철학, 윤리, 가치관 등을 경영 리더십으로 요약하여 논어를 통해 이야기해 보고 싶은 분야다. 우리나라 경제 역사에는 근검과 절약 정신으로 한강의 기적을 이룬 주역들을 시작으로 많은 훌륭한 경영인과 경제인이 있다. 필자는 이들의 경영 노하우 및 마인드를 세분화한 후 논어의 말씀에 빗대어 이야기를 풀어나가고 싶다. 시간이 얼마나 걸릴지 처음의 의도대로 경영 노하우를 구분 지을 수 있을지 혹은 글을 끝까지 매듭지을 수 있을지는 모르겠지만, 위의 리더십의 연장선에서 글을 쓰고 싶다. 이 글을 읽는 독자들도 많은 응원을 부탁한다.

마지막으로 대통령이 가져야 할 기본적인 자세에 관련하여, 논어 자장편[48]에서 군자의 행동에 대해 공자가 언급한 말로 끝을 맺을까 한다.

> 군자의 잘못은 일식이나 월식과 같다. 잘못을 하면 사람들이 모두 그를 바라보고, 잘못을 고치면 사람들이 모두 그를 우러러본다.

---

48 앞의 책, 자장편 21장. 「子貢曰, 君子之過也, 如日月之食焉. 過也, 人皆見之, 更也, 人皆仰之. (자공왈, 군자지과야, 여일월지식언. 과야, 인개견지, 경야, 인개앙지.)」

참고문헌

단행본

공자, 김형찬 옮김, 『시대를 뛰어넘는 삶의 지혜 논어』, 현암사, 2023.
공자, 박훈 옮김, 『인생의 절반쯤 왔을 때 읽어야할 논어』, 탐나는책, 2018.
공자, 한필훈 옮김, 『논어』, 안티쿠스, 2012.
이강재, 『논어처럼 이끌어라』, 21세기북스, 2023.
최종엽, 『오십에 읽는 논어』, 유노북스, 2021.
곽대훈 외 6명, 『인문의 어깨에 올라 경영을 바라보다』, 부카, 2018.
김춘경 외 4인, 『상담학 사전』, 학지사, 2016.

논문

박채연, 『윤리적 리더십의 관점에서 이해한 군자와 철인의 비교』, 숙명여자대학교 사회교육대학원 학위논문(석사), 2012.
조병두, 『논어를 중심으로 한 지도자론 연구 : 현대 리더십 이론과 관련하여』, 성균관대학교 대학원 학위논문(석사), 2005.
조병두, 『논어의 인간 경영론과 현대 기업경영에서의 활용에 관한 연구』, 성균관대학교 대학원 학위논문(박사), 2009.
위안잉, 『논어에 기초한 학교장 리더십의 원리』, 한국교원대학교 대학원 학위논문(박사), 2019.
류은영 외 1명, 『서번트 리더십이 정서적 몰입과 직무만족에 미치는 영향』, 정부학연구 제 18권 제 3호 p295 – p323, 2012.
이정주, 『새마을리더, 새마을조직, 지역사회와의 협력관계를 통한 새마을운동의 발전 방안에 관한 연구』, 지방행정연구 제 30권 제 2호, 2016.

사설

김우창, [내면의 경험으로부터 보는 세상] 추상적 이념과 인간의 실존, 열린 연단, 2016. 8. 10.
[코로나 시대의 에코 페미니즘], 여성신문, 2020. 10. 23.
이창수 소장, [비전을 달성할 장기 사업계획을 수립하라], 바이오타임즈, 2022. 12. 26.
이현덕, [과학기술이 미래다], 전두환 대통령, 김재익 경제수석비서관 발탁, 전자신문, 2023. 3. 1.

웹사이트

두피디아 두산백과, https://www.doopedia.co.kr/index.do
표준국어대사전, 국립국어원, https://stdict.korean.go.kr/main/main.do
시사경제용어사전, 기획재정부, https://www.moef.go.kr/sisa/main/main
한국향토문화전자대전, 한국학중앙연구원, https://www.grandculture.net/korea
김대중평화센터, https://kdjpeace.com
행정안전부, 국가기록원, https://www.archives.go.kr/next/viewMainNew.do
행정안전부, 대통령기록관,
https://www.pa.go.kr/online_contents/inauguration/president14.jsp

CHAPTER 2.
삶의 주인으로 행복하게 사는 법, 「엥케이리디온」

| 김성용

대구 출신의 지역 토박이다. 현재 창업 80주년을 맞이한 지역 향토기업인 (주)대구백화점에서 재직 중이다. 식품 구매 바이어, 백화점 식품 MD 경력을 쌓았으며, 슈퍼체인 물류센터장으로 근무하고 있다. 비록 느리지만 자기 개발을 위해 항상 도전하고 있다. 올해는 기대 이상의 진일보가 있었다. 경북대학교 경영대학원(MBA)을 졸업했다. 그리고 도서 출판을 앞두고 있다. 혼자서는 절대 이룰 수 없는 과업이다. 끝까지 함께 해 준 '리케이온 글쓰기와 출판 프로젝트' 팀원 모두에게 감사의 뜻을 전한다.

01 들어가며	049
02 왜 스토아학파인가	051
03 고통: No pain No gain	056
04 돈: Money talks	062
05 인간관계: Get along	068
06 죽음: Living is dying	074
07 쾌락: Over the moon	079
08 나가며	084

01 들어가며

'안녕하세요.' 우리는 왜 안녕이라고 인사를 할까? 우리나라는 보릿고개 시절 늘 굶주리고, 아파도 치료를 제대로 받지 못해 하룻밤 사이 죽는 사람들이 많았다. 그래서 '지난밤 아무 탈 없이 편안하셨나요? 하루를 버텨 잘 사십니까?' 하고 인사를 통해 안녕安寧을 확인했다. 잘 살고 있는가에 대해 매일 생각하고 서로에게 묻고 있다. 누구나 잘 사는 인생을 희망한다.

무언가에 쫓기듯이 바쁜 일상에서 우리는 마음 내키는 대로 잘 살아가기란 쉽지 않다. 혼란한 세상에서 어떻게 살 것인지 고민할 때 「엥케이리디온」은 지금까지도 훌륭한 지침을 제공한다. 이 책은 로마 시대 에픽테토스의 강의를 제자인 아리아누스가 기록한 요약본이다. 에픽테토스는 제자들의 질문에 성실히 답함으로써 좋은 삶을 사는 법을 전하려 했다. 그는 스토아 철학의 완성자로 플라톤, 아리스토텔레스와 함께 서양 철학에 큰 영향을 끼쳤다.

에픽테토스는 '우리가 사는 방식은 우리의 생각에 의해 결정된다.'라고 하였다. 삶이란 꽃길만 걷도록 되어 있지 않다. 건강, 소유, 명예, 지위 등 우리가 통제할 수 없는 것만 추구하는 사람은 자유와 행복에 이를 수 없다. 마음이 제 뜻대로 할 수 없는 것에 매여 있으므로 이는 노예의 삶이나 다름없다. 내 삶의 주인이 되기 위해서 우리에게 달린 것에 집중해야 한다.

인간에게 있어서 삶의 궁극적인 목표는 행복이다. 행복이란 무엇인가? 사전적 의미로는 희망을 그리는 상태에서의 좋은 감정으로 심리적인 상태 또는 자신이 원하는 욕구와 욕망이 충족되어 만족하거나 즐거움과 여유로움을 느끼는 상태, 불안감을 느끼지 않고 안심하는 것을 의미한다.

행복은 고통과 쾌락, 이 두 가지 요인에 달려 있다. 필자가 과거에 경험했던 돈과 인간관계, 죽음으로 인한 고통을 스토아 철학의 관점에서 어떻게 받아들여야 할지 숙고했다. 그리고 '앞으로 어떻게 살아갈 것인가? 어떤 쾌락을 추구하면서 바른 인생을 살 것인가?'에 대해 글을 썼다.

02
왜 스토아학파인가

1. 나는 스토아주의자 : I am Stoic

　매일 억만장자가 탄생하고 첨단 기술이 만들어지는 미국의 대표적인 자본주의 중심지가 있다. 캘리포니아주 샌프란시스코만 남쪽, 미국 첨단 산업의 요람으로 일컫는 실리콘밸리다. '나는 스토아주의자I am Stoic' 실리콘밸리에서 유행하고 있는 문장이다. 고통과 쾌락에 관심 없고 슬픔과 기쁨에 무감각한 사람을 이른다. 급격한 환경의 변화에도 마음의 평정을 유지한다는 것을 의미한다.

　이곳 실리콘밸리에 철학 열풍이 불고 있다. 고대 그리스에서 발전해 로마 시대까지 이어진 스토아 철학이다. 스토아 철학은 전쟁과 전염병 등의 고통 속에서 탄생했다. 날마다 죽음과 마주하는 극단의 상황 속에서 재미를 찾는 것은 사치였던 시대에 어떻게 의미 있는 삶을 살 것인지에 관해 고민했던 철학이다. 사람은 슬픔, 분노, 쾌락 등 끊임없이 감정에 흔들린다. 중심을 잃고 극단적인 감정에 치우치면 고통을 극복할 수 없게 된다.

　스토아학파의 핵심 사상은 '불행은 결코 우리의 행복을 감소시킬 수 없다'는 것이다. 스토아 철학은 불행을 이기는 철학이다. 우리 스스로 통제할 수 있는 생각, 의지, 미래에 대한 태도에서만 우리의 진정한 행복을 찾을 수 있다고 주장한다. 스토아 사상가들이 선호하는 비유를 들자면, 뱃사람이 바람의 방향을 바꿀 수 없는 것처럼 인간은 세상에서 일어나는 일의 방향을 좌지우지할 수 없다. 행복 역시 세상사에 따라 흔들리는 것이 아니므로, 자기 자신이 행복하다고 느끼는 사람이라면 설령 아무리 많은 불행을 감당해야 한다고 할지라도 그는 여전히 행복한 사람일 수 있다.

엑서터 대학은 해마다 런던에서 「스토아 주간」 행사를 연다. 일주일 동안 진행되는 이 행사에는 전 세계 수천 명의 사람들이 모여서 대담과 워크숍을 통해 스토아 철학을 읽고, 마음 챙김 명상을 연습하며, 설문에 참여한다. 2014년에 생물학자이자 철학자, 신스토아주의자인 마시모 피글리우치Massimo Pigliucci는 일주일에 걸친 수련 후 참석자들의 긍정적 감정이 9퍼센트 늘어났고, 부정적 감정이 11퍼센트 줄었으며, 삶에 대한 만족도가 14퍼센트 높아졌다고 밝혔다. 꾸준히 수련하는 사람들에 대한 장기적인 조사 결과 또한 초기 결과를 확증했다.[1]

스토아라는 말은 아테네 중앙 광장의 '스토아 포이킬레: 벽화가 그려진 회랑Stoa poikile'에서 유래되었다. 이 회랑에서 스토아 학자들이 강의를 시작했다. 스토아 철학의 지혜는 신의 일과 사람의 일에 관한 지식이라고 정의된다. 이것은 인간 생활에서의 모든 것을 올바르게 처리하기 위한 자연에 따라 사는 것을 아는 실천적 지식이다.

스토아 철학은 검소하고 금욕적인 삶을 살았던 제논에 의해서 창시되었다. 제논은 인간과 인간의 생활 태도에 대한 질문을 가르치는 일에 집중했다. 이에 스토아 철학의 인간관과 윤리관은 이성주의와 금욕주의로 대표된다. 스토아 철학자들은 로고스logos로 대표되는 보편적인 이성과 금욕적인 삶을 중시했다. 절제를 통해서 그 무엇, 그 누구에게도 자신의 행복을 빼앗기지 않고 행복을 얻는 힘을 주는 철학이었다.

---

1 마시모 피글리우치 저, 석기용 역, 「그리고 나는 스토아주의자가 되었다」(든, 2019) p.19.

스토아 철학은 그리스의 교사들과 사상가들이 발전시켰지만 실제로는 로마에서 꽃을 피웠다. 가장 영향력이 있었던 철학자인 이들은 세네카(네로황제의 스승이자 성공한 사업가였다), 에픽테토스(자유를 얻은 그리스의 노예였으며, 로마에서 스승의 역할을 훌륭히 해냈다), 마르쿠스 아우렐리우스(로마 5현제의 마지막 황제이자 철학자였다)가 대표적이다. 로마 시대 철학자들의 출신 계층이 노예부터 황제까지 다양한 점을 눈여겨볼 필요가 있다. 세 사람의 삶은 달랐지만, 그들은 모두 잘사는 방법에 대한 지침으로 스토아 철학을 받아들였다. 그들의 가르침이 시대를 뛰어넘어 오늘의 상황과 부합한다는 사실이 경이롭다.

2. 통제할 수 있는 것과 통제할 수 없는 것 : It is what it is

오늘날 우리는 스토아 철학자가 추구한 가치에 주목해야 한다. 그들은 지금의 우리와 같은 삶을 살았다. 수많은 희로애락이 교차했고, 불시에 덮친 불행으로 고통스러워했다.

철학사에서 보기 드문 해방 노예 출신의 철학자 에픽테토스의 일생은 이른바 학자의 삶이었지만, 엘리트 특유의 삶과는 거리가 멀었다. 사회의 가장 밑바닥에서 태어나 겪은 신분의 제약, 만성적인 신체장애, 국외 추방의 시련, 작은 사립 학교의 운영자로서의 경제적 어려움을 겪었다.

마르쿠스 아우렐리우스는 황제였지만, 힘든 일에 고통을 느꼈으며, 숱한 상실과 좌절도 있었다. 전염병이라는 재앙과 계속된 수많은 전쟁, 가장 신뢰했던 부하 장군의 배신, 이른 나이였던 아내와의 사별, 여덟 자녀의 요절에 보통 사람과 다를 바 없이 슬퍼했다.

네로 황제의 스승이자 정치가로서 많은 부를 쌓은 세네카의 일생 또한 순탄하지 않았다. 자신의 건강 문제, 첫째 아들의 죽음, 뜻하지 않았던 코르시카섬에서 유배 생활, 폭군의 신하로서 느꼈던 불안과 두려움에서 벗어나지 못했다.

스토아 철학은 황제와 노예가 공유한 단 하나의 철학이다. 감정을 수긍하고, 무엇 때문에 그런 감정이 생겼는지 반성하고, 그 감정을 유익한 방향으로 이끈다. 이론적인 수칙들에 대한 성찰과 독서, 명상, 마음을 다스리는 정신 수련 활동들을 통해 덕과 탁월성을 바탕으로 자기가 가진 최선의 능력을 발휘해 세상을 헤쳐 나갈 힘을 찾을 수 있다.

> 세상에는 자신이 통제할 수 있는 일과 통제할 수 없는 일이 있습니다. 머릿속에 떠오르는 생각과 마음의 충동, 욕망, 혐오는 자신이 하기에 달려 있으므로 통제할 수 있지만, 건강이나 재산, 명성, 권력은 자신에게 달린 일이 아니므로 스스로 통제할 수 없습니다.[2]

스토아 철학자들에 따르면 더 나은 삶을 살기 위해서 무엇보다 자신이 통제할 수 있는 것과 통제할 수 없는 것에 대해 분별할 수 있는 능력을 키워야 한다. 이렇게 하려면 단순하지만 실제로는 현재 주어진 상황을 평가해야 한다. 자신이 그 상황에 개인적으로 영향을 미칠 수 있는지를 판단하기 위해서다. 만일 영향을 미칠 수 없다면 그 상황은 통제할 수 없는 영역이며, 상황이 통제 가능하다면 문제에 집중할 수 있다.

철학 교수 윌리엄 어빈William B. Irvine은 에픽테토스의 두 가지 분류에서

---

[2] 에픽테토스 저, 신혜연 역, 「엥케이리디온」 (이소노미아, 2022) p.18.

중간 범주도 고려해야 한다고 제안했다.³ 중간 범주는 우리가 부분적으로 통제할 수 있는 문제이다. 자폐스펙트럼을 가진 신입 변호사의 대형 로펌 생존기를 그린 드라마 「이상한 변호사 우영우」의 사례를 들어보겠다. 자폐스펙트럼은 사회적 상호작용의 장애, 의사소통의 장애, 일정하고 규칙적인 행동을 특징으로 하는 발달장애를 통칭하는 말이다. 장애는 그녀의 통제력을 벗어난다. 하지만 우영우는 자신이 통제할 수 있는 일에 초점을 맞추어 변호사가 되었다. 극 중에서 치명적인 핸디캡을 가진 그녀가 변호사로서 각종 난관을 풀어가는 모습을 보면 통쾌함과 동시에 감동까지 느껴진다.

자신이 통제하지 못하는 것에 집착을 버릴 때 평정심이 나온다. 평정심으로 인해 통제력 안에 있는 문제들을 인지하고 집중한다. 자신에게 닥친 문제를 대면하여 극복할 수 있음을 깨닫고, 자신의 통제력 밖의 문제일지라도 중요하지 않음을 깨닫는다. 우리는 상황을 온전히 통제할 수도 있고 통제 못 할 수도 있다. 일부분만 통제할 수 있는 경우일 수도 있다. 통제할 수 있는 일부분에 최선을 다한다면 마음이 괴로울 이유가 없다.

---

3 조지 브래들리 저, 김은경 역, 「스토아적으로 살아갑니다」 (프롬북스, 2020) p.18.

03
고통 : No pain no gain

1. 내 맘대로 되지 않는 세상에서 행복을 말하다

미국의 유명 작가인 마크 맨슨Mark Manson은 한국을 가장 우울한 나라라고 지적했다.

> 불안, 우울증, 알코올중독의 비율, 자살률이 높다. 잘하는 것을 더 잘하도록 강요하고 최고의 결과를 내기 위해 경쟁을 붙이고 그것을 감시하는 공식은 효과가 있는 것으로 증명되었다. K팝, 스포츠, 대기업 등으로 복제되어 발전의 원동력이 되었다. 100점이 아니면 실패. 한국은 유교의 가장 나쁜 부분인 수치심과 타인에 관한 판단은 그대로 둔 채 가족이나 주변과의 친밀감은 버려둔 것 같다. 자본주의 최악의 면인 현란한 물질주의와 돈벌이에 대한 노력은 채택하면서 자기표현 능력과 개인주의는 무시했다. 한국인들이 가장 첫 번째로 꼽는 행복의 조건은 경제적 안정이다.[4]

필자도 불혹의 나이인 지금까지 한국에서 자라왔다. 외국인 작가가 바라본 우리나라에 대한 시선이 완전히 수용되지는 않지만, 그렇다고 부정하기도 어렵다. 일반적으로 사람들에게 왜 사냐고 물으면 행복하기 위해서라고 대답한다. 필자도 행복을 주제로 글을 쓰면서 처음에는 그러했다. 하지만 행복에 대해서 너무 경솔하고 단순하게 생각했다는 사실을 깨달

---

4 YouTube, 작가 마크 맨슨, 「Understanding the Most Suicidal Country in the World」 中에서

았다. 필자는 과연 행복한 사람인가? 행복하지 않은 사람이 행복해지는 방법을 논하는 것은 이치에 맞지 않다. 내 맘대로 되지 않는 세상을 요즘 사람들은 그저 덜 불행하기 위해 살아간다.

배우 박신양이 방송에서 러시아 유학 시절 당시 있었던 일화를 공개했다. 그는 러시아 유학 생활이 너무 힘들었다고 했다. 교수에게 '나는 왜 이렇게 힘든가요?'라고 질문했다. 교수는 대답 대신에 러시아 철학자가 쓴 시집 한 권을 주었다. '당신의 인생이 왜 힘들지 않아야 한다고 생각하십니까?'라는 문구가 있었다. 우리는 행복만 추구한다. '힘들면 우리 인생이 아닌가요?' 인생에서 힘들 때와 힘들지 않을 때의 비율을 생각해 보면 50:50 이거나 아마도 힘든 시간이 더 많다. 그 힘든 시간을 사랑하지 못하고 부정하려고만 한다면, 나는 내 인생을 사랑하지 않는다는 뜻이 된다.[5]

인생은 고통이다. 현실은 힘들고 불행하다. 불가에서는 일체개고一切皆苦라고 한다. 영원하지 못하고 변하는 것에 집착하기 때문에 불안하고 괴롭다는 것이다. 태어나고 늙고 병들고 죽는 것, 미워하는 사람과 만나는 것, 사랑하는 사람과 헤어지는 것, 구하고자 하는 것을 얻지 못하는 것, 물질에 집착하는 것 등이 고통이다.

그럼에도 우리가 살아가야 하는 이유는 무엇인가? 철학자 강신주는 행복은 고통이 완화될 때 온다고 한다. 행복감의 유통기한은 찰나의 시간이다. 우리가 음식을 먹는 이유는 배고픔을 잊기 위함이고, 잠을 자는 이유는 피곤함을 해소하기 위함이다. 우리가 살아가는 이유는 힘듦을 해소해 줄 무언가를 만나기 때문이다. 아침에 눈을 뜨면 사랑하는 사람을 볼 수 있고, 해가 질 무렵에는 노을의 아름다움을 볼 수 있다. 고통을 느낀다

---

5   TVN 「스타특강쇼」 10회 배우 박신양 편 中에서

것은 살아 있음의 증표이다. YOLO[6]. 한 번뿐인 인생이다. 매 순간 살아 있음을 즐겨야 한다.

> 여윈 바늘 끝이 떨고 있는 한 바늘이 가리키는 방향을 믿어도 좋습니다. 그는 떨리는 일이 지극히 자연스러운 일이라고 말했습니다. 동그란 나침반 안에 들어 있는 지남철[7]. 그 자석의 끝은 끊임없이 흔들리는데 그 흔들림이야말로 가장 정확한 방향을 찾아내기 위한 고뇌의 몸짓이라는 의미. 선배 세대들이 남긴 살아감에 대한 통찰은 그러했습니다. 삶이란 누구에게나 공평하게 불안정한 것이니 흔들리고 방황하며 실패할지라도 그는 계속 움직여야 한다고 말합니다.[8]

2. 2022년 12월

　설상가상雪上加霜, 눈 위에 서리가 덮인다. 어려운 일이나 불행한 일이 계속해서 일어나는 것을 이른다. 문제 상황은 불시에 무방비 상태에 몰려서 발생하는 경우가 많다. 2022년 12월이 그러했다. 그 해는 필자에게는 유독 혹독하고 차갑게 느껴졌다.

　2022년 12월 인사이동으로 근무지와 업무가 바뀌었다. 그로부터 얼마 후에 발표된 승진 인사에서 진급누락이 되었다. 좋지 않은 소식은 이어졌다. 외조모의 부고와 동시에 외조부의 위암 판정 연락을 받았다. 얼마 지나지 않아 필자의 둘째 자녀가 2년 전에 서울에서 수술받아 완치되었던 증상이 재발했다는 사실을 알았다. 무리해서 받은 아파트 분양으로 인해 감당하기 힘든 금전적인 문제에 직면했었다.

6　You Only Live Once의 약자로 '인생은 오직 한 번뿐'이라는 의미를 가졌다.
7　지남철은 자석이다.
8　JTBC 「뉴스룸」 947회, 앵커 손석희, 마지막 브리핑 中에서

> 욕망은 원하는 바를 얻고자 하는 마음이고, 혐오는 원치 않는 바를 피하고자 하는 마음입니다. 원하는 데 얻지 못하면 실망스럽고, 원치 않는데 피할 수 없으면 괴롭습니다. 병이나 죽음이나 가난처럼, 자신의 힘으로 통제할 수 없는 것을 혐오한다면 불행해집니다.[9]

물론 상대적으로 더한 극단적인 위기나 절망적인 상황에 있는 이들과 비교하면 별로 대수롭지 않은 문제일 수도 있다. 필자는 자신의 힘으로 통제할 수 없는 것들을 혐오했다. 원치 않는데 피할 수 없어 괴로웠다. 지금 돌이켜보면 그러했다.

식사 중에 뉴스를 보던 중이었다. 억울하게 뇌물수수 혐의로 10개월간 중국 공안에 구금되었다가 석방된 손준호 축구선수에 대한 내용이었다.

> "인사가 많이 늦었습니다. 저는 무사히 돌아와 가족들과 편안한 시간을 보내며 평범한 일상을 누릴 수 있음에 감사함을 느끼고 있습니다. 오랜 시간 잊지 않고 관심 가져주시고 기다려주시고 걱정해 주신 대한민국 국민 여러분께 진심으로 감사드립니다."[10]

현실의 어려움이 지속되면서 이에 피곤함을 느낀 사람들은 '아주 보통의 하루(Ordinary but Happy)'를 뜻하는 아보하를 보내기를 희망한다. 필자는 매일 아침이면 사랑하는 아이들 떠드는 소리에 눈을 뜨고, 일과를 마치고 집에 들어서면 가족들이 반겨줌에 행복을 느낀다. 무난하고 평범한 일상을 누리는 것에 행복이 있다.

---

9   에픽테토스 저, 신혜연 역, 「엥케이리디온」 (이소노미아, 2022) p.23.
10 Instagram, 축구선수 손준호 「lovemomo.juno」 中에서

그렇지만 우리 인생에서 고난苦難이 없을 리가 만무하다. 고난이 없는 삶, 무난無難한 인생을 사는 사람은 아무도 없다. 누구나 저마다의 웃음 뒤에는 아픔이 있다. 무난의 반대인 고난이 있는 유난有難을 일본에서는 '아리가타有難い', 감사의 의미로 사용한다. 고난이 있는 삶을 감사하게 받아들여야 한다. 우리네 인생도 꼬여야 풀리는 법이다.

필자가 어릴 적 교육 방송 미술 프로그램의 밥아저씨로 유명한 미국화가 로버트 노먼 밥 로스Robert Norman Bob Ross의 일화를 소개하고자 한다. 아내를 암으로 잃은 후 그의 복귀 첫 촬영이었다.

> 항상 반대되는 것이 필요합니다. 빛과 어둠, 그림에는 항상 이 두 가지가 있어야 하죠. 빛에다가 빛을 더하면 아무것도 생기지 않습니다. 어둠에 어둠을 더해도 마찬가지로 아무것도 없죠. 삶도 마찬가지입니다. 가끔씩 슬픔이 있어 줘야 행복한 시기가 올 때 느낄 수 있습니다. 저도 지금은 행복한 시기를 기다리는 중입니다.

비가 온 후에 땅은 굳는다. 밤이 어두울수록 별이 빛이 난다. 밤이 가장 어두울 무렵에 해가 뜬다. 이 또한 지나간다.

3) 쉼표 (,)

> 레프팅 강사를 한 친구가 말해줬는데 사람들이 급류를 지날 때 물살이 세니까 열심히 노를 젓는다고 해요. 급류를 이길 수 있는 것도 아닌데 죽으라고 노를 젓는다는 거예요. 급류에서는 배에 몸을 맡기고 그냥 흘러가야 한데요. 그러다가 물살이 약해지고 배가 안정되는 구간이 나오면 그때 노질을 열심히 해야 배가 방향을 잡고 잘 나간다는 거죠. 내가 감당할 수 없을 흐름이 발생할 때 그때는 아무것도 하지 않고 쉬어야 할 때입니다.[11]

---

11 YouTube, 오느른, 「오늘, 한 잔」, 아나운서 김대호 인터뷰 中에서

통제할 수 없는 문제들이 우후죽순처럼 쏟아질 때 벗어나려고 온갖 발버둥을 쳐도 헤어 나오지 못할 때가 많았다. 통제력을 잃은 상황에서는 무엇을 해도 제대로 일이 될 리가 없다. 필자도 이제는 그냥 흘러가는 방법도 알고, 제법 흔들릴 줄도 안다. 지쳤을 때는 제대로 쉴 줄 알아야 한다. 숙면 시간을 늘리고 맛있는 음식도 챙겨 먹어야 한다. 나를 아껴주자.

갑각류는 탈피를 통해 성장한다. 탈피를 막 했을 때 딱딱한 껍질이 말랑해진다. 갑각류가 성장하는 때는 오직 가장 약해져 있고 상처받기 쉬운 그 순간이다. 사람의 성장 또한 갑각류의 탈피와 다르지 않다. 지금 1보 뒤로 물러남은 2보 전진을 위한 것으로 생각하자. 지금 웅크리고 있는 이유는 더 높은 도약을 위한 것임을 명심하자.

아모르 파티Amor Fati는 이미 우리에게 친숙한 '자신의 운명을 사랑하라.'라는 뜻의 라틴어다. 철학자 프리드리히 니체가 자신의 근본 사유라고 인정한 영원회귀 사상의 마지막 결론이 아모르 파티다. 자기 삶에서 일어나는 고난과 어려움까지도 받아들이는 적극적인 방식의 삶의 태도를 의미한다.

> 괴로움은 어떤 일 자체가 아니라 그 일을 대하는 우리의 생각 때문에 발생합니다.[12]

따라서 고난으로 인한 고통은 내면에서 생겨난 것이므로 에픽테토스는 충분히 통제가 가능한 영역이라고 간주하였다. 이처럼 어떤 사태에 대해서 초연한 마음을 유지하는 경지를 아파테이아apatheia라고 한다.

---

[12] 에픽테토스 저, 신혜연 역, 「엥케이리디온」 (이소노미아, 2022) p.31.

04
돈 : Money talks

1. 가장의 무게

> 어떤 사람은 3루에서 태어났으면서 자기가 3루타를 친 줄 압니다.[13]

그렇다. 이 세상은 공평하지 않다. 모두의 출발점이 다르다. 좋은 환경에서 태어나서 좋은 교육을 받으며 자란 사람이 있고, 반면에 힘든 환경에서 삶을 살아가야 하는 사람도 있다. 그렇다고 좋은 출신의 누군가를 부러워만 한다면 세상을 살아갈 수 있겠는가. 논의할 가치도 없다. 출생은 선택할 수 없는 통제 불가능한 문제이기 때문이다.

상대적으로 힘든 환경에 태어난 사람을 요즘 세대들은 '흙수저'라고 부른다. 소위 '수저계급론'[14]에서는 낮은 등급의 수저로, 우리나라에서는 서민층 또는 저소득층을 뜻한다. 가난을 상징하는 대표적인 말이다. 필자도 살아온 과거를 돌이켜보면 금수저보다는 흙수저에 가깝다. 부모님이 이런 용어를 알게 된다면 얼마나 속상해하실지 가슴이 먹먹해진다. 없는 형편에도 내색하지 않고 든든한 버팀목이 되어주셨다. 필자도 아버지가 되어보니 부모님도 영웅이 아니라 같은 평범한 사람이라는 사실을 깨달았다.

---

13 SBS, 드라마, 「스토브리그」 中에서
14 개인이 부모의 자산과 소득 수준에 따른 다른 사회경제 계층으로 분류될 수 있다는 생각을 뜻한다. 그 결과 한 개인의 인생에서 성공은 전적으로 부유한 가정에서 태어나는 것에 달려 있음을 의미한다.

아버지는 필자가 술을 마시기 시작했을 때 금주를 하셨고, 친동생이 흡연한다는 사실을 알았을 때 금연을 하셨다. 어머니와 작은 가게를 운영했었는데 10년이 넘는 기간 동안 연중무휴로 운영하셨다. 아버지는 지금까지 흔한 비행기 한번 타본 적이 없다. 부모님께 근면 성실과 검소함을 배웠다. 필자가 비행에 빠지지 않고 범인凡人으로서 성장할 수 있었던 이유다.

부모님께 좋은 흙을 받았다. 부모님의 존재로 오늘도 성장한다. 안타는 물론이고, 홈런을 칠 수 있는 능력을 키워주셨다. 물심양면物心兩面으로 지원해주셨다. 지금은 그저 곁에서 건강하게 살아계신 것만으로도 감사하다.

요즘 문득 이런 생각이 많이 든다. 물가는 계속 치솟아 오르는데, 월급만 그대로다. 결혼 10년 차 외벌이로 아이 둘 키우려니 이제는 버겁다. 벌써 몸이 이전 같지 않음을 느낀다. 직장생활 13년간 휴직 기간 없이 꾸준하게 근무했는데 뒤돌아보면 남은 게 없다. 뉴스에 쏟아져 나오는 정부의 출산 가구 지원정책이나 청년정책이 나올 때면 상대적 박탈감에 한숨이 나온다.

경제적이든, 심리적이든 살면서 가난해 본 적 있는가? 필자는 2022년 12월에 가장 혹독하게 가난을 경험했다. 필요한 돈은 많은데 수중에는 돈이 없었다. 여기 빌려서 저기 막고, 저기 빌려서 여기 막기 급급했다. 심적으로 여유도 없고, 짜증과 화도 많이 내고 무기력함만 더해갔다.

> 아직도 그 순간을 기억한다. 거리의 모든 사람이 너무나 행복해 보였지. 난 왜 그럴 수 없었을까?[15]

실화를 기반으로 제작한 영화 「행복을 찾아서」의 주인공 크리스 가드너는 사업은 실패하고 아내는 떠나가고 아들과 길거리에서 노숙해야 하는 상황에 부닥치게 된다. 같은 시간 같은 장소에서 여유 있는 사람은 차를 타고 드라이브를 하는데, 여유 없는 사람은 노숙할 장소를 찾는다.

톨스토이는 '인간은 사랑을 먹고 산다.'라고 했지만, 현대에서는 빵도 먹어야 한다. 존 스튜어트 밀은 '배부른 돼지보다 배고픈 소크라테스가 낫다.'라고 했지만, 지금은 배부른 소크라테스가 되어야 한다. 기운을 내자. 가장의 무게를 견뎌내자. 아빠가 힘들면 가족이 편하다.

> 저녁 때 돌아갈 집이 있다는 것
> 힘들 때 마음속으로 생각할 사람이 있다는 것
> 외로울 때 혼자서 부를 노래가 있다는 것[16]

2) 차가운 자본주의의 뜨거운 맛

인간에게는 소유에 대한 두 가지 행복이 있다고 한다. 하나는 내가 가진 것이 늘어나는 행복이고, 다른 하나는 내가 가진 것이 줄어드는 행복이다. 현재 우리는 자본주의 사회에서 살아가고 있다. 자본주의의 핵심은

---

15 가브리엘레 무치노 감독, 윌 스미스 주연, 영화 「행복을 찾아서」(팝업엔터테인먼트, 2007) 中에서 : 사업 실패로 아내가 떠난 후, 아들과 단둘이 남게 된 아버지. 가난이라는 현실에서 벗어나고자 고생하던 그는 증권회사에 들어가 밑바닥부터 도전한다.

16 시인 나태주, 시, 「행복」

소유다. 돈의 액수만큼 꿈꿀 수 있고, 돈 가진 자가 우월한 지위를 가지는 것이 자본주의의 원리다. 돈으로 돈을 사는 세상이고, 자본이 원하는 대로 끌려다닐 수밖에 없는 사회가 된 것이다. 어느 누가 자본주의 사회에서 부를 축적하는 것을 비난할 수 있는가?

> 부를 선으로 규정지을 수 없다. 그렇다고 부를 완전히 등한시하라는 뜻은 아니다. 부유함이 선은 아니지만 유용한 것임에는 분명하다. 부의 노예가 아닌 주인이 돼라. 현인은 돈의 주인이 되지만, 바보는 돈의 노예가 된다. 현인이 부유하다면 미덕을 실행할 더 많은 기회가 생긴다.[17]

세네카는 네로황제의 권력을 바탕으로 막대한 부를 쌓았다. 그는 부의 축적이 행복한 삶에 방해물로만 작용하는 것은 아님을 정당화한다. 행복론에서 부를 다룬 것은 정치적 적들의 비난에 대한 세네카 자신의 방어 전략이기도 했다. 하지만 이 시대를 살아가는 우리에게는 실용적이고 선善한 부의 축적의 방향을 제시해 준다.

돈이 많은 사람이 항상 행복하다는 가정에는 동의하지 않는다. 하지만 가난한 사람은 불행하다는 전제는 수긍한다. 그래서 현대인들은 행복을 뒤로 미루고 경제활동에 전념한다. 행복하기 위해서 얼마만큼 벌어야 하는가? 부의 축적의 적정 기준은 무엇인가? 경제활동을 위해서 행복을 뒤로 미루는 것이 맞는 것인가? 워라벨Work and Life Balance, 즉 업무와 삶의 균형을 조화롭게 통제하는 것이 우리에게 필요하다.

어린이날 연휴 마지막 날에 있었던 사연이 뉴스에 방송되었다. 부산의

---

17 루키우스 안나이우스 세네카 저, 정영훈 역, 「세네카의 행복론」(소울메이트, 2016) p.14.

경찰서 지구대 앞에 한 남성이 상자 하나를 두고 사라졌다. 상자 안에는 편지, 옷, 라면, 과자와 함께 현금 3만 원이 든 봉투가 담겨 있었다. 편지에는 어려운 아이가 있는 가정에 전달해달라는 내용이었다. 그는 첫째가 장애 3급이고 수급자 가정의 세 아이의 아빠라고 했다. 한 달 동안 폐지를 팔아 마련했으나 더 나누지 못한 부족함에 대한 미안함을 전했다.

가진 것이 줄어드는 행복이라는 것은 소유를 늘리기 위해 외면하고 뒤로 미루어온 행복이었다. 필자는 자녀에게만 한정하여 추구한 행복이었다. 그의 선행은 자본주의 사회에서 흐름에 역행하는 행위이자 자칫 오지랖으로 여겨질 수 있다. 본인도 어려운 상황이지만 더 어려운 처지에 있는 이웃과 나눈다는 것을 몸소 실천해 보였다.

> 네가 그런 일을 당하는 것은 당연하다. 너는 오늘 선해지기보다도 내일 선해지려고 하기 때문이다.[18]
> 사람이 살 수 있는 곳이라면 어디서나 선하게 살 수 있다. 따라서 궁정에서도 선하게 살 수 있다.[19]
> 선한 사람은 어떤 사람인지 논의는 그만두고 실제로 그런 선한 사람이 되는 것이 어떻겠는가?[20]

미국 최고의 부자라고 하면 떠올리는 록펠러John Davison Rockefeller라는 사람이 있다. 그는 정유업으로 무려 4,000억 달러에 달하는 재산을 보유한 석유왕이었다. 하지만 그 과정에서 온갖 불법을 저질러 수단과 방법을 가리지 않고 부를 축적했다. 그의 나이 55세에 암으로 인해 1년이라는 시

---

18 마르쿠스 아우렐리우스 저, 김재홍 역, 「자기 자신에게 이르는 것들」 (그린비출판사, 2023) p.258.
19 마르쿠스 아우렐리우스 저, 김재홍 역, 위의 책, p.166.
20 마르쿠스 아우렐리우스 저, 김재홍 역, 위의 책, p.323.

한부 선고를 받게 된다. 마지막 검진을 받던 날 병원의 벽에 있는 글귀를 보고 그는 깨달았다. '주는 자가 받는 자 보다 복이 있다.'라는 성서의 글이었다. 그때 치료비가 없어 쫓겨나는 한 소녀를 보게 되고, 병이 나을 때까지 익명으로 비용을 지원하기로 했다. 록펠러는 소녀가 완치되었을 때 인생에서 가장 큰 행복을 느꼈다. 그는 그동안의 인생을 180도 바꿔 자선사업에 뛰어들었다. 시한부 삶을 선고받았던 그는 43년을 더 살았다.

그간 소유를 늘리는 행복에만 매달려 살아왔지만, 지금의 필자는 행복한가? 소유를 줄이는 행복을 알아가는 삶을 살아야겠다. 행복에 총량이 있다면 분명히 더 행복할 수 있겠다는 확신이 든다.

05
인간관계 : Get along

1. 나를 사랑하지 않는 그대에게

　누군가에게 좋은 평가받는다는 것, 누군가의 마음에 든다는 것은 확연하게 통제할 수 없는 일이라는 것을 깨달았다. 하지만 사회 초년생일 적에는 경쟁심이 왕성했던 탓인지 인정하기가 쉽지 않았다. 개인적으로는 만족했던 것이 누군가에게는 불만족일 수도 있다는 것을 깨닫지 못했다.

　세계 미술사에서 빼놓을 수 없는 인물인 빈센트 반 고흐는 독특한 화풍과 색채 사용으로 많은 사람에게 사랑받는 화가 중 한 명이다. 하지만 생전에는 그의 작품은 인정을 받지 못했다. 정신질환과 경제적 어려움에 시달렸다. 그럼에도 예술에 담아낸 열정과 노력으로 남긴 작품은 사후에 인정받기 시작하여 지금 시대까지 영향을 주고 있다. 현재 인정받지 못한다고 하여 마땅히 해야 할 일을 멈춰서는 안 된다.

> 그들처럼 높은 사람의 집에 자주 찾아가지도 않고 시중들지도 않으며 찬양하지도 않으면서 어떻게 그들과 똑같은 몫을 얻겠습니까? 필요한 값을 치르지 않고 공짜로 얻으려 한다면 그것은 부당하고 탐욕스러운 태도입니다.[21]
>
> 사람들에게 인정받지 못하고 어디에서도 별 볼 일 없는 사람으로 살게 될까 봐 괴로워하지 마십시오. 이름을 떨치지 못하는 것이 불행으로 느껴진다면 이는 다른 사람 때문이 아니라 자기 자신 때문입니다.[22]
>
> 진짜 좋은 것은 자신의 힘으로 통제할 수 있는 것들 안에 존재하기 때문입니다. 거기에는 시기심이나 경쟁심이 파고들 여지가 없습니다.[23]

99%의 금은 순금이 아니라고 한다. 하지만 99%의 금도 사실은 금은 맞다. 99%의 금이 자꾸 순금이 되려고 하면 스스로를 가짜로 만들어버리는 것이다.[24] 80점짜리 사람이 100점의 세상에서 살려고 하면 늘 80점짜리가 된다. 80점짜리가 80점의 세상에 살면 그것은 100점이 되는 것이다.[25] 누군가의 기준에 나를 끼워 맞추려고 한다고 이룰 수 있는 것이 아니다. 이미 충분히 금이라는 것을, 80점짜리 세상의 100점이라는 것을 인지하고 한 단계씩 전진하는 것이 중요하다.

모두가 나를 좋아해야 하는가? 왜 모든 사람이 다 같은 반응을 보여야 하는가? 예를 들어서 고양이를 좋아하는 사람도 있고, 싫어하는 사람도 있다. 세상의 다양함을 이해하면서 받아들이는 것이 좋다. 그럼에도 유독 가까이하고 싶고, 마음에 들고 싶은 사람은 누구나 있다. 꽃을 보고 좋아하면 꽃이 기분이 좋아지는 것인가? 상대를 좋아하면 내가 좋은 것이다.

---

21 에픽테토스 저, 신혜연 역, 「엥케이리디온」 (이소노미아, 2022) p.77.
22 에픽테토스 저, 신혜연 역, 위의 책, p.71.
23 에픽테토스 저, 신혜연 역, 위의 책, p.61.
24 SBS, 「힐링캠프」 100회, 법륜스님 편 中에서
25 YouTube, 배우 김지석, 「내 안의 보석」 中에서

필자는 평소 인간관계를 더하기와 곱하기에 비유한다. 상대방도 나에 대해 호감이 있다면 더하기가 적용된다. 부분적으로 통제가 가능한 것이다. 본인의 노력에 따라 상대방의 호감도가 오를 수 있다. 하지만 상대방의 나에 대한 호감도가 '0'일 경우이거나 싫어하는 경우라면 곱하기가 적용된다. 본인이 아무리 노력해도 '0'이거나 싫어하는 감정이 더 커질 수도 있다.

> 있는 그대로 관계를 받아들이십시오. 그의 행동을 생각하지 말고, 자신의 본성을 거스르지 않으면서 어떻게 그를 대할지 생각하는 것입니다. 당신이 허락하지 않는 이상 타인은 당신을 아프게 하지 못합니다. 타인이 당신을 아프게 할 수 있는 경우는 당신이 그 사람으로 인해 아프다고 생각할 때뿐입니다.[26]
> 다른 사람의 마음에 들기 위해 외적인 것에 전념하면 삶의 목적을 잃게 됨을 명심하십시오. 삶의 모든 면에서 늘 철학자의 자세를 견지하십시오.[27]

대인관계 문제를 애초에 통제할 수 없는 것으로 구분하면 그만큼 편한 것도 없다. 노력한다고 되는 것도 아니어서 너무 조급할 필요도 없다. 유유상종(類類相從)이다. 결국, 좋은 사람은 자연스럽게 서로 돕고 사귀게 된다.

---

[26] 에픽테토스 저, 신혜연 역, 「엥케이리디온」(이소노미아, 2022) p.93.
[27] 에픽테토스 저, 신혜연 역, 위의 책, p.69.

2. 결국은 사람

> 집에 오는 길이 너무 쓸쓸해 주차장에 차를 세우고 나도 가끔 울어도 된다. 사람들이 볼까 봐 눈물을 들킬까 봐 누가 날 흉볼까 봐 고갤 숙이고 나도 맨날 틀리고 후회해요. 나도 너무 떨리고 무서워요. 다 큰 어른도 울어요. 상처를 받아요. 아 그래서 창문에 썬팅을 하나 봐 혼자 원 없이 울고 싶어서[28]

시카고 대학의 카시오포 교수팀의 오랜 연구에 의하면 현대인의 가장 총체적인 사망요인은 사고나 암이 아니라 외로움이다.Cacioppo & Patrick[29] 미국의 사회학자 데이비드 리스먼David Riesman은 군중 속에 고독은 더욱 커진다고 했다. 현대인은 타인으로부터 격리되지 않으려고 애쓰면서도 내면적으로는 고립감에 시달리고 있다고 진단했다.

마이클 가자니가Michael S. Gazzaniga 교수는 세계에서 가장 저명한 뇌과학자로 꼽힌다. 그는 자신의 책에서 큰 질문 하나를 던졌다. 인간의 뇌는 무엇을 하기 위해 설계되었을까? 일평생의 연구를 토대로 내린 그가 내린 결론은 '인간관계를 잘하기 위해서'다. 인간은 뼛속까지 사회적이라는 표현을 썼다.[30]

필자의 학위수여식이 있었다. 현장에서 기쁨과 행복감은 졸업 자체가 아니라 가족, 동기, 선후배 간의 축하와 인정 때문이다. 자랑할 사람도, 축하해주는 사람도 없다면 졸업식이 어떤 의미가 있을까. 사람에게 가장 필요한 것은 사람이다. 행복한 사람들은 타인과 같이 보내는 사회적 시간이

---

28 가수 중식이, 노래 「그래서 창문에 썬팅을 하나봐」 中에서
29 서은국 저, 「행복의 기원」 (북이십일, 2021) p.84.
30 서은국 저, 위의 책, p.85.

절대적으로 많다.

　인간이 경험하는 강렬한 고통과 기쁨은 모두 사람에게서 비롯된다. 사람은 절대적인 행복의 원인이 되기도 하지만 동시에 불행의 원인이 될 수 있다. 사실상 사람만큼 스트레스와 불쾌함을 주는 자극도 없다. 타인은 개인에게 행복과 불행을 줄 수 있는 존재이다.

> 우리나라는 예로부터 강한 집단주의적 유교 사회이다. 그리고 짧은 시간에 큰 경제성장을 이뤄낸 국가이다. 집단주의로 인한 개인의 자유감의 부족과 경제성장에 따른 과도한 물질주의로 나타나는 증상의 공통원인은 너무 '예민한 타인 의식'이라고 생각한다. 타인의 평가를 의식하는 것 자체가 인간에게는 대단한 스트레스이다. 주변 사람들에게 관심과 주의가 자연적으로 집중되어, 그만큼 피로와 불안도 쉽게 온다.[31]

　스스로 느끼고 생각하는 것보다 그에 대한 타인의 반응이 더 중요해진다. 다른 사람에게 경험을 어떤 방식으로든 보여주고 싶고, 그들로부터 좋다는 승인을 받으려 한다. 맛집에 가서 오랜 시간 기다린 후에 음식을 먹기 전이나, 여행을 가서 멋진 경치 앞에서 우리는 사진을 찍어대기에 바쁘다. 남에게 보여주는 것이 중요하기 때문이다. 외모지상주의와 지나친 물질주의적 가치는 내용보다 외형에 관심을 몰두하게 한다.

> 영혼의 눈으로 진실을 찾을 수 있어야 한다. 얼마나 좋은 옷으로 몸을 감싸고 있는지는 전혀 중요하지 않다. 또한, 겉모습만 보고 사람을 판단하지도 말아야 한다. 당신의 발언에 찬사를 보내고, 당신이 가진 부유함을 좇고, 당신의 호감

31　서은국 저, 「행복의 기원」(북아십일, 2021), p.178.

> 을 사려고 노력하며, 당신의 권력을 칭송하는 자들이 보이는가? 그들은 당신의 적이거나 혹은 적이 될 가능성을 가진 자들이다. 부러움의 눈으로 바라보는 군중 뒤에는 시기심의 얼굴이 도사리고 있게 마련이다.[32]

행복의 중요 요건 중 하나는 내 삶의 주인이 타인이 아닌 자신이 되어야 한다는 것이다. 자신이 원하는 대로 살면 인생의 주인이고, 타인이 원하는 대로 살면 노예이다. 미국의 루스벨트 26대 대통령은 '비교는 기쁨을 훔치는 도둑이다.'라고 하였다. 내가 생맥주를 좋아하는 이유를 타인에게 설명할 필요도 없고, 그들에게 허락이나 인정을 받지 않아도 된다. 남과 자신을 비교하는 것은 자신의 비하인드장면과 남의 하이라이트장면을 비교하는 것과 같다. 모든 불행은 비교하는 것에서 시작한다.

32　루키우스 안나이우스 세네카 저, 정영훈 역, 「세네카의 행복론」 (소울메이트, 2016) p.28.

06
죽음 : Living is dying

1. 산다는 건

하루는 2건의 부고 메시지를 받았다. 한 분은 암이 몸에 급속히 전이되어 시한부 판정을 받고 병실에서 돌아가셨다. 한 분은 스스로 유명을 달리하였다. 평소 성격이 밝았던 사람이라서 사실을 인정하기 어려웠다. 누군가에게는 살고자 했던 소중한 하루가 누군가는 고통을 피해 안식에 들고자 한 하루였다.

그는 병든 아내와 어린 자녀 둘을 둔 가장이었다. 주관적이고 편협한 사견으로 고인을 욕보이고자 하는 건 아니다. 하지만 필자가 같은 가장의 시선으로 보았을 때 남은 가족을 생각해서라도 그래서는 안되었다고 생각한다. '무엇이 그를 극단적인 선택을 하게 하였을까. 한편으로는, 오죽했으면 그랬을까.'라는 반문도 해본다.

죽음 그 자체는 통제할 수 없지만, 죽음을 어떻게 생각할 것인지는 확실히 통제할 수 있다. 스토아 철학자들은 더 이상 삶을 지탱할 수 없을 지경에 이르면, 자살하는 것을 오히려 신성한 의무로 보았다. 죽음이 가까워져 오자 마르쿠스 아우렐리우스는 음식을 거부했다. 세네카는 사형선고를 피할 수 있었지만 그러지 않았다. 죽음보다 우선순위는 '가치 있는 삶'이기 때문이다.

다만 에픽테토스는 자신의 목숨을 가벼이 여기는 태도는 스토아의 길이 아님을 강조하였다.

> 만약 당신의 결정이 옳다면, 지금 우리는 당신 곁에서 당신의 삶을 떠날 수 있도록 도울 준비가 되어있다. 하지만 만약 당신의 결정이 이성에 어긋나는 것이라면, 마음을 바꿔라. 모든 결정을 감수해야 하는 것이 아니라, 옳은 결정을 감수해야 한다. 지금은 여기에 그냥 있거라. 그리고 이유 없이 떠나지 말라.[33]

'역경'을 거꾸로 읽으면 '경력'이 되고, '자살'을 거꾸로 읽으면 '살자'가 된다. 버티면 지나가고 지나가면 좋은 날은 온다. 지금의 불행과 고통도 희망과 행복으로 가는 과정이다. '내 힘들다'를 거꾸로 읽으면 '다들 힘내'가 된다.

> 인생은 99%가 비극이라고해요. 그럼에도 우리가 사는 이유는 가끔 오는 즐거움이나 행복감 같은 빛을 보기 위해 최선을 다해 살아가요. 그렇게 살다보면 남는 것은 사회생활에서 함께 사선死線을 돌파하는 그런 친구들이에요. 영화「반지의 제왕」[34]에서 나오는 절대반지는 인간들에게 지어진 짐이에요. 가냘프고 여린 프로도가 그 짐을 가지고 여정을 떠나요. 그중에 프로도의 친구들이 프로도 모르는 상황에서 그를 돕기 위해 전투를 벌이면서 따라가요. 영화에서처럼 우리가 있는 힘을 다해서 버티면서 살아남으려고 발버둥을 치고 있는 사이에 지지해주고 좋아 해주는 친구가 우리를 위해서 어디선가 피투성이 싸움을 벌이고 있을지도 몰라요. 그러니 다들 힘을 내세요.[35]

---

33 마시모 피글리우치 저, 석기용 역, 「그리고 나는 스토아주의자가 되었다」 (든, 2019) p. 254.
34 피터 잭슨 감독, 일라이저 우드 주연, 영화 「반지의 제왕」(디스테이션, 2001) 中에서 : 암흑의 왕이 부활하여 모든 종족을 다스리기 위해 절대 반지를 만들었다. 악의 세력에 맞서 절대반지를 파괴하기 위한 원정을 떠난다.
35 YouTube, JTBC 「Voyage」, 교수 김국종 편 中에서

필자가 좋아하는 영국의 축구팀 응원가의 제목이 떠오른다. 'YNWA(You'll Never Walk Alone): 당신은 절대 혼자 걷지 않는다.' 앞으로 살면서 이것만은 꼭 잊지 말자. 많은 사람이 당신을 지켜주고 있고, 당신도 다른 사람의 버팀목이 되고 있다는 것을. 당신은 이 세상에 없어서는 안 될 존재다.

2. 메멘토 모리

> 올해 봄에 피어난 벚꽃은 작년에 핀 꽃이 아니고 내년에 필 꽃도 아니다. 지금 바로 그 벚꽃이다. 우리는 영원한 플라스틱 조화 벚꽃을 바라지 않는다. 작년에도 폈고, 내년에도 피어날 벚꽃이지만 우리는 현재 피어난 벚꽃을 본다. 꽃은 지는 것보다 피지 못하는 것을 두려워한다. 꽃이 피고 지는 것은 자연의 이치다. 죽음 또한 세상의 이치다. 이미 삶이 활짝 폈으니 슬퍼하지 말라.[36]

인생에서 영원한 내 편, 외할머니를 떠나보낸 시간이 어느덧 1년이란 세월이 흘렀다. 필자는 누군가와의 사별이 아직 서툴다. 삶은 고통이고, 고통을 느끼지 않는 상태로 가는 것은 죽음이다. 하지만 지금 이 순간에도 외할머니의 부재가 몹시 안타깝고 애처롭다.

> 내가 지금 우는 건 이제 당신을 놓아주겠다는 뜻이에요. 혼자가 되어가는 법을 배워가고 있죠. 지금은 망가졌지만, 시간이 지나면 다 괜찮아질 거예요.
> 내가 지금 우는 건 점차 익숙해지고 있다는 뜻이겠죠. 다음 생이 오기 전까지는 다시는 그댈 볼 수 없음에 그래도 시간이 흐르면 나도 괜찮아질 거예요.[37]

---

36 TVN, 「어쩌다어른」 117회, 철학자 강신주 편 中에서

37 가수 앤디 그래머(Andy Grammer), 노래 「These Tears」 中에서

메멘토 모리Memento mori. 라틴어로 '죽음을 잊지 말라'는 의미다. 로마의 황제 아우렐리우스는 열네 명의 아이를 낳았지만, 성인이 될 때까지 살아남은 자녀는 딸 다섯 명과 아들 한 명뿐이었다. 아이를 여러 번 먼저 떠나보낸 그는 다음과 같이 에픽테토스의 말을 인용했다.

> 아이에게 키스를 할 때 '아마 너는 내일 죽겠지'하고 마음으로 속삭여야 한다.

아우렐리우스는 일상 속에서도 마음으로 '메멘토 모리'를 되뇌었다. 누구나 반드시 죽는다는 사실을 외면하려고 한다. 그렇지만 죽음을 무시할 수 없다. 아우렐리우스는 죽음을 '권내에 없다.'라는 표현을 쓴다. 통제 불가능하고, 힘이 미치지 않음을 의미한다. 또한, 그는 '모든 행위를 생의 마지막인 것처럼 하라. 마치 네가 사실상 죽은 것처럼 현재의 순간이 네 생애의 끝인 것처럼 자연에 맞게 여생을 보내야 한다.'고 하였다.

세네카 역시도 친구 루킬리우스에게 마지막 날을 살듯 하루하루를 살아가라고 조언했다. 지금 이 순간을 마지막인 것처럼 여겨야 한다고 하였다. 하지만 향락에 빠진다거나 재산을 탕진하라는 것은 아니다. 그것은 스토아 철학자들의 충고를 제대로 이해한 것이 아니다. 인생은 짧고 영원하지 않으니 마지막 날일지도 모른다는 사실을 깊이 생각하라는 뜻이다.

영화 「죽은 시인의 사회」 명대사로 유명한 카르페 디엠Carpe diem은 '오늘을 살라'는 뜻의 라틴어이다.

> 오늘을 살라. 우리는 결국 벌레들의 먹이가 되기 때문이다. 믿든지 말든지 이 방에 있는 모두는 언젠가 숨을 멈추고 차갑게 식고 죽게 될 거다.[38]

2024년 파리올림픽에서 양궁 3관왕에 오른 김우진 선수의 인터뷰가 인상적이다.

> 메달을 땄다고 젖어있지 말라. 해가 뜨면 마른다. 오늘 딴 메달도 이제는 과거다. 오늘까지는 즐기지만, 내일부터는 다시 과거가 되기 때문에 새로운 목표를 가지고 또다시 전진하겠다.

소설 「연금술사」의 작가 파올로 코엘료$^{Paulo\ Coelho}$는 '언제나 현재에 집중할 수 있다면 행복할 것이다.'라고 하였다. 과거에 집착하거나 미래에 대한 걱정에 사로잡히지 않고, 오직 현재에 집중하는 태도는 진정한 행복과 성장을 이루어 나갈 수 있다고 말했다. 과거와 미래의 시간은 우리의 통제력이 미칠 수 없다. 우리의 힘이 닿을 수 있는 것은 오직 지금, 현재뿐이다. 과거는 이미 지나갔고, 미래는 아직 오지 않았다.

> 어제는 히스토리^{History}이고, 미래는 미스테리^{Mistery}, 오늘 하루는 선물^{Gift}이다. 그것이 바로 오늘이 프레젠트^{Present}라고 불리는 이유이다.[39]

---

[38] 피터 위어 감독, 로빈 윌리엄스 주연, 영화 「죽은 시인의 사회」 (드림팩트 / 디스테이션, 1990) 中에서 : 1959년 명문 사립학교를 배경으로 영어 선생님이 전근해 오면서 변화되는 아이들의 모습을 그린 성장드라마다.

[39] 마크 오스본, 존 스티븐슨 감독, 애니메이션영화 「쿵푸 팬더」 (CJ엔터테인먼트, 2008) 中에서 : 똥보 판다는 쿵푸마스터가 될 수 없을 것이라는 주변의 편견을 깨고 꿈을 이루기 위해 고군분투한다.

07
쾌락 : Over the moon

1. 행복의 스위치

행복 심리학자 서은국 교수는 '행복한 사람은 쾌감 신호가 자주 울리는 뇌를 가진 자'라고 하였다. 다시 말해 행복하려면 쾌감 신호의 강도보다 빈도가 중요하다는 것이다. 일반적으로 사람들은 행복을 강도가 중요하다고 생각한다. 인생역전 로또당첨, 월드컵 경기에서 손흥민 선수의 짜릿한 골, 학교에서의 우수한 성적 등 도파민이 폭발하는 것에 대한 갈망이 있다.

하지만 어떤 대단한 일도 지속적인 즐거움을 주지 못한다. 아무리 강렬했던 사건도 시간이 지나면 일상의 일부가 되어 희석되어 진다. UCLA대학의 알렌 파르두치 교수의 '범위 빈도 이론range-frequency theory)'에서는 극단적인 경험을 한 번 겪으면, 감정이 반응하는 기준선이 변해 그 후 어지간한 일에는 감흥을 느끼지 못한다는 것이다. (Parducci, 1995) [40]

실제 미국 일리노이 주에서 현재 화폐 가치로 100억원의 상금을 받았던 복권 당첨자들에 대한 연구가 있었다. (Brickman, Coats, & Janoff-Bulman, 1978) 복권 당첨 1년 뒤, 21명의 당첨자들과 주변 이웃의 행복

---

40   서은국 저, 「행복의 기원」 (북이십일, 2021) p.110.

감을 비교했더니 놀랍게도 별 차이가 없었다.[41]

> 인간은 만족할 줄 모르는 본성이 있다. 우리는 원하는 것을 얻으려고 그토록 노력하면서도 막상 이루고 나면 흥미를 잃어버리고 만다. 만족감을 느끼지 못하고 다소 따분해하다가는 지루함을 떨치기 위해 새로운 욕망, 전보다 큰 욕망으로 옮겨간다. 이런 현상을 '쾌락 적응$^{hedonic\ adaptation}$'이라 정의했다.'(Shane Frederick, & George Lowenstein)

직업에서도 우리는 쾌락에 익숙해진다. 좋은 직장을 갖기 위해 오랜 기간을 노력해서 마침내 취업에 성공하면 그 기쁨을 느끼는 것도 잠시일 뿐이다. 이내 공허함이 생긴다. 급여도 작아 보이고, 동료와 갈등이 생기며, 재능을 못 알아보는 상사에게도 불만이 쌓인다.

영어로 표현한다면, 'becoming(~이 되는 것)'과 'being(~으로 사는 것)'의 차이는 상당히 크다. 취업에 성공하는 것^{becoming}과 꿈에 그리던 직장에서 매일을 일하는 것^{being}은 다르다. 우리는 화려한 변신의 순간에만 주목한다. 이 삶을 구성하는 그 뒤의 많은 시간에 대해서는 미처 생각하지 않는다. 그래서 성공하면 당연히 행복해지리라는 기대를 하지만, 실상 큰 행복에 변화가 없다는 사실은 뒤늦게 깨닫는다.[42]

---

41   서은국 저, 「행복의 기원」 (북이십일, 2021) p.108.
42   서은국 저, 위의 책, p.117.

한 어린 물고기가 있었다. 그는 나이 든 물고기에게 물었다.
어린 물고기: 사람들이 바다라 부르는 곳에 가고 싶어요.
나이 든 물고기: 지금 네가 있는 곳이잖니.
어린 물고기: 여기요? 여긴 물인걸요. 제가 찾는 건 바다라고요.[43]

너무 원하는 것에만 매달리면 지금 가지고 있을 것을 누릴 수가 없다. 통제할 수 없는 것에 매여 있으면 안 된다. 이미 충분함에도 욕망이 충족되지 않아 자신을 불행하다고 여긴다. 쾌락에 적응하는 것을 멈춰야 한다. 지금까지 얻은 것들을 당연하게 여기지 않아야 한다. 세상에 당연한 건 하나도 없다. 행복을 얻는 가장 쉬운 방법은 지금 가진 것을 감사하게 여기고 만족하는 것이다.

'소확행'이라는 말이 한때 유행했다. 주택 구입, 취업, 결혼 등 크지만 성취가 불확실한 행복을 좇기보다는 일상의 작지만 성취하기 쉬운 소소한 행복을 추구하는 삶의 경향을 말한다. 본래 '소확행'이라는 말은 무라카미 하루키의 에세이 「랑겔한스섬의 오후(1986)」에서 사용되었다.

늦은 시간 항상 만차인 주차장에 딱 한 칸이 비어 있을 때, 타려는 엘리베이터가 층에 바로 서 있을 때, 출근길 우연히 켠 라디오에서 최애곡이 흘러나올 때 느끼는 그것이 행복 아닐까. 행복의 강도보다 빈도가 중요하다면 우리의 행복스위치를 최대한으로 누르자.

---

[43] 피트 닥터 감독, 애니메이션영화 「소울」 (월트디즈니컴퍼니코리아, 2021) 中에서 : 인생의 중요한 질문들에 대한 해답을 찾기 위해 뉴욕 거리에서 우주로 이어지는 여정을 그리고 있다.

2. 베푸는 사람 : The GO-GIVER

필자는 「The GO-GIVER」라는 책을 감명 깊게 읽었다. 타인보다 먼저 '베푸는 사람'이 되어야 성공할 수 있다고 한다. '베푸는 사람'을 흔히 부유한 사람들이 자선단체에 기부하는 모습을 떠올린다. 하지만 이는 베풂의 극히 일부이다. 책에서 '베푸는 사람'은 말 그대로 '주는 사람, 기버giver'다. 타인에게 집중하고 관심을 가지고 시간과 에너지를 내어주며 다른 사람의 삶에 가치를 제공하라는 내용이다.

어떤 일에 대한 대가를 바라거나, 타인보다 앞서나가려는 전략으로 베푸는 것이 아니라, 베풂 그 자체가 삶을 충만하고 만족스럽게 해주기 때문이다. 베푸는 삶이 동화처럼 허황한 꿈이 아니라 평범한 사람도 일상생활에서 따를 수 있는 현실이라는 것이다. 책의 본문에서 소개한 위대하고 엄청난 성공에 이르는 다섯 가지 법칙[44]을 소개하겠다.

1. **가치의 법칙:** 당신의 진정한 가치는 자신이 받는 대가보다 얼마나 많은 가치를 제공하느냐에 따라 결정된다.
2. **보상의 법칙:** 당신의 수입은 얼마나 많은 사람에게 도움이 되고 그 도움이 그들에게 얼마나 효과적이냐에 따라 결정된다.
3. **영향력의 법칙:** 당신의 영향력은 타인의 이익을 얼마나 우선시하느냐에 따라 결정된다.
4. **진실성의 법칙:** 당신이 다른 사람에게 줄 수 있는 가장 소중한 선물은 당신 자신이다.
5. **수용의 법칙:** 효과적으로 '주는'비결은 마음을 열고 기꺼이 '받는'것이다.

다섯 가지 법칙 중에서 진실성의 법칙에 대한 인상이 깊었다.

---

44   밥 버그, 존 데이비드 만 저, 안진환 역, 「기버1」(포레스트북스, 2020) p.180.

> 여러분이 어떤 직업에 종사하든 어떤 훈련을 받았든 또는 어떤 기술을 가지고 있든 가장 소중한 상품은 바로 여러분 자신입니다. 다른 사람에게 줄 수 있는 가장 귀한 선물은 본인이에요. 바로 자기 자신이 되는 것입니다. 자기 자신에게서 출발하는 거예요.[45]

나 자신이 먼저 건강하고 오롯이 우뚝 설 수 있는 사람이 되어야 타인에게 긍정적인 에너지를 공유할 수 있다는 사실이다.

'사회적 승수효과'는 특정 개인의 행동이나 특성이 사회적 상호작용을 통해 그 효과가 확대되어 전체 집단에 영향을 미치는 현상을 말한다. 세네카는 '긍정적이고 즐겁고 생산적인 상호작용을 유지해야 할 의무가 있다.'라고 하였다. 아우렐리우스는 '유대감은 우리가 창조된 목적이다.'라고 말했다. 우리는 스스로가 타인을 위한 선함의 원천이 될 수 있다.

> 덴마크에 가면 우리나라에서는 볼 수 없는 광경을 볼 수 있다. 유아들을 태운 유모차가 시내 곳곳에 그냥 세워져 있다. 부모들은 카페나 음식점에서 음식을 먹으며 시간을 보낸다. 아이들을 길거리에 방치해도 아무 일도 벌어지지 않는다는 신뢰가 있다. 행복한 사회는 경제적 부가 아닌 개인의 심리적 자유감이나 타인에 대한 신뢰라는 사회적인 부가 쌓이는 사회다.[46]

지금까지 우리는 물질적 부에 중점을 두고 살아왔다. 하지만 앞으로, 사회적으로 더 나은 풍족한 인생과 더 큰 행복을 위해서 사회적 부에 초점을 맞춰야 한다. 개인의 선한 영향력이 사회 전체를 바꿀 수 있을지 모를 일이다.

---

45 밥 버그, 존 데이비드 만 저, 안진환 역, 「기버1」 (포레스트북스, 2020) p.133.
46 JTBC, 「차이나는 클라스」 203회, 교수 서은국 편 中에서

08
나가며

'가득 찬 컵에서 흘러내린 물로 베풀어라.'라는 말이 있다. 자기부터 챙기고 남은 여유로 베풀어도 된다는 뜻이다. 물론 필자도 이에 동의하고, 여태까지 그래야 한다고 생각해 왔다. 하지만 올해 글을 쓰면서부터 조금씩 의문이 들었다. 과연 내 컵에 물이 가득 차는 날이 올까? 컵을 가득 채우려 살아왔지만, 한 번도 가득 채우지 못했다. 타인을 위해 나누는 것을 항상 미루며 살아온 것에 부끄러움에 사실 마음이 무겁다.

'베푸는 것'에만 한정된 것이 아니다. 우리의 인생에서 형편이 되면 하려고 미루어 둔 것이 얼마나 많은가? 인생은 짧다. 시간은 한정적이고 빠르게 흘러간다. 곁에 있는 가족, 친구, 동료에게 더 사랑한다고 좋아한다고 표현하자. 옳다고 생각하면 실천을 하자. 마음을 먹었으면 행동을 하자. 하쿠나 마타타(Hakuna Matata). [47]

105세의 철학자 김형석 교수는 '소유했던 것을 다 주고 가는 것'이라고 인생을 한마디로 정의했다. 직장이든 사회생활이든 행복한 사람은 '모든 것을 다 주고 가는 사람'이며, 성공적인 인생을 위해서는 자기 인생의 목표와 방향을 분명하게 세워야 하고, 이웃과 사회에 어떻게 보답할지, 무엇을 주고 가야 할지에 대해 항상 고민하고 실천할 것을 강조했다. 개인

---

47 '문제없다.'라는 뜻의 스와힐리어(아프리카 동부에서 널리 쓰이는 언어) 표현. 애니메이션 「라이온 킹」에서 '근심, 걱정 모두 떨쳐버려'라고 번역되었다.

만을 위한 삶이 아니라 타인에게 주고 가는 것만큼 아름답고 가치 있는 삶은 없다. 타인을 위한 선의는 곧 나를 위한 것이다.

> 우리의 원시적인 뇌가 여전히 가장 흥분하며 즐거워하는 것은 바로 이 두 가지이다. 음식, 그리고 사람. 모든 껍데기를 벗겨내면 행복은 결국 이 한 장의 사진으로 요약된다. 행복의 핵심을 한 장의 사진에 담는다면 그것은 좋아하는 사람과 함께 음식을 먹는 장면이다.[48]

행복은 거창한 것이 아니다. 그것은 늘 우리 가까이에 있다.

> 우리가 마음먹은 대로 이 세상 살아가다 보면 돈보다 더 귀한 게 있다는 걸 알게 될 거야 사랑놀인 그다지 중요하진 않은 거야. 그대가 마음먹은 대로 이 세상 살아가다 보면 슬픔보단 기쁨이 많은 걸 알게 될거야. 인생이란 무엇을 어떻게 했는가 중요해. 얄미웁게 우리가 맡은 일들을 우리가 맡은 책임을 그대가 해야 할 일을 사랑해요.[49]

---

48 서은국 저, 「행복의 기원」 (북이십일, 2021) p.192.
49 가수 이문세, 노래 「이 세상 살아가다 보면」 中에서

참고문헌

단행본

에픽테토스 저, 신혜연 역, 「엥케이리디온」 (이소노미아, 2022)
마시모 피글리우치 저, 석기용 역, 「그리고 나는 스토아주의자가 되었다」 (든, 2019)
조지 브래들리 저, 김은경 역, 「스토아적으로 살아갑니다」 (프롬북스, 2020)
루키우스 안나이우스 세네카 저, 정영훈 역, 「세네카의 행복론」 (소울메이트, 2016)
마르쿠스 아우렐리우스 저, 김재홍 역, 「자기 자신에게 이르는 것들」 (그린비출판사, 2023)
서은국 저, 「행복의 기원」 (북이십일, 2021)
윌리엄 B.어빈 저, 박여진 역, 「직언」 (토네이도미디어그룹, 2012)
밥 버그, 존 데이비드 만 저, 안진환 역, 「기버1」 (포레스트북스, 2020)

〈영화〉

가브리엘레 무치노 감독, 윌 스미스 주연, 영화 「행복을 찾아서」 (팝업엔터테인먼트, 2007)
피터 잭슨 감독, 일라이저 우드 주연, 영화 「반지의 제왕」 (디스테이션, 2001)
피터 위어 감독, 로빈 윌리엄스 주연, 영화 「죽은 시인의 사회」 (드림팩트 / 디스테이션, 1990)
마크 오스본, 존 스티븐슨 감독, 애니메이션영화 「쿵푸 팬더」 (CJ엔터테인먼트, 2008)
피트 닥터 감독, 애니메이션영화 「소울」 (월트디즈니컴퍼니코리아, 2021)

방송과 미디어

YouTube, 작가 마크 맨슨 「Understanding the Most Suicidal Country in the World」
YouTube, 오느른, 「오늘, 한 잔」, 아나운서 김대호 인터뷰
YouTube, 「내 안의 보석」 배우 김지석,
YouTube, JTBC 「Voyage」, 교수 김국종 편
TVN, 「스타특강쇼」 10회 배우 박신양 편
JTBC, 「뉴스룸」 947회, 앵커 손석희, 마지막 브리핑
JTBC, 「차이나는 클라스」 203회, 교수 서은국 편
SBS, 「힐링캠프」 100회, 법륜스님 편
SBS, 드라마, 「스토브리그」
Instagram, 「lovemomo.juno」 축구선수 손준호

일상에서 만난 인문학
아보하 사람들

CHAPTER 3.
「피터 팬」의 네버랜드 구석구석 탐험하기

| 김효엽
경북대학교 경영대학원 MBA 석사
리케이온 인문고전독서토론회 (現)재학생 대표

01 웰컴 투 네버랜드(Welcome To Neverland)   089
02 피터 팬(Peter Pan), 시대적 본성   091
03 네버랜드(Neverland), 그 환상의 섬   119
04 피터 팬 신드롬(Peter Pan Syndrome), 현대적 해석   133
05 굿 바이 네버랜드(Time To Say Goodbye Neverland)   140

01
웰컴 투 네버랜드(Welcome To Neverland)

"요정을 믿는다면 박수를 쳐 주세요."[1*]

감사합니다. 환영에는 격식과 예절이 있는 법[2]입니다. 동화와 환상의 섬, 네버랜드 도착을 환영합니다. 여러분은 곧 순수하고 유쾌한 어린이의 아이콘, 피터! 날개를 단 귀염둥이 요정, 팅커 벨을 만나실 거예요. 여러분의 개인적인 기억의 동심을 따라 이리저리 날아다녀 볼까 합니다. 요정 가루를 조금씩 묻혀 드릴 겁니다. 몸이 점점 떠오를 것입니다. 모든 현실의 무게감을 버리고 재밌고 신나는 일만 생각하세요. 몸이 붕 뜨지 않는 분들은 아직도 현실의 스트레스에 집중하고 계시는 겁니다. 머리를 비우시고 어릴 적 신났던 일을 생각하세요.

우리는 『피터 팬』을 탄생시킨 제임스 매튜 배리의 시간을 거슬러 가 볼 것이고, 네버랜드의 음침한 구석도 탐험할 예정입니다. 간혹 기억과 다른 부분이 불쑥 튀어나와 날개에 흠집을 낼 수 있으니 반드시 이성과 연결된 안전벨트를 꼭 매 주시기 당부드립니다.

---

1 *:[제임스 매튜 배리 저. 이은경 역. 『피터 팬』. 펭귄 클래식. 2015.]에서 인용하였고 *는 앞의 각주를 생략하고 각 장과 페이지만 따로 전문에 명시합니다. 『피터와 웬디』. 서문. p.23. 또한 모든 글의 인용문은 문맥상 중략 과정은 과감히 생략표시 하였습니다.

2 셰익스피어 저. 최종철 역. 『햄릿』. 민음사. 2006. p.78.

삶의 대부분은 미지의 영역이지. 우린 이 세상을 너무 모르고 있어. 하지만 우린 아무도 못 할 여정을 지나왔고 이것으로 더 깊게 이해하게 될 거다.[3]

상상조차 할 수 없었던 그 미지의 영역으로 떠나볼까요? 이륙을 준비하겠습니다. 안전하고 원활한 비행을 위해 안전벨트를 꼭 잠그시고, 모바일 전자기기는 비행기 모드로 전환 또는 전원을 끄십시오. 탐험가의 안내에 따라 각종 안전 절차를 준수하여 주시기를 바랍니다. 안전하고 편안한 여행을 즐기시길 바랍니다.

---

3   영화 「잃어버린 도시 Z(The Lost City)」. 2017.

02
피터 팬(Peter Pan), 시대적 본성

1. 어린이 등장하다 : 피터, 팅커 벨, 웬디

[피터]

"난 평생 어린 소년으로 남아서 재밌게 놀고 싶단 말이야." [4]

소파 방정환[5]이 지정한 한국의 어린이날! 아직 많은 세대가 어린이날 추억으로 감성팔이를 하고 산다. 에버랜드에서 하루 종일 놀이기구를 탔어, 아빠가 사준 레고 세트가 최고야, 이모가 준 바비인형이 내 생애 가장 행복한 친구였어. 재밌게 놀고 싶은 어린이는 주위에 많았고 항상 부모는 의무감으로 신나는 뭐가를 해주었다.

그러나 지금의 어린이는 어떤가? 놀이는커녕 미래를 위해 삶을 희생하는 먹잇감처럼 보인다. 현시대의 어린이는 재밌게 논다는 의미가 무엇인지 제대로 알 수 있을까? 모두의 기준이 다르지만, 재미란 일상에서의 일

---

4 「피터와 웬디」. 제3장 어서 떠나자! 어서!. p.73.
5 방정환. 1899~1931. 아동문학가. 아동을 '어린이'라는 용어로 격상시키고, 아동문제 연구단체인 색동회를 조직했으며, 어린이날 날을 제정함.

탈, 짜릿함, 즐거움, 흥분을 주는 것[6]일지도. 피터의 짜릿한 즐거움을 찾아 같이 떠나보자. 당시의 배경에 비추어, 어린이의 삶은 어떠한지.

재미있지 않은 것은 독이다![7]

피터 팬[8]

가족구성원	부모, 동생(확실하지 않음, 단지 본인의 기억에 의존 중)
주소	두 번째 골목에서 오른쪽으로 간 다음 아침까지 쭈욱 가면 그곳
학력	無(교육에 대한 기록이 전혀 없음), 네버랜드 유일한 문맹인
직업	백수 및 네버랜드 건달 같은 어린이 대장
나이	몇 살인지는 모르지만, 꽤 어림
성향	말 안 듣는 요정 : 가끔 따끔하게 때림 가짜 행세 못 하는 아이들 : 별로 손가락 마디를 때림 생각나는 대로 아무렇게 말함 조울증 증세 및 기억력 감퇴 심함 무기력한 생활 딱 질색
매력	본인이 무척 똑똑하다 생각하고 우쭐대는 태도
특이사항	태어나자마자 부모에게서 도망침 아이들을 말로 꾀어 네버랜드에 데리고 오기 왕중왕 여성에게 정중하게 대함 복수의 화신 날아서 이쪽저쪽 잘 다님

피터에 대한 이력을 보면 평소 가지고 있던 환상의 꼬마 소년 이미지가 전혀 아니다. 우리는 어디서부터 이런 성급한 오류를 인정하고 살았던가.

---

6 벤 핀첨 저. 김기홍, 심선향 역. 「재미란」. 팬덤북스. 2020. 표지.
7 앞 주석 인용
8 「피터 팬」 전문을 통해 본 등장인물 피터의 재해석.

한번 천천히 생각해 보라. 내가 알고 있던 피터의 모습이 무엇인지. 그림책과 애니메이션이 주는 시각화의 고착이 이런 오류를 유발한다. 타인의 눈으로 명시된 것을 아무런 거름망 없이 받아들이고 작가의 의도를 배제한 채 우리는 사실화해 버린다. 우리 인생 또한 그렇게 살고 있지 않나?

소설의 피터는 순수한 어린이 영웅으로 표현되지 않는다. 인간의 행동은 유전에 의해 결정되는가? 환경에 의해 결정되는가? 성장하는 어린이와 자라지 않는 어린이의 대비를 어떻게 해석해야 할까?

> 피터는 엄마들이란 지나치게 과대평가를 받는 사람들이라고 생각했다.[9]
>
> 피터는 모든 일을 망치기만 하는 어른들에 대한 분노로 가득 차 있었다. 그래서 나무 안에 들어가 일부러 헉헉거리며 일 초에 다섯 번씩 숨을 쉬었다. 네버랜드에서는 숨을 한 번 쉴 때마다 어른이 죽는다는 말이 있기 때문이다. 복수심에 불타오른 피터는 어른들을 닥치는 대로 죽이고 있었다.[10]
>
> 게다가 피터는 자라는 것처럼 보이는 소년은 내쫓아 버렸다. 자라는 것은 네버랜드의 원칙에 어긋나기 때문이다.[11]

MBTI에 대한 성향 분석이 어디서나 화두가 된다. 본성 대 양육 논쟁 또

---

9 「피터와 웬디」. 제3장 어서 떠나자! 어서!. p.70.
10 「피터와 웬디」. 제11장 웬디의 이야기. p.180~181.
11 「피터와 웬디」. 제5장 눈 앞에 펼쳐진 섬. p.103.

한 지속적 연구 대상이다. 『Nature via Nurture』[12]에서 성격은 타고나지만 결국 환경에 영향을 받아 성향이 결정된다고 한다. 피터는 아주 어릴 때 가출해서 엄마에 대한 기억이 없다. 누구에게도 양육된 경험이 없다. 사회환경에 노출된 적 없는 피터의 본성은 어떻게 현재의 정체성을 형성한 것일까? 바다거북의 부화가 피터를 생각나게 한다

> 바다거북은 알이 부화할 때 주변 온도에 따라 유전자의 활동성이 달라 암수를 구별 짓는다. 섭씨 28도보다 낮으면 수컷, 높으면 암컷으로 부화한다. 즉, 환경이 바다거북의 암수를 결정한다. 성별이 유전적 요인에 전혀 개입할 여지가 없는 건지 생각해 볼 필요가 있다. 시스템(환경)의 영향을 받는 방식과 정도는 유전적으로 결정되어 진다는 것이다.[13]

피터는 네버랜드의 시스템을 자신의 성격에 투영시키고 있다. 피터는 요정에 의해 네버랜드에 왔다. 주기적으로 피터는 어린이를 데리고 온다. 인격 형성을 위한 경험자 어른은 어디에도 없다. 네버랜드의 아이들은 성장한다. 그리고 자라는 아이는 피터에 의해 제거된다. 피터의 영역에는 어른이 존재하지 않는다. 피터는 네버랜드의 환경을 자신의 기준점으로 새로운 시스템을 만들어 간다. 피터는 분명 성장하고 있다. 더 악해지고 더 강해지고 있다.

---

12 매트 리들리(Matt Ridley, 1958~) 영국의 저널리스트. 사업가. 대중과학 저술가. 상원의원. 옥스퍼드 대학에서 동물학 박사학위를 받았다. 책의 사진 중 1903년 프랑스 비아리츠에서 정신분석학자 및 세계의 석학들(프로이트, 다윈 등)이 모여 인간 행동에 대해 논의함. 제임스 매튜 배리도 이런 영향을 알고 피터 팬을 탄생시켰을까? 라는 의문이 생긴다.

13 5분 뚝딱 철학. YouTube. 칼 융의 성격유형과 MBTI.

하늘을 날아다니는 피터, 시간의 블랙홀[14]을 드나드는 판타지를 생각해 본다. 시간의 역류에 힘입어 피터는 자라지 않는 그대로의 어린이인 것을. 우주의 미스터리가 20세기 초 영국에서 일반인에게도 드러내 보이고 있었던 것은 아닌지 상상한다. "배리경, 내가 몇 년째 상대성 이론 연구를 하고 있었다네. (설명 주르륵)" "박사님, 그럼 시간을 훅 잡아먹는 우주가 존재하는 건가요? 시간의 속도가 다르니 분명 상대적으로 느끼는 생각도 다르겠군요. (궁금증 폭발)" 아인슈타인이 동시대에 살고 있었으니, 문학과 과학을 공유하며 토론의 서신을 주고받지는 않았는지. 켄싱턴 공원을 한가로이 거닐며 하루의 쉼을 나누는 두 사람을 생각해본다.

피터는 규칙을 파괴하고 색다른 즐거움을 추구한다. 규칙에 얽매이지 않고 현재에 집중하여 자기 생각을 바로 행동으로 옮긴다. 하지만 자신만의 생각에 빠지는 경향이 많아 주변에서는 항상 긴장을 늦출 수가 없다.

알다시피 이 섬에서 모험은 늘 있는 일이었다. 하지만 요즘 피터는 웬디의 도움으로 만들어낸 새로운 놀이에 흠뻑 빠져 있었다. 물론 언제나처럼 갑자기 싫증을 내기 전까지는 말이다. 요 며칠 피터에게 이 놀이는 더할 나위 없는 최고의 모험이었다. 그랬기에 존과 마이클 역시 재미있어하는 척해야 했다. 안 그랬다간 피터에게 혼날 테니까.[15]

사람의 성향은 본성에 의해 바뀔 수 없다지만 감정 표현 기술은 사회 속

---

14 블랙홀(black hole, 黑洞)은 중성자별이 되지 못한 항성이 진화의 최종단계에서 폭발 후 수축하여 생성된 것으로 추측되는, 강력한 밀도와 중력으로 전자기 복사, 빛을 포함한 그 무엇도 빠져나올 수 없는 시공간 영역이다. 1915년, 알베르트 아인슈타인이 일반상대성이론을 고안하여 중력이 빛의 운동에 영향을 미침을 보였음.

15 「피터와 웬디」. 제7장 땅속의 집. p.138.

에서 습득하여 익히면 된다. 피터 자신이 진실한 관계를 맺고 솔직한 태도와 통찰력으로 타인을 대해야 한다. 하지만 피터는 다른 사람과의 소통을 추구하지 않는다. 어른은 욕망의 대상이 피터일 수 있다. 혹은 어른의 불안감과 소망이 판타지 소설 『피터 팬』에 의해 보일 듯 말 듯 드러난다. 20세기 초 급변하는 사회로부터 도피하고 싶은 어른, 하지만 그대로 머물 수밖에 없던 현실의 불안을 여과 없이 보여준다.

피터의 취약한 사교 능력은 어떻게 개선될 수 있을까? 문맹은 문명의 미래다.[16] 피터의 문맹을 일깨우면 도식화된 문명의 힘을 얻을 수 있지 않을까?

> 웬디는 피터가 좋다면 키스도 주겠노라고 말했다. 하지만 웬디의 말뜻을 이해하지 못한 피터는 기대에 차서 손을 앞으로 내밀었다. "키스가 뭔지는 당연히 알겠지?" "네가 그걸 줘야 뭔지를 알지." 피터는 퉁명스럽게 대답했다. 그러자 웬디는 피터가 난처해하지 않도록 골무를 건넸다.[17]*
> "창문을 닫아. 문을 잠가! 이제 웬디가 오면 닫힌 창문을 보고 엄마가 자길 내쫓았다고 생각할 거야. 그럼, 웬디는 나와 다시 네버랜드로 돌아가게 될 거야." 피터는 자기가 나쁜 짓을 했다고 생각하기는커녕 신바람이 나서 덩실댔다.[18]*

피터는 교육을 받아본 적이 없다. 심지어 아주 짧은 단어 하나 쓸 줄 모른다. 배리는 『피터 팬』에서 어머니의 자리를 강조한다. 가정교육에서 정

16　양안다. 「달걀은 닭의 미래」. 난다. 시의적절 시리즈 인용. 2024.

17　「피터와 웬디」. 제3장 어서 떠나자! 어서!. p.72.

18　「피터와 웬디」. 제16장 집으로. p.240~241.

체성과 감성이 배어 나온다고 주장한다. 대화 능력이 부족한 피터는 감정의 단어도 유용하게 선택하지 못한다. 그 시대 아동교육의 중요성을 일깨우는 대목이다. 문맹은 사회화 속에 자신의 입지를 다질 수 없음을 보여준다. 피터가 현명한 계획을 세워도 타인의 시선엔 억지로 보일 뿐이니.

반면 피터는 20세기 초 남성상을 대변하는 행동도 보인다. 신사다움 속에 우쭐대는 행동과 물리적 힘의 과시가 그것이다. 급변하는 시대 속에 살아가는 남성의 부당함을 다시 한번 상기하게 된다. 몰락한 귀족은 여전히 자만하고, 중간층 삶은 부당함을 떨쳐 낼 수 없다. 피터처럼 사회 모순을 잊고 동경하는 이상을 추구하자고 시대는 말한다.

> *이렇게 우쭐대는 태도는 피터가 가진 최고의 매력이었다. 솔직히 말해서, 이 세상에 피터만큼 건방진 소년도 없었다. 피터는 의기소침 따윈 몰랐고 즐거움만이 유일한 감정이었다.[19]*
>
> *피터는 순간 당황했다. 모든 아이는 처음으로 부당한 대접을 받았을 때 이와 같이 영향을 받는다. 세상 그 누구도 처음 겪었던 부당함을 떨쳐내지 못한다. 물론 피터는 예외지만. 피터 역시 부당함을 자주 겪었지만, 그는 어김없이 그걸 잊어버리고 말았다. 내 생각에 그 점이야말로 피터가 세상 나머지 사람들과 진짜 다른 점이 아닐까 한다.[20]*

배리는 피터를 통해 자기 생각을 전달한다. "살다 보면 우리가 모르는 사이에 이상한 일들이 벌어질 때가 있다. 고정관념에 사로잡힌 모든 노예처럼 악어 역시 멍청한 짐승에 불과하기 때문이다."

---

19 「피터와 웬디」. 제3장 어서 떠나자! 어서!. p.71.
20 「피터와 웬디」. 제8장 인어의 호수. p.155.

[팅커 벨]

"아기가 태어나서 처음으로 웃으면
천 개의 조각으로 부서져서 통통 굴러다니는데,
그게 바로 요정이야."[21]*

요정의 탄생! 어떻게 이런 기발한 생각을 한 거지? 넌 언제 처음으로 웃었어? 우리가 만든 천 개의 조각의 흔적은 어디로 간 거지? 나의 요정은 어디에 살고 있어? 엄마! 엄마는 알고 있을까? 나의 사랑스러운 첫 미소로 탄생한 요정! 그 흔적을 찾아보고 싶어.

요정들에 대해 많이 알기란 하늘의 별 따기만큼 어렵다. 그저 한 가지 확실한 사실은 아이들이 있는 곳엔 언제나 요정들이 있다는 것이다. 요정들은 여러분이 안 본다고 생각하면 기운차게 깡충깡충 뛰어다닌다. 하지만 여러분이 쳐다보면, 그리고 숨을 새가 없다 싶으면, 그대로 멈춰 서서 꽃인 척을 한다. 여러분은 결코 진짜 꽃과 요정을 확실하게 구분할 수 없다. 하지만 그들을 구별할 수 있는 한 가지 좋은 방법은 딴 곳을 보면서 걷다가 갑자기 고개를 휙 돌리는 것이다. 그것 말고 내가 가끔 써먹었던 방법은 그들을 계속 내려다보는 것이다. 그렇게 한참 빤히 내려다보면 그들은 언젠간 눈을 깜빡일 것이다. 그러면 그들은 요정인 게 확실하다.[22]*

공원을 거닐다 꽃 속에 숨은 요정을 찾아보자. 이 얼마나 신나는 일인가. 겨울왕국의 엘사도 요정인 걸까? 겨울엔 얼음공주로 봄이 되면 꽃이

---

21 「피터와 웬디」. 제3장 어서 떠나자! 어서!. p.74.
22 「켄싱턴 공원의 피터 팬」. 제4장 공원 문이 닫히는 시간. p.306~p.308.

피는 공원으로. 장난꾸러기 요정을 주머니에 넣고 다니고 싶다. 『피터 팬』의 요정, 팅커 벨은 얼마나 귀여운지 살펴봐야겠지?

팅커 벨[23]

태생	아이의 첫 웃음에 탄생(팅커 벨은 피터 팬의 요정인 듯)
주거지	새장 크기의 전용 아파트(고급 자재로 구성) 소유
직업	항아리 및 주전자 수선공(Tinker-Bell)
수명	그리 오래 살지 못함
스타일	통통한 몸매를 감싸 날씬 착시효과 - 옷 입는 감각 있음
언어	딸랑거리는 소리로 표현
성격	몸집이 너무 작아 한 번에 하나의 감정만 가질 수 있음 웬디에게 증오심을 가지고 있음
특이사항	졸리지 않으면 잠들 수 없음 유일하게 하지 못하는 것이 자기 불빛을 끄는 일 피터 팬 바라기 자기 집을 상당히 좋아하는 오만한 여인

요정은 인간과 같은 모습과 성질을 가지고, 장난기가 있어 어디로 튈지 모르는 성격의 소유자라 한다. 현대에는 주로 나비의 날개가 달린 작은 인간 형태의 요정을 떠올리나, 실제로는 대부분의 시대 동안에는 온갖 민담의 신비한 생명체들을 포괄해서 부르는 단어였다. 요정fairy[24], 팅커 벨은 하나의 감정만 표현할 수 있어 현명한 선택이 미흡하다. 네버랜드 영역 안에서 특색있는 인물의 표현이 팅커 벨에게 잘 나타난다. 천진함, 잔인한 행동 그리고 극도의 질투심. 네버랜드 모든 인물이 그러하듯 본성이

---

23 「피터 팬」 전문을 통해 본 등장인물 팅커 벨의 재해석.

24 영어의 페어리(fairy), 프랑스어의 페(fée)는 다 같이 라틴어의 파툼(fatum:운명의 여신)에서 유래, 라틴어의 fata는 죽을 운명의 존재라는 뜻, 그래서 요정 삶의 주기는 짧은 것인가?

나쁘지는 않은 듯하다. 배에 자신의 요정 가루를 뿌려 아이들을 집으로 데려다준 뒤 피터와 함께 네버랜드로 귀환하니 말이다.

배리는 왜 요정을 등장시켜 극에 신비성을 부여했을까? 먼저 『피터 팬』은 1904년 연극으로 첫 공연을 시작한다. 어린이에 관한, 어린이를 위한 연극으로 큰 성공을 거두게 된다. 대중은 무엇을 열광했는가? 그 이유로 볼거리와 관객의 참여를 들고 있다. 빅토리아시대는 획기적인 무대장치의 개발과 도입으로 영국 공연예술이 도약을 이루던 시기였다. 특히나 팅커 벨의 역할이 관객을 사로잡는 매개체로 주어진다. 요정의 가루를 뿌리고 이리저리 날아다니는 아이들. 이 시기는 라이트형제의 비행 성공과 맞아떨어져 더더욱 하늘을 나는 것이 꿈이 아님을 보여준다.

또한 후크가 독약을 탄 병으로 피터를 없애려 할 때, 이를 알아챈 팅커 벨이 피터를 위해 단숨에 들이킨다. 그리고 생명이 서서히 꺼져갈 즈음, 피터는 관객에게 호소한다. "요정을 믿으면 손뼉을 쳐주세요. 다시 팅커 벨이 살아날 수 있게." 오케스트라뿐 아니라 관객들은 모두 어우러져 우레와 같은 박수를 보냈다고 한다. 관객의 참여로 극의 완성도를 끌어올린 것이 이 시대 작품의 특이점이다. 『피터 팬』의 환상적인 이야기가 연극으로 먼저 성공을 거둔 후, 1911년 소설로 재탄생된 것이다.

팅커 벨을 묘사한 부분을 시대 사회상과 연결해 보자. 피터는 팅커 벨을 매우 천한 신분의 소녀라 지칭한다. 팅커 벨은 냄비와 솥을 고치는 땜장이다. 하층 세대의 구체적인 계급을 주고 상반되는 이미지인 요정의 단어를 부여한다. 배리를 통한 남성의 이중적인 여성의 잣대를 관찰할 수 있다. 팅커 벨의 집을 섬세하게 표현했지만, 직업은 단 한 줄로 기술한다. 이는 관능적 노동계급 또는 하층 계급인 거리 여자를 훔쳐보는 남자의 판타지로 노출된다. 당시 혼란스러운 사회의 변화에 대한 인식과 그 속에 놓여 있는 관객의 무의식적 욕구를 충족시키려는 바람이 자리 잡고 있는 것 같다.

> 요즘 애들은 아는 게 많잖아. 그러다 보니 아이들은 금세 요정을 믿지 않게 돼. 그래서 아이들이 '난 요정을 믿지 않아.'라고 말할 때마다 어딘가에서는 요정이 하나씩 죽고 말지.[25*]

팅커 벨은 매우 새침하고 토라지기 쉽지만, 피터에게는 아주 헌신적이다. 피터에게 요정은 방해꾼에다가 조금은 성가시고 가끔은 따끔하게 때려줘야 말을 듣는 존재라 생각한다. 깜깜한 밤하늘에는 별똥별 하나 반짝인다면 초승달 벗 삼아 초롱초롱하게 이야기하는 팅커 벨일 것이니, 별을 보고 미소 지어주자. 그리고 속삭이자. '팅커 벨! 잘 지내고 있지?'

[웬디]

> "어머니의 사랑이 얼마나 위대한지 안다면
> 세상 그 무엇도 두렵지 않을 거야."[26*]

급변하던 시대 한국 여성의 롤모델은 현모양처賢母良妻[27]이였다. 기억나는가? 예전 미스코리아 선발대회 참가자들의 장래 희망이 현모양처[28]가 많았다는 사실을. 웬디는 예전 한국 여인의 마지막 종착지 현모양처를 생각나게 만든다. 아이에게 어진 어머니이며 남편에게는 현명한 아내. 피

---

25 「피터와 웬디」. 제13장 어서 떠나자! 어서!. p.74.
26 「피터와 웬디」. 제11장 웬디의 이야기. p.177.
27 '밖에서 일하는 남편을 잘 보조해 주는 아내'라는 이상적인 덕목으로 예전에 간주함.
28 대회 출범한 1950년대에서 1980년대 말까지 장래 희망 순위 1위. 미스코리아 60주년 기념 집 참고.

터 팬의 독자가 근대화를 겪은 맏딸이라면 그 정서적 무게감을 웬디에서 볼 수 있을 것이다. 한국의 장녀는 40~50년대에는 가족의 '살림 밑천'이 되어야 했고, 60~70년대는 저층 노동자로 일찍이 사회생활을 시작했다. 80~90년대는 지독한 남아선호사상의 차별을 겪었을 것이다.[29]

영국과 한국의 근대화 과정에서 맏딸이 갖는 정서적 교감은 어쩌면 같았을지도 모른다. 1911년 소설 『피터와 웬디』에서 피터와 함께 웬디를 강조한다. 웬디의 이야기는 어떻게 전개되며 한국의 맏딸과 비교해 다른 성향 무엇이 있는지 살펴보자.

웬디 모이라 안젤라 달링[30]

가족구성원	아빠(달링 씨), 엄마(달링 부인), 남동생(존과 마이클)
나이	한참 어리지만 엄연한 숙녀임 호기심 많은 어린이 - 요정에 대한 궁금증 폭발
특기	바느질, 집안일, 아이들 돌보기, 이야기 들려주기 등
스타일	흰 잠옷만 주야장천 입고 다님 - 옷 입는 감각 없음
특이사항	잠결에 기이한 경험을 아무렇지 않게 늘 겪음 피터의 그림자를 능숙하게 꿰매줌 키스를 피터에게 전파하려 하나 실패 많은 재미난 이야기 보유자

웬디 모이라 안젤라 달링, 피터는 본인의 이름이 무척 짧다는 사실을 둘의 통성명에서 처음 인식한다. 피터(Peter Pan:피터 팬)는 3음절, 웬디(Wendy Moira Angela Darling:웬디 모이라 안젤라 달링)는 무려 10음

---

29 KBS 설 특집 다큐. 「장녀들(부제:K-장녀 연대기)」. 2024.

30 절친 시인 W.E.의 딸 마거릿이 배리를 'Wendy'라 부름. 6살 나이에 세상에서 떠났고 마거릿을 기리기 위해 웬디라는 이름을 지었음. 「피터 팬」 전문을 통해 본 등장인물 웬디의 재해석.

절이니 이상하게 들릴 만도 했다. 피터와 웬디의 첫 만남의 매개물은 그 누구도 추측할 수 없었을 것이다.

> *소년은 가까스로 창문을 빠져나갔지만, 소년의 그림자는 그러지 못했다. 달링 부인은 그림자를 둘둘 말아 서랍 속에 고이 감춰두기로 했다.*[31]
>
> *피터는 자신의 몸에 그림자를 가까이 갖다 대면 두 개의 물방울이 하나로 합쳐지는 것처럼 그 둘이 짝 달라붙게 될 줄로 생각했다. 피터는 욕실에서 비누를 가져와 그림자를 붙여 보았지만 소용없었다. 다행스럽게도 웬디는 단번에 방법을 알아냈다. "그림자를 꿰매야겠어." 웬디는 은근히 생색내는 투로 말했다. "꼬맹아, 내가 널 위해 그림자를 꿰매줄게. 좀 아플 거야." 피터는 이를 악물고 울음을 참았고, 좀 구겨진 감이 있지만, 그림자는 마침내 제대로 움직였다.*[32]

피터와 웬디의 첫 만남에서 어린이의 동화 같은 호기심이 발동한다. 창문 틀에 낀 그림자, 가벼운 듯 둘둘 말아 서랍에 보관되는 그림자, 환상의 비눗방울 놀이를 연상케 하는 피터의 행동 그리고 전혀 상상할 수 없는 웬디의 발언, 그림자 꿰매기! 완벽한 바느질 실력으로 웬디는 피터의 그림자를 붙여준다. 성장하는 어린이의 상상력을 확장하려는 배리의 자극이 글에 녹아 있다. 호기심에서 시작되는 환상의 모험과 서두부터 독자의 궁금증을 일으키는 신비한 경험이 네버랜드에 더 많이 존재할 것임을 보여준다.

첫 만남에서 웬디는 피터를 동생 다루듯 한다. 자신보다 어린애를 보살펴야겠다는 맏딸이 가진 모성애를 엿볼 수 있다. 피터는 웬디의 완벽한 바느질 솜씨와 친근함에 네버랜드에 꼭 필요한 어머니상을 생각했을 것

---

31 「피터와 웬디」. 제2장 그림자. p.55.
32 「피터와 웬디」. 제3장 어서 떠나자! 어서!. p.68~70.

이다.

"웬디, 나랑 같이 가서 다른 아이들에게 이야기를 들려줘." "이런, 난 안 돼. 우리 엄마는 어쩌고! 게다가 난 날지도 못해." "내가 가르쳐줄게. 바람의 등에 어떻게 올라타는지 내가 가르쳐줄게. 그러고서 우리 함께 가는 거야. 웬디, 게다가 그곳엔 인어도 있어." "웬디, 그리고 밤에는 우릴 재워줘야 해. 지금까지 우릴 재워준 사람은 한 사람도 없었어. 게다가 우리를 위해 옷을 꿰매주고 호주머니도 달아줘야 해. 우린 아무도 호주머니가 없거든." 이러니 웬디가 어떻게 뿌리칠 수 있겠는가?[33]

피터는 계속 웬디에게 네버랜드에 가자고 조른다. 웬디의 모성애를 자극하고 동화 속 주인공 인어를 만날 수 있다고 꼬드긴다. 처음부터 피터는 웬디를 어머니 역할로 지정한다. 어느 누가 본인의 장점을 얘기하며 '잘한다, 잘한다.' 하면 의기양양이 되지 않을 수 있는가? 이렇게 웬디는 피터의 덫에 걸려 현실의 노동자로 끌려간다. 네버랜드로.

"재밌고 신나는 일만 생각하면 돼. 그러면 저절로 몸이 붕 뜰 거야." 요정 가루가 몸에 묻지 않으면 그 누구도 날 수 없기 때문이다. 피터는 세 남매에게 요정 가루를 조금씩 불어 주었고 그 효과는 놀라웠다. "따라와." 피터는 거만하게 외치면 밤하늘 높이 날아올랐다. 그리고 그 뒤를 존, 마이클, 웬디가 따랐다.[34]

갑자기 현대의 어른인 내가 피터에게 한마디 하고 싶어진다. 피터 군이

---

33 「피터와 웬디」. 제3장 어서 떠나자! 어서!. p.79~80.
34 「피터와 웬디」. 제3장 어서 떠나자! 어서!. p.82.

꼭 관심 있게 읽어주길 바란다.

> 피터 군. 쓸데없이 요정 가루를 나한테 뿌리지 마.
> 난 더 이상 쾌활하지도 순수하지도 매정하지도 않아. 오직 쾌활하고 순수하고 매정한 사람만이 날 수 있잖아? 이런 얄팍한 수법은 어른에게는 통하지 않아. 순수를 가장한 어린이의 노동착취는 절대 일어나서는 안 돼.
> 우리의 친구, 어벤져스가 네버랜드의 존재를 반드시 찾을 거야. 시간의 블랙홀을 뚫고서라도 어린이들을 찾을 것이니, 긴장하고 있거라.
> "캡틴 아메리카, 출동 준비!"

존과 마이클은 네버랜드 생활을 너무나 재밌게 보낸다. 네버랜드에 마블 캐릭터가 등장한다면 두 동생은 더욱더 흥미진진한 하루를 보내겠지? 그러면 안 돼. 지금도 네버랜드의 신비한 모험 세계에 빠져 지난 일을 기억조차 하지 못한다고. 그럼, 웬디는 하루하루가 더 힘들고 고달플 거란 말이야. 웬디는 지금도 엄마의 기억을 지워가는 동생들에게 가정의 따스함을 하나둘씩 일깨워 주고 있다고.

> "저길 보렴, 동생들아,'" 웬디가 위를 가리키며 말했다. "창문이 아직도 열려 있어. 아, 엄마의 사랑을 굳게 믿었던 우리가 드디어 보답을 받은 거야.' 그렇게 해서 세 남매는 아빠 엄마에게 날아갔단다. 그리고 그 행복한 순간은 말로 다 설명하지 못하니 여기서 이야기를 마쳐야겠지." 세 남매는 엄마의 사랑을 철석같이 믿고 있었으므로, 매정하게도 그곳에 좀 더 머물러도 괜찮을 것으로 생각했다.[35*]

한국의 맏딸을 생각한다. 당연시되어 온, 부모 대신 가족을 짊어진 K-

---

35 「피터와 웬디」. 제11장 웬디의 이야기. p.178~179.

장녀(Korea + 장녀)의 삶. 동생은 부모의 부재를 인식하지 못한 채 누나에게 심리적으로 의지한다. 한국의 장녀는 가족과 사회의 요구에 목적지를 선택할 겨를도 없이 삶의 여행길에 올랐다.[36] 21세기 한국에서 여전히 유효한 K-장녀의 삶과 웬디의 일상은 오랫동안 평행선을 긋고 있다.

18~19세기의 영국 소설 『오만과 편견』의 중간 계급 장녀 제인 베넷도 다르지 않다. 언제나 가족을 위해 배려하고 타인을 이해함으로써 장녀의 분별력과 책임감을 잃지 않는다. 이는 웬디가 네버랜드 일상에서 자주 보이는 행동이다. 배리가 살던 영국의 중산층 장녀의 삶을 자연스레 웬디를 통해 나타내고 있다. 엄마가 잠들기 전 동화책을 읽어주듯, 웬디가 네버랜드의 아이들에게 똑같이 한다. 요정의 쫑알거림을 내보내고 달콤한 꿈을 아이들 개인의 굴뚝 속에 넣어준다. 내일이면 또다시 엄마의 은은한 향을 기억할 수 있게.

> 별들은 아름답긴 했지만, 그 어떤 일에도 나서서 참견하지 못하고 영원히 지켜보기만 할 터였다. 그건 그들이 예전에 잘못을 저질러 벌을 받았기 때문인데, 하도 오래전의 일이라 그 잘못이 무엇인지는 아무도 몰랐다. 그래서 늙은 별들이 눈이 흐릿해져 말을 좀처럼 하지 않지만(반짝거리는 건 별들의 대화법이다.) 어린 별들은 눈을 반짝이며 무엇이든 궁금해했다.[37]*

별들은 항상 우리 눈앞에 있다. 그 존재를 의식하지 못한 채 우리는 지나친다. 피터도 그러하다. 엄마들은 알고 있다. 달콤한 꿈속에 언제나 피터가 등장하고 있다는 것을. 아이들은 현실과 꿈의 경계에서 요정과 피터

---

36 [장녀 아닌, 그냥 나/눈떠보니 K 장녀④]. https://www.kukinews.com/newsView/kuk202309280054. 2023.10.04.

37 「피터와 웬디」. 제2장 그림자. p.65~66.

를 만났을 것이다. 어린 웬디도 이젠 엄마가 되었다. 여전히 자라지 않는 피터는 추억의 장난감 상자에 내려앉은 작은 먼지에 불과하다. 세월이 흘러 웬디의 딸 제인과 손녀 마거릿. 아이들은 피터 팬에 대해 늘 질문한다. 호기심 어린 표정을 짓는다. 봄맞이 대청소 때마다 피터는 네버랜드로 딸아이를 데리고 간다. 아이들이 쾌활하고 순수하고 매정한 한, 피터는 계속 그런다고 한다.

문학을 통한 사회성 형성은 아동기에 시작되어야 한다. 『피터 팬』은 어린이 문학사에 오락의 의미를 추가했다. 이는 자연스레 영국 사회의 계층에 대한 이데올로기를 효과적으로 스며들게 하는 장치로 작용한다. 어린이도 미래의 엄마를 그려 볼 것이고, 다른 계급의 삶도 누구나 엿볼 수 있을 것이다.

2. 어른도 거기 있나요? : 후크, 달링 부부

[후크]

'올바른 품행에 대해 생각하는 건 잘 못 된 품행일까?' [38*]

네버랜드는 아이들과 요정이 사는 환상의 공간이 아니다. 아이들과 함께 악당 어른 후크 선장도 등장한다. 악당의 대명사 후크는 적 공격 시 때를 보아가며 계획성 있는 행동을 한다. 피터의 계획성 없는 행동과 사뭇 다르다. 해적선에선 찰스 2세의 복장을 차려입고 거친 선원들을 부린다.

---

38 「피터와 웬디」. 제14장 해적선. p.208.

잔인한 행동을 일삼으면서 신사적 태도를 병행하고 명예와 품격에 대해 늘 고민한다.

이는 빅토리아 후기 사회 시대의 진지함을 비판했던 풍조와 일치한다. 그러면 『피터 팬』에서 후크는 왜 악당으로 등장하여 사회를 풍자하고 비판하는 인물로 활용되었을까?

제임스 후크[39]

외모	검은 낯빛, 긴 곱슬머리
인상	잘생긴 용모 vs 유별나게 험악한 인상
눈 빛	물망초 같은 푸름 속의 깊은 우울함 vs 이글이글 타는 시뻘건 불꽃
태도	부하들을 개 부리듯 함 vs 부하들 충성 복종 쇠갈고리를 휘두를 때도 상당히 점잖음 사악해질수록 더없이 정중함에 품격 있는 교양 표출 욕할 때조차 품위 있는 말투와 남다른 품행 유명한 재담꾼
핸디캡	오른손을 악어에게 잃어 쇠갈고리를 사용 피터 팬과 악어를 무서워함 대화 상대가 없음 어머니 사랑 결여로 성장 예의 없는 꼴을 못 봄
천재성 발휘	인디언 공격 시 성공적 전술 인디언 북소리로 승전 오보 명령 아이들 결박 후 이송 시 번득이는 전략
학력 및 이력	영국 최고의 명문 남자 사립학교 이튼 칼리지 卒 영국 상류 계급의 올바른 행동 규범 취득 사회적 명성을 간직한 기숙사 및 하우스 생활 완료 학풍 유지 및 규율 준수 클럽 「팝」 회원(학년 상위 20명만 가입 가능) (現) 네버랜드, 키드만(해적 강어귀), 졸리 로저호 거주

---

39 「피터 팬」 전문을 통해 본 등장인물 후크의 재해석.

후크를 표현하면 '악랄함 속에 감춰놓은 올바른 품행의 소유자' 정도라 할 수 있다. 후크를 묘사하는 글에 이와 같은 사실을 알 수 있다.

> 우리는 인간이 얼마나 허영에 가득 찬 육체인지를 안다. 그러므로 그가 지금 자신의 승리에 한껏 부풀어 촐싹대게 갑판 위를 오간다 해도 이상할 게 없다. 하지만 그의 걸음걸이에는 전혀 들뜬 기색이 없었다. 무엇보다도 올바른 품행에 대한 열정을 간직하고 있었다. '자넨 오늘 올바른 품행을 지켰나? 후크의 야심이 좀 작았더라면 좋았을 텐데!' 후크가 외쳤다.[40]*

후크의 살아온 환경은 지금의 네버랜드 현실과 괴리감이 크다. 하지만 과거의 교육으로 현실 문제를 직시하고 관철하는 힘을 후크는 보여준다. 이는 교육과 문학을 통해 언어, 정서, 사회성 그리고 사고력을 아동기에 형성해야 함을 시사한다. 『피터 팬』 안의 사회, 예술 그리고 사상적 가치들이 후크와 함께 어떤 긍정적 측면으로 표출되는가?

먼저 영국 빅토리아 시대 제국주의를 살펴볼 필요가 있다. 영국의 제국주의 사상은 팽창을 위해 강제성을 가진다. 잔인한 폭력과 물리적 힘의 행사, 적을 패배시키기 위한 후크의 전략적 행동은 시대가 요구한 남성상의 발현이다. 이는 강한 제국을 중심으로 통합하고 열등한 민족은 배제, 식민화할 수 있다는 논리이다. 인디언들의 굴복이 어린이들에겐 제국주의 남성화 학습을 유도하는 장치일 것이다.

또한, 19세기 중반 영국 사립학교, 퍼블릭 스쿨의 스포츠 교육이 제국주의 남성성을 훈육하는 결정적인 역할을 한다. 후크는 출신 계급과 교육

---

40 「피터와 웬디」. 제14장 해적선. p.207~209.

환경 그리고 도덕적 교양을 강조한다. 영국 최고 사립학교 이튼의 생활은 후크의 현재를 지배하는 가장 큰 신념이다. 후크의 서술은 실제 세계를 향한 수많은 고유명사로 나타난다. 이는 네버랜드의 환상세계를 빗대어 현실의 제국주의를 재해석한다. 이 시기 영국 내부는 급격한 산업화로 경제적 호황과 번영의 시대였다. 초등교육의 의무화로 계급 간의 이동, 여성의 참정권 요구, 노동계급의 사회적 소요가 시작된다. 또, 과학의 발달로 종교적 신념과 도덕적 관념이 희박해지고 사람들은 자연생활을 도피처로 찬양하기도 한다.

환상의 섬 네버랜드의 아이들은 초등교육에서 배제되어 있다. 이를 이용하여 아이들은 피터 팬에 의해 정신적 착취를 당한다. 심지어 피터는 글을 읽지도 못한다. 후크의 고등교육과 대조되는 상황이다. 후크는 피터와 아이들을 미성숙한 존재로 본다. 교육을 통해 아이들을 성장시키고자 한다. 하지만 건방진 피터는 어른과 대등한 존재로 행동하려 한다. 이는 후크의 도덕적 품행 기준에 부적합하기에 비겁한 대상으로 낙인된다. 후크는 잃어버린 아이들을 부모에게 데려가 주기 위해 오랜 기간 항해했을 터인데 말이다. 선원에게 강력한 리더십을 보이는 후크지만 아이들에게는 최소한의 교육을 통한 도덕적 품행을 얘기하고 싶었는지도.

이제 후크의 내면을 들여다볼 필요가 있다. 악어가 삼킨 시계에 대해 후크는 강한 두려움을 보인다. 후크는 실체 없는 시간의 트라우마에 갇혀 이를 극복하지 못한다. 이는 성장기 어머니의 부재로 인한 사랑 결핍으로 보인다. 어머니의 따스함 대신 재깍재깍 돌아가는 시계 소리의 불안이 그 시기를 지배했을 것이다. 현재 후크와 대화를 나눌 수 있는 사람은 네버랜드에는 없다.

> 후크는 고요한 방에 배 위에서 사색에 잠길 때면 자주 그랬다. 그는 진저리 쳐지도록 외로웠기 때문이다. 이 수수께끼 같은 남자는 자신의 졸개들에게 둘러싸여 있을 때가 가장 고독했다.[41*]

이 상황에서 후크가 집착한 것은 웬디이다. 어머니에 대한 인식이 올바르지 않아 얘기해주고 자신을 돌봐줄 역할을 바란다. 후크 본인이 재담꾼임에도 말이다. 또한 내면적 자아 형성이 불안한 후크는 시대가 원하는 어린이상을 훈육으로 바꿀 수 있다고 생각한다. 어린이에 대한 집착은 품행이 바르지 않다고 생각했던 피터의 올바른 품행으로 후크는 자아가 흔들린다. 이는 피터와 후크의 마지막 대결에서 선명하게 찾아볼 수 있다.

> 더 말할 것도 없이 피터와 후크는 결투를 시작했다. 후크는 색깔이 이상한 자신의 피를 보고 놀란 나머지 칼을 떨어뜨리고 말았다. 그러나 피터는 품위 있는 몸짓으로 적에게 다시 칼을 집어 들 것을 청했다. 후크는 잽싸게 칼을 집어 들었지만, 피터가 올바른 품행을 보였다는 사실이 비참해졌다. 이제 후크는 아무런 희망 없이 싸우고 있었다. 그토록 열정에 타오르던 가슴은 더 이상 목숨을 원하지 않았다.[42*]

후크의 내면을 통제하는 것은 품행에 대한 강박증에 걸리도록 만든 명문 사립학교이다. 실체가 확실하지 않은 도덕적 규율을 후크는 품행이라 정의했을 것이다. 교육을 받지 않은 아동이라 여긴 피터가 신사다운 대결을 보이자 후크는 삶을 단념한다. 어릴 적 가정교육, 어머니에 대한 사랑 결여 그리고 사회가 단련시킨 허상의 도덕 기준이 어른이 된 후크에게 딱 들러붙은 불안한 자아를 만들어 낸 것이다.

---

41 「피터와 웬디」. 제14장 해적선. p.207.
42 「피터와 웬디」. 제15장 결판을 낼 테야. p.227~228.

[달링 부부]

"아이들을 위해 항상 창문을 열어놔야 해요.
항상. 항상." [43]

가족은 어디서나 소중한 존재이다. 영국 중산층 계급의 조지 달링네도 예외는 아니다. 배리는 달링(Darling)을 명명하여 행복한 가정이라 처음부터 알려준다. 경제적 관념에 짓눌려 사는 하급 관료 달링 씨도 가족 간의 유대관계를 존중한다. 달링 부인은 세 남매를 완벽하게 돌보며 늘 침착하다. 네버랜드로 떠나버린 아이들의 부재에도 항상 방을 정리한다. 창문을 열어두고 아이들이 가족에게 돌아온다는 확신을 갖고 삶을 살아간다. 달링 부인은 『피터 팬』의 어른 중 가장 성숙한 어른으로서의 모습을 갖추고 있다. 19세기 말 급속한 근대화로 일터의 변화는 남성들의 불안을 표면화한다. 달링 부부의 일상에서 급변하는 영국 중산층의 삶을 살펴보고자 한다.

조지 달링[44]

가족구성원	달링 부인, 첫째 웬디(女), 둘째 존(男), 막내 마이클(男) 리자(보모), 나나(유기견, 입양 암컷)
주소	4번지 켄싱턴 공원 인근, 영국
학력	고전 교육 이수
특징	결혼 전 : 주식과 지분에 대해 아는 심오한 부류의 사람 결혼 후 : 적은 주급으로 치밀한 계획을 세워 가족을 책임지는 사람
직업	하급 사무원

---

43 「피터와 웬디」. 제16장 집으로. p.240.
44 「피터 팬」 전문을 통해 본 등장인물 달링 씨의 재해석.

연봉	중산층[45]
집	3층 독채 거주[46]
성격	가족의 가장으로 인정받고 싶어 함 vs 미성숙한 모습 자주 도출됨
가족 특이사항	허당 달링 씨 vs 내조의 여왕 달링 부인 어리바리 어린 보모 vs 똑똑이 입양견 나나 집안의 대들보 맏딸 웬디 vs 마냥 즐거운 두 아들

달링 씨는 『피터 팬』의 등장인물 중 '가장 현실적인 어른'이다. 달링 씨를 묘사하는 글에 이와 같은 사실을 알 수 있다.

> 달링 씨는 웬디가 태어나서 무척 자랑스러웠지만, 아내의 침대 끄트머리에 걸터앉아서 비용을 계산하고 있었다. 달링 부인은 앞날이야 어찌 되든 부닥쳐 보고 싶었지만 그건 달링 씨의 방식이 아니었다. 그보다 달링 씨는 종이와 펜을 들고서 신중히 생각하는 편이었다. 달링 부인은 무엇이든지 정돈된 것을 좋아했고 달링 씨는 무엇이든지 이웃을 똑같이 따라 해야 속이 시원했다. 달링 씨는 생각해야 할 동네에서의 체면이 있었다.[47*]

딜링 씨는 가족 구성원이 늘 때마다 돈 계산이 계획적이다. 스트레스를 받는 행동이 많지만, 가정을 위해 욕심 없이 시간과 노력을 투자한다. 반면에 달링 부인은 경제적 상황은 고려하지 않고 가족의 완전한 형성을 위해 노력한다.

---

45 당시 노동자 주급 : 1파운드.
46 당시 런던 5칸짜리 방 1주일 임대료 : 0.5파운드.
47 「피터와 웬디」. 제1장 피터, 모습을 드러 내다. p.43~46.

19세기 후반 영국의 급속한 사회 변화는 근로자의 노동관계 변질을 가져온다. 고정자산이 많은 상류 계급과 육체노동에 의존하는 하류 계급은 자본주의에 상대적으로 덜 노출된다. 반면에 중간 계급은 내부의 경제적 격차를 크게 받게 된다. 하급 사무관에서 무역 중상공업자도 중간 계급에 속한다. 공동의 이익 및 목표 설정을 위한 의사소통도 어려웠을 것이다. 『피터 팬』의 중간 계급인 달링 씨도 경제·사회적 변화로 그 스트레스가 가정에서 불안감으로 나타난다.

달링 씨는 세 남매를 양육하기 위해 가장의 역할을 완벽하게 해나가기를 바란다. 중산층이 감내하기 어려운 여건에서도 노력한다. '중산층에서 완벽하게 살아남기 프로젝트' 이것이 달링 씨의 마지노선이었을까? 하급 사무직인 달링 씨의 일자리 역시 여성 노동자의 진입으로 안전할 수는 없다.

달링 씨의 사회적 입지를 불안하게 만드는 요소 가운데는 19세기 후반부터 20세기 초반에 걸쳐 발생한 영국 내 여성 인력의 증가도 지적 할 수 있다. 1841년부터 1911년까지 조사된 영국의 노동력 통계 조사표에 따르면 임업이나 어업에 종사하는 여성들의 수는 감소하거나 크게 변화가 없는 반면 전문 직종이나 상업·제조업·서비스업 등에 종사하는 여성들의 수는 높은 증가세를 보인다.[48]

1904년은 여성의 사회 진출이 점점 더 늘어나던 시점이다. 일터에서는 여성에 의해 익명화된 남성이 많았다. 남성의 정체성을 잃지 않을 방법은 그래도 가정 내에서 가장으로서 입지를 다지는 것이었을 것이다. 이러한 강박관념은 실제 자기 모습을 부정하고 성숙한 어른의 가면을 썼던 달링 씨를 통해 남성상이 표출된다. 자기 잘못을 스스로 책임지려 하지 않고 남에게 책임을 전가한다.

---

48 권소정. 「『피터와 웬디』에 나타난 성장 이데올로기와 투사된 욕망」. 연세대학교 박사학위논문. 2018.

"그러면 두 사람이 동시에 약을 먹는 건 어때요?" 웬디는 하나, 둘, 셋을 외쳤고 마이클은 약을 꿀꺽 삼켰다. 하지만 달링 씨는 등 뒤로 잽싸게 약을 숨겼다. 세 남매는 아빠가 더 이상 존경스럽지 않다는 눈초리로 매섭게 노려보았다. "아빠에게 방금 재미난 장난 거리가 생각났단다. 아빠 약을 나나의 밥그릇에 붓는 거지. 나나는 그게 우유인 줄 알고 먹을 거야." 달링 씨는 몸 둘 바를 모를 정도로 창피했지만 그래도 물러서지는 않을 터였다. "그건 장난이라고." 달링 씨는 성질을 냈다. "꼴 한번 좋군. 이 집안에서 웃기려고 별짓을 다 하니 말이야." 달링 씨는 씁쓸하게 말했다. "그래, 좋아. 나나를 달래주라고! 하지만 날 달래주는 사람은 아무도 없지. 아이! 난 돈이나 갖다 바치는 사람에 불과하니, 날 왜 달래주겠어? 왜! 왜! 왜!" 이 모든 사건은 언제나 존경받길 간절히 원하는 그의 성격 탓이었다.[49]

달링 씨는 사소한 일에 경쟁적이고 자기중심적이며 욕심 많은 존재로 그려진다. 논리적 사고를 배제하고 혼란스러운 현실에 대한 남성의 불안감을 즉각 발화한다. 비현실적 상황을 야기하는 가족 구성원 행동에 달링 씨는 어른의 대처 능력을 상실한다. 반면 완벽의 달인, 달링 부인은 침착한 문제해결 능력으로 어른과 아이들 간 소통의 역할을 잘 해내고 있다. 좀 더 달링 부인의 성격과 그 시대의 어머니를 알아보자.

달링 부인은 낭만적인 마음과 도도하고 매력적인 입술을 지닌 사랑스러운 여인이었다. 부인의 낭만적인 마음은 미지의 동쪽에서 온, 상자 안에 또 다른 상자가 들어 있는 여러 겹의 작은 상자와 같았다. 하지만 언제나 상자 하나가 더 튀어나오곤 했다. 게다가 달링 부인의 도도하고 매력적인 입술에는 키스하나가 달려 있었다. 이 키스는

---

49 「피터와 웬디」. 제2장 그림자. p.62~64.

오른쪽 입꼬리에 보란 듯이 매달려 있었지만, 웬디는 절대로 가질 수 없었다.[50]*

달링 부인을 묘사하는 부분은 독자들의 무한한 상상력을 끌어낸다. 안쪽에 자리 잡은 상자 속에 무엇이 들어 있는지, 어떻게 여닫는지도 알 수 없다. 『피터 팬』의 키스는 사전적 용어가 아니다. 웬디가 피터에게 건넨 키스라는 물질(골무)과 통하는 듯하다. 이는 긍정적이며 밝은 의사소통을 나타내는 단어임을 명시한다. 여성을 외부 사회로 점점 이끌고 나오는 시대지만 달링 부인은 여전히 바깥세상으로부터 가족 구성원들을 감싸안고 보호한다.

*아이들이 잠든 밤이 되면 아이들의 머릿속을 샅샅이 뒤져서 낮 동안 마구 어질러진 생각들을 제자리에 갖다 놓고 다음 날 아침을 위해 머릿속을 정리한다. 아침이 되었을 때는 여러분이 꿈나라까지 갖고 갔던 심술궂은 장난과 못된 생각들은 조그맣게 접힌 채로 머릿속 맨 밑바닥에 놓이고 맨 위에는 그보다 예쁜 생각들이 펼쳐진 채로 여러분을 기다릴 것이다.[51]**

어릴 적 이런 생각을 해 본 적 있는지 궁금하다. 분명 잠들기 전 책을 열심히 읽어주던 부모님이 아침이면 사랑스러운 입맞춤으로 나의 잠을 깨워준다. 잠든 사이 내 생각의 보물창고에 들어와 값진 것들로 차곡차곡 정리해 주었을 것이라고는 상상하지 못했다. 그러고 보니 후크 선장은 어머니의 부재로 생각의 정리 없이 시계 소리만 불안의 잔상으로 남았다. 째깍째깍.

---

50 「피터와 웬디」. 제1장 피터, 모습을 드러내다. p.41~42.
51 「피터와 웬디」. 제1장 피터, 모습을 드러내다. p.46~47.

달링 부인의 행동은 도덕적 가치나 질서를 중시하던 당대의 가족 이데올로기가 뚜렷이 반영되었다. 다양한 느낌이나 경험을 어른의 방법으로 정리하는 그녀의 행동은 모성애의 긍정적 기능을 보여준다. 이런 여성상은 빅토리아 시대 문학이나 예술, 사교 지침서 등에서 가장 빈번히 등장하는 이미지다. 이는 조지 엘가 힉스[52]의 여성의 의무라는 세 폭의 그림에서도 잘 나타나 있다.

달링 씨 가정의 어린 보모 리자와 유기견 나나에 대해서도 생각해 볼 필요가 있다.

리자는 처음 이 집에 들어올 때 자기는 분명 열 살이 넘었다고 맹세했지만, 질질 끌리는 치마에 가정부용 모자를 쓴 그 모습은 누가 봐도 땅꼬마였다. "조지, 제발 좀 조용히 해요. 하인들이 다 듣겠어요." 어찌 된 일인지 그들은 리자를 하인들이라 불렀다. 나나는 어디에 내놔도 손색이 없는 타고난 보모였다. 보모들은 나나가 자기들보다 사회적으로 열등한 존재인 것처럼 무시했고 나나는 그들의 깊이 없는 대화에 콧방귀를 뀌었다. 나나만큼 똑 부러지게 아이들을 돌보는 보모는 없었고 달링 씨도 그 점은 인정했다. 하지만 가끔 그는 개를 보모로 둔 것에 대해 이웃들이 수군거릴까 봐 불안해했다. 달링 씨는 생각해야 할 동네에서의 체면이 있었다.[53]*

넉넉지 못한 재정 상태의 달링 씨는 가정부 한 명을 두고 있다. 중산층 계급이 하층 신분을 고용한 것이다. 이 시대의 하층 신분의 여자는 아주

---

52 1863년 조지 엘가 힉스(George Elgar Hicks)가 왕립 아카데미에 출품한 그림 [여성의 의무-자식 교육, 남편 내조, 부모 봉양]으로 당시 여성의 의무를 공익광고처럼 그린 그림.

53 「피터와 웬디」. 제1장 피터, 모습을 드러내다. p.45~46.

어릴 적 가정부로 시작한다. 노점의 꽃 파는 소녀로 하루를 살기도 한다. 점점 일자리를 잃어가면 거리의 창녀가 되는 것이 흔했다. 점차적인 경제 부흥 속에서도 하층 여성 아동의 삶은 여전히 개선되지 않는다. 달링 부인이 하인들이라 복수를 칭하는 것도 당시 중간 계급이 누리던 이상적인 생활 조건을 구비하려는 희망을 담고 있다. 달링 씨의 나나에 대한 불신도 여기서 비롯된 것일 것이다. 중간 계급의 삶을 영위하고 싶어 하지만 여유가 충분하지 못해 다른 유모 대신 개를 유모로 둔다. 나나의 능력은 인정하지만 단지 개라는 이유로 그 보모의 역할을 애써 외면한다. 이는 중산층의 삶을 누릴 여유는 없지만 사회의 시선에 집착하는 시대의 소시민임을 알 수 있다.

『피터 팬』에서 달링 씨 가족을 통해 당대 중산층의 생활을 살펴볼 수 있었다. 가족 내에서 보이는 달링 씨의 과도한 인정욕구는 남성성의 좌절과 연결된다. 특히, 경제적 박탈감에서 오는 자신감 상실과 의식적으로 중간 계급의 체면을 유지하고 싶은 가장의 심리 상태가 깊숙이 내재 되었다.

03
네버랜드(Neverland), 그 환상의 섬

1. 뚝 떨어져 있어 외로운 : 동화가 주는 양면성

"태양이 수백만 개의 황금 화살을 쏘아
네버랜드로 가는 길을 가리키고 있어."[54]*

네버랜드의 이정표는 낮에만 보인다? 밤에는 태양이 쏘아 올린 황금 화살이 잘 보이려나? 아, 맞다. 그 시절 영국은 해가 지지 않는 나라[55]이기에 이정표는 어디에서도 잘 보였을 것이다. 『피터 팬』의 초기 네버랜드 배경은 호주 오지에 영향을 받은 것으로 보인다. 그 후 특징이 조금씩 달라지기도 한다. 하지만 1900년대의 호주는 아직 미지의 섬으로 많은 사람의 호기심을 자극하였을 것이다.

누구나 마법의 성[56]에 초대받기를 바란다. 또한 미지의 섬 네버랜드에 한 달 살기를 꿈꿀 것이다. 마법의 덫에 걸린 시간과 그 순간에 대한 영원함이 가슴에서 늘 꿈틀거린다. 머릿속을 맴도는 『믿지 못할 세계』의 음악

---

54   「피터와 웬디」. 제4장 비행. p.91.
55   영국은 남극을 포함한 모든 대륙에 식민지를 가지고 있었다. 그 영토는 인도 제국을 비롯해 서쪽으로는 캐나다와 뉴펀들랜드, 남쪽으로는 남아프리카 공화국(1795년부터), 동으로는 호주(1788년부터)와 뉴질랜드(1840년부터)에 달했다. 특히 뉴질랜드는 정확히 런던과 지구 반대편에 있다.
56   가수 The Classic. 마법의 성. 앨범 「마법의 성」. 1994.

은 순수함을 담고 있다.

그대 빛으로 와서 날 데려갔지, 새로운 세계 저 하늘로
나 눈감지 않을래 그대가 보여준 이 세상 Oh I feel
나 높은 곳에서도 조금도 두렵지 않아
나 그대와 함께 이 세상 끝까지 어디든 갈래 사랑으로
믿지 못할 눈부신 세계가 어둠 뒤에 있다는 걸 난 알아 마법의 사랑
으로[57]

이제 우리는 피터가 살고 있는 네버랜드에 들어가 보려 한다. 재밌고 신나는 일만 생각하자. 그러면 저절로 몸이 붕 뜰 거니깐. "피터! 요정 가루를 우리 몸에 조금 묻혀 줘."

네버랜드 섬[58]

지정학적 위치	런던에서 오른쪽에서 두 번째, 거기서 직진하면 아침까지는 도착하는 곳
거주민	피터, 잃어버린 아이 7명(모두 남자아이임) 후크, 해적 10명 이상(모두 일자무식 남자 어른임) 타이거 릴리(女), 인디언 열두어 명(우람한 용사로 충성심 투철) 팅커 벨, 요정들(전혀 나타나지 않음 - 위장 전입 형태인 듯)
관광객	한달살이 체험객 웬디와 두 동생 - 체류 기간 미정(편도 티켓만 끊고 입도함)
주거형태	피터 지역구 - 1인 1나무 통로의 지하 벙커 해적 지역구 - 키드만(해적 강어귀), 졸리 로저호 거주 인디언 지역구 - 숲속 어딘가(미공개 지역구) 요정 지역구 - 팅커 벨만 공개됨(피터 지역구 안)

---

57 가수 양파. 믿지 못할 세계. 앨범 「Neverland」. 1998.

58 「피터 팬」 전문을 통해 본 네버랜드의 재해석.

특색	피터팀 ← 해적팀 ← 인디언 팀 ← 짐승 ← 악어 ← 피터팀 시간 간격에 맞게 빙빙 돌아가는 순환구조 – 서로 비상 근무 힘들거나 피곤하면 중간에 집에 가면 됨 – 아무도 모름
동물 분포현황	인어 – 20마리 정도 호수에 서식 중 악어 – 시계 먹은 악어 1마리가 제일 많이 출몰함 네버새 – 호수 부근에 둥지를 두고 알 2개를 키움 늑대 – 여유토강(茹柔吐剛)으로 쫄보임 사자, 호랑이, 곰, 수많은 작은 야생동물 – 거대하고 잡다한 행렬로 같이 다님(기후를 전혀 알 수 없는 분포임)

네버랜드는 마법의 세계를 가장한 공포와 슬픔이 혼재한 실재를 보인다. 표면적으로 드러나지 않는 독특하고 낯선 환상세계를 통해 현실을 날카롭게 꿰뚫어 본다. 네버랜드에서 변하지 않는 것 What Never Changes[59]이 무엇이 있는가? 오직 하나, 피터만이 그대로인 것을. 시간을 뛰어넘어 우린 그날의 피터를 기억할 뿐이다. 배리는 억압된 자유에 대한 욕망을 해소하는 탈출구로 가상의 공간을 설계했다. 당대의 모든 계층의 사람들이 떠날 수 있는 낙원의 섬, 네버랜드. 하지만 네버랜드는 더없이 아름답고 평화로운 나태의 휴양지가 아니다.

  오늘 저녁 네버랜드 섬에서 주요 세력들은 어떻게 움직이고 있을까. 잃어버린 소년들은 피터를 찾고 있었고 해적들은 잃어버린 소년들을 찾고 있었으며, 인디언들은 해적들을 찾고 있었고 짐승들은 인디언들을 찾고 있었다. 이렇게 그들은 꼬리에 꼬리를 물며 섬을 빙빙 돌았지만 서로 만나지는 못했다. 그들은 모두 같은 속도로 돌고 있었기 때문이다.[60]*

---

59 애니메이션 영화 「시간을 달리는 소녀」. 주제곡. 2007년 일본 개봉작.
60 「피터와 웬디」. 제5장 눈 앞에 펼쳐진 섬. p.102~103.

섬에 있는 거주민들은 서로를 쫓으며 늘 불안에 산다. 잔혹한 살상은 그들의 일상이다. 특히 잃어버린 아이들the lost boys은 보호자 없이 매일 더 큰 위험에 대면한다. 현실의 어린이들이 즐거움을 찾아 날아온 놀이터는 아니라는 것이다. 영국에서 도망 온 범법자 부류의 해적들도 삶이 더 나아 보이지는 않는다. 언제나 죽음이라는 불안에 하루하루를 지낸다. 세계를 탐험하는 영국인, 그 식민지 토착민의 일부도 삶의 환상적 평온함은 맛보지 못한다. 심지어 귀족계층의 후크 선장도 자신의 마음을 다독여줄 친구 하나 없다. 오직 주민의 모든 관심은 서로 쫓고 쫓기며, 승리를 위해 전쟁을 하는 것이다. 이 모든 것은 피터의 즐거움을 위한 놀이에 불과한 것.

과연 꿈과 자유를 실현해 주는 판타지 세계, 네버랜드가 맞을까? 의구심이 든다. 오히려 동화의 너울을 쓴 호러물이 더 잘 어울릴지도. 배리가 묘사한 네버랜드는 어쨌거나 현실을 사는 아이들이 어른의 역할을 원활히 수행할 수 있게 유도장치를 단 듯하다. 세상은 순항하는 배를 타고 유유히 흘러가는 것이 아니라는 것을.

반면에, 아이들에게 네버랜드의 시간을 주고 순수한 꿈과 상상력을 키운다. 하늘을 나는 어린이, 요정, 인어 및 해적처럼 경험하지 못한 것에 대한 환상적 요소들을 뿌려둔다. 환상 속의 일들은 반드시 완벽하지 않다는 것을 알아야 한다. 이것은 아이들의 상상이 결국은 현실로 돌아와 우리가 살아가는 모습을 직면해야 함을 암시한다. 『피터 팬』은 네버랜드라는 새로운 도시를 세워 판타지 안에서 인간의 힘을 보여줌과 동시에 어른들의 현실 세계에 대한 어지러운 풍자를 보여준다.

따라오면 알게 돼 약속, 보여줄게, 환상 같은 동화 속.
Come here girl
매일매일 모두 오늘 같은 내일. Boy and we stay forever young
Oh 너 너만이 함께 가줄래, 멀지 않은 Fantasy
상상이 가득한 이 세상에 끝은 없어, Never end 여긴 Neverland
Come on, come on, 주저 말고 손을 잡아봐 (중략)
처음 눈을 뜨면 믿을 수가 없대, 괜찮아 나 옆에 있을게.[61]

20세기 초의 영국의 시민을 들었다 놓았다 했던 『피터 팬』은 2011년 한국의 대중가요에서 또 다른 의미가 있다. 네버랜드는 환상의 동화이니 여자아이여 따라오라. 또한 남자 어린이는 영원한 젊음으로 살아갈 것이다. 화려한 판타지가 가득한 곳이니 오빠만 믿어라.

상황이 지금 이 시각 연출 된다면 이건 바로 아동 유기로 경찰서 직행이다. 어릴 적 우리의 부모는 참 현명했다. "낯선 사람 보면 절대 따라가지 말고, 곧바로 집에 후딱 달려오거라. 알겠지?" 한편, 세월이 하 수상하던 영국의 하층 어린이는 금방 따라갔을 수도 있겠다 싶다. 전 세계의 실종 아동 모두 네버랜드에 사는 건 아닌지. 특공대가 몽땅 네버랜드로 집결해야 하나? 구글맵을 검색하면 네버랜드 지도가 나오려는가? 작은 섬에 불빛이 스친다면 바로 그곳이 네버랜드 일수도.

어느 나라, 어느 시대를 막론하고 사랑의 결핍이 사회 악순환을 가져온 것은 분명하다. 사회적 풍자는 어떤 방법으로도 세상을 들쑤실 수 있다. 배리는 낙원의 섬이기보다 예측불허 불안을 만드는 네버랜드를 빗대어 영국 사회를 조롱하지 않았을까 단정한다.

---

61 한국 아이돌 가수 U-Kiss의 2집 앨범 NEVERLAND 중 「NEVERLAND」. 2011.

2. 나의 지배자는 누구? : 욕망과 집착에 흔들리는 자아

"넌 나한테 진짜로 어떤 감정을 갖고 있니?"[62]

MZ세대들이 말하는 플러팅?[63] 70, 80 언니들이 말하는 썸탄다? 세대를 막론하고 짜릿한 설렘은 항상 즐겁다. 우리는 삶을 살면서 상상의 하트를 얼마나 그렸던가? 심장을 콩닥거리게 만드는 하트는 세월이 지나도 희미해지지 않고 가슴 어딘가에 남아있다. 할머니의 첫사랑도, 꼬맹이의 귀엽던 강아지도. 아, 맞다. 우리 아빠의 초딩 선생님도.『피터 팬』의 인기남, 피터의 끌림의 원동력은 도대체 무엇일까?

인물의 관계도[64]

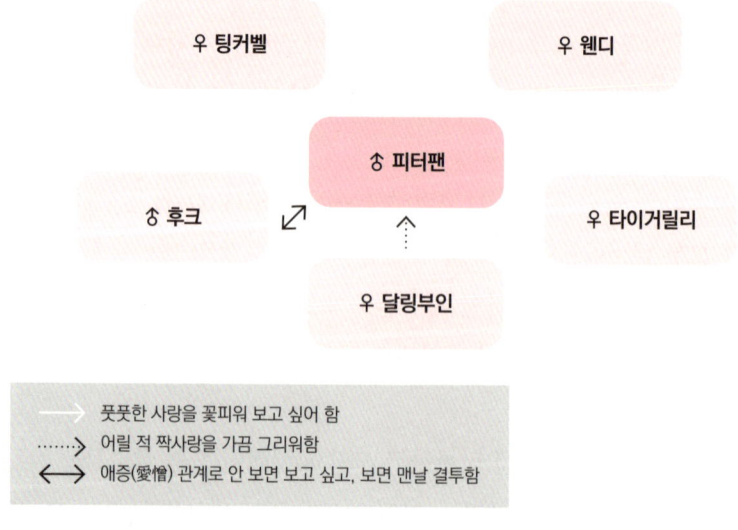

---

62 「피터와 웬디」. 제10장 행복한 집. p.171.
63 플러팅(Flirting)은 한 사람이 다른 사람에게, 또는 두 사람 사이에서 생기는 행동으로, 보통 상대방에게 호감을 느끼고 유혹을 목적으로 하는 행위, 상대방에게 교제를 목적으로 다가가는 행동을 일컬음.
64 「피터 팬」 전문을 통해 본 등장인물 관계도 재해석.

현재의 시간을 벗어나 있는 피터, 어떤 대상과도 자유로운 소통. 당대 시민의 억압된 심리를 만족시켜 주는 영웅이었을 것이다. 성장소설은 정체성을 획득하는 인물의 성장기에 초점이 맞추어져 있다. 인물이 겪는 정체성 혼란과 주변 관계에서 겪는 갈등, 이를 해결해 가는 신체적 정신적 성장의 이야기이다. 하지만 『피터 팬』의 등장인물 중 성장하는 이는 누구인가?

[후크]

먼저 최고 계층 귀족인 후크를 살펴보자. 영국 상류 계층의 올바른 행동과 규범을 오랫동안 지니고 살아온 어른이다. 후크는 피터에게 손을 잘린 후 더 집착히는 성향을 보이다. 두 사람의 대화는 후크의 정체성 혼란을 가져오기도 한다.

> "그럼 난 누구냐?" "넌 대구야. 한 마리 대구일 뿐이라고." "대구라니!" 후크는 어안이 벙벙해져 말을 되풀이했다. 그 순간 하늘을 찌를 듯 당당했던 그의 사기는 푹 꺾여 버렸다. 그는 부하들이 자신에게서 물러서는 걸 보았다. "우리가 지금껏 대구[65]를 선장으로 모셔 왔다니! 정말 자존심 상하는군." 그들은 흡사 주인을 덥석 물어버린 개와 같았다. 하지만 후크는 비극의 주인공이 되었을지언정 그들을 맘에 두지 않았다. 이렇게 비참한 상황 속에서도 후크가 필요로 한 건 그들의 믿음이 아니라 자신의 믿음이었다. 그는 자신에게서 자아가 빠져나가는 걸 느꼈다. "날 버리지 마, 녀석아." 그는 자신의 자아에 낮게 속삭였다.[66]*

---

65 대구(Codfish)는 당시 피시앤칩스에 사용되던 생선으로 도시 근로자들 사이에서 엄청난 인기를 끌었던 저렴한 음식의 상징이었다. 선장은 우러러보는 존재이건만, 대구라는 하찮은 생물에 비교하니 부하들의 실망과 어처구니는 하늘을 찔렀을 것이다.

66 「피터와 웬디」. 제8장 인어와 호수. p.151.

후크의 정신적이고 사회적 성숙이 요구되는 시기는 암울하였다. 주체적인 대응 없이 사회가 요구하는 전형적인 귀족의 길을 걸었을 것이다. 타인의 시선은 상관없지만 본인 자아와의 타협점은 어려워 보인다. 흔들리는 후크의 내면을 볼 수 있다. 자신을 쫓는 피터에게 유독 끈질긴 관심을 보인다. 피해 갈 수 있겠지만 자신이 세운 '올바른 품성 교육'을 위해 끊임없이 피터와 결투를 벌인다. 흔들린 자아를 찾기 위한 대리만족일 수 있다.

결핍을 채우기 위한 자신의 목표 설정, 그 과정에서의 혼자만의 고뇌는 본문의 글에서도 뚜렷이 나타난다. 다 커버린 어른일지라도 아직 마음의 동요는 성장을 내포하고 있다. 참선하는 동양 종교의 이면을 보는 듯하다. 말없이 하루를 지내고 내면의 자아를 다스리는 의지 깊은 종교인. 피터와의 결투를 마지막으로 해탈의 경지를 맛본 후크. 자신의 욕망이 마침내 아무것도 아닌 허무한 인생이라도 되는 듯 그렇게 후크는 사라진다.

[팅커 벨]
샘쟁이 팅커 벨. 여자의 질투는 무죄인가? 하층 신분을 투영하는 팅커 벨에 대한 욕망의 탈출구는 무엇으로 표출되는가?

웬디는 팅크가 여자의 타오르는 증오심을 품고 자기를 싫어하고 있다는 걸 아직 몰랐다. 혼란 속에 휩싸여 이제는 날기조차 지친 웬디는 그렇게 팅크를 따라 파멸의 길로 향했다.[67]* "혹시 팅크가 나의 엄마가 되길 원하는 걸까?" "이 바보 멍청이!" 팅크가 버럭 소리를

---

67 「피터와 웬디」. 제4장 비행. p.101.

질렀다.⁶⁸*

　자아정체성은 현재 시점에서, 과거의 나와 현재의 나를 통합하는 과정을 통해 확립된다. 이러한 점에서 시간이라는 계기를 내포한다고 한다. 즉, 자아정체성은 자아의 성찰과 행위의 실천으로 성장할 수 있다. 팅크는 피터의 사랑을 독차지하려 한다. 하지만 피터는 사랑이란 감정을 알지 못한다. 요정의 삶 동안 팅크의 욕망은 방 꾸미기와 피터에게만 집착한다. 대립적 여성의 등장이 팅크의 자아 탐색의 기회가 된 것이다. 대립과 경쟁의 순환과정이 사람과 사회를 성장시킨다. 팅크는 분명 성장하고 있다. 질투와 욕망의 표출이 시간의 흐름에 따라 점점 변한다. 잃어버린 아이들을 집에 데려주는 책임감 있는 행동으로 인격을 완성한다.

　영국 하층의 여자가 중상층의 신사를 만나면 신분 상승이 된다? 그 시대의 흔한 삶을 배리는 말하려 하고 있었는지도. 세상의 여자들이여. 꿈을 깨시라! 사랑과 집착이 다르다는 사실을. 마음에서 우러나오는 진실만이 사랑을 쟁취할 수 있음을 알라.

[타이거 릴리]
　개척의 땅에 사는 미지의 여성. 강인함을 부여함과 동시에 아름다운 여성으로 묘사되는 타이거 릴리. 매우 적극적이고 자신의 감정을 드러내는 데 있어 솔직하다. MZ세대의 아이콘? 그녀는 100여 년 전에 왜 나타났을까?

68　「피터와 웬디」. 제10장 행복한 집. p.172.

가장 위험한 위치인 맨 뒤에 당당하게 서 있는 사람은 타고난 공주인 타이거 릴리였다. 그녀는 흑인 여자 사냥꾼 중에서 가장 아름다웠고 피카니니 부족 중에서 가장 손꼽히는 미인이었으며, 요염하고 냉정하면서도 또 사랑에 약했다. 용사들은 누구나 이런 변덕스럽고 제멋대로인 그녀를 아내로 삼고 싶어 했다. 하지만 그녀는 결혼하는 대신 도끼를 들었다.[69]* "타이거 릴리도 마찬가지야. 걔는 내게 무언가가 되고 싶어 하는데 그게 내 엄마는 아니라잖아."[70]*

영국 제국주의적 욕망을 충족시키는 식민지 여성으로 묘사되는 타이거 릴리. 하지만 그녀의 당당함은 지금 시대에도 뒤처지지 않는다. 아름다운데다 일도 잘해, 사랑의 밀당 여신. 지고지순한 현모양처보다는 어디로 튈 줄 모르는 럭비공의 이미지를 그리고 있다. 네버랜드는 외부인의 침입으로 또 다른 관계 집단을 형성한다. 다른 세계와의 갈등을 겪으며 거주민은 자신의 이념을 확장한다. 배리는 새로운 경험을 통해 문제를 해결하고 환경에 조화되는 구조를 타이거 릴리에 부여한다.

인생은 선택의 연속이다. 셰익스피어는 말한다.

사느냐 죽느냐, 그것이 문제로다. 어느 것이 더 고귀한 행위인가? 가혹한 운명의 화살에 꽂혀도 죽은 듯 참는 것이냐, 무기를 들고 성난 파도처럼 밀려오는 재앙에 맞서 싸우는 것이냐? 죽임이란 잠을 자는 것일 뿐, 잠이 들어 마음과 육체의 모든 시름과 고통을 잊을 수 있듯이 죽음 또한 그렇다면 그것이야말로 우리가 바라는 최상의 결과가 아니겠는가. 죽음은 곧 잠이지, 잠이 든다는 것은 아마도 꿈을

---

69 「피터와 웬디」. 제5장 눈 앞에 펼쳐진 섬. p.108.
70 「피터와 웬디」. 제10장 행복한 집. p.171.

꾼다는 것이겠지. 아, 그 또한 문제로다. 죽음의 잠 속에서 마저 인생의 뒤엉킨 악몽으로 시달려야 한다면 생각을 또 접을 수밖에. 이 때문이냐, 고된 인생을 끝내지 못하고 질질 끌고 가는 이유가?[71]

영국 사회의 여자에 대한 고정관념을 깨는 네버랜드가 존재한다. 인간의 실재적인 현상을 이야기하는 리얼리티의 세계 또한 존재한다. 현재를 살아가는 모든 이에게 타이거 릴리는 자신을 표현한다. 삶을 살아가는 존재 이유는 바로 우리 자신이에요. 욕망을 떨치고 성숙한 자아를 따라가는 현명한 삶을 선택하세요. 세상에서 당신이 제일 멋집니다.

[웬디]

전형적인 나쁜 남자 스타일의 피터. 나쁜 남자에게 끌리는 이유가 본능이라고?[72] 웬디와 피터의 의사소통 부재는 키스와 골무이다. 웬디는 왜 일자무식인 피터에게 끌리고 있는 것일까?

"오, 웬디 숙녀, 저희의 엄마가 되어주세요." "내가?" 웬디가 밝은 표정으로 물었다. "엄마가 된다는 건 무지무지 황홀한 일이야. 하지만 난 아직 어린 여자애인걸. 실제 엄마 경험은 없단 말이야." "우린 그저 엄마 같은 다정한 사람이 필요해." "이런 세상에! 내가 바로 그런 사람이란 걸 알았구나. 그럼 내가 최선을 다해볼게."[73]* 웬디는 애써 단호하게 물었다. "넌 나한테 진짜로 어떤 감정을 갖고 있니?"

---

71 셰익스피어 저. 강미경 역. 「셰익스피어 4대 비극」. 햄릿. 느낌이 있는 책. 2012. p.79.
72 IT동아 서동민. 미국 텍사스대학 연구진은 「성격과 사회심리학 저널(Journal of Personality and Social Psychology)」을 통해 여성의 호르몬이 나쁜 남자를 선택하는 데 큰 영향을 미친다고 발표했다. 2012년.
73 「피터와 웬디」. 제6장 작은 집. p.129.

"충실한 아들이 엄마에게 갖는 감정."[74]

빅토리아 시대 이후 여성의 역할은 오로지 가족을 위한 화목한 가정을 만드는 것이었다. 웬디는 시대상에 맞는 역할을 하고 있다. 하지만 배리는 피터의 성장을 의도적으로 가려 놓는다. 아름다운 사랑이 싹트는 시기는 없다. 웬디는 사랑을 갈구하지만, 피터는 받아들이지 않는다. 피터의 서툰 대화가 어른이 되길 거부한다.

극 내내 웬디는 하얀 잠옷을 걸치고 나온다. 이미지를 묘사하는 어구는 어디에도 찾아볼 수 없다. 아이들과의 대화에서 웬디는 항상 어머니 역할만을 고집한다. 웬디는 자신의 욕망을 잠재워줄 다른 무언가가 없다. 가장 외로운 존재이다. 현실이 설계해 둔 지도대로 삶을 살아가려 한다. 정해진 대로 지고지순 스타일이다. 억압된 감정과 욕망을 속 시원하게 표출하지 못하고 있다. 욕망의 잘못된 표현으로 흘러가길 배리는 바라지 않았을 것이다. 네버랜드에 오랜 머물렀다면 어땠을까? 상상하면 조금은 아찔하다.

다시 현실 세계인 집으로 돌아온 웬디는 새로운 사랑으로 제인을 얻었다. 사랑이 우선이고 그리고 엄마가 되는 거야, 피터는 그 순서를 왜 모를까? 에잇 나쁜 남자. 천 번을 착한 일 하고 한번 나쁜 짓하면 욕먹고, 계속 무뚝뚝하고 무덤덤하다 한번 잘해주면 완전히 감동하고. 여자가 문제인가?

---

74 「피터와 웬디」. 제10장 행복한 집. p.171.

[달링 부인]

영국 사회 여성의 롤모델, 달링 부인. 화목한 가정을 지키는 수호신. 여자는 나약해도 가정을 지키는 어머니는 강하다. 그에 반해 달링 부인에게 투정 부리는 피터.

"전 학교에 가서 심각한 것 따윈 배우고 싶지 않아요." 피터는 열띤 목소리로 말했다. "전 어른이 되고 싶지 않아요. 어느 날 아침 잠에서 깼는데 수염이 나 있으면 어떡해요!" 달링 부인은 피터를 향해 두 팔을 벌렸지만, 피터는 그걸 뿌리쳤다. "다가오지 말아요, 부인. 아무도 날 잡아서 어른으로 만들지 못해요." 피터는 그렇게 날아갔다. 게다가 달링 부인의 키스도 가져갔다. 피터 외엔 그 누구도 그리 쉽게 갖지 못했던 키스 말이다. 참 재밌는 일이다. 하지만 달링 부인은 만족해하는 듯 보였다.[75*]

피터는 어른이 되기를 거부한다. 어머니로서 달링 부인은 다가간다. 달링 부인은 엄마의 의무감으로 피터를 사회화 학습시키고자 한다. 오랜 시절 갖고 있던 피터에 대한 풋사랑의 기억을 지운다. 키스라는 손에 잡히지 잃는 단어로. 공기 속으로 서서히 사라져 간다. 키스. 아동기에 가졌던 실현 불가능의 욕망을 이제 지운다. 어른이 되었다고 다 성장해 버리는 건 아니다. 심장 한구석에 떨어지지 않고 붙어있던 희미한 욕망을 떨쳐버리는 순간. 이제 숨소리가 편함을 알 수 있을 것이다.

집착하고 있던 무언가를 버리는 건 쉽지 않다. 가장 버리기 힘든 것이 사랑의 집착이 아닌지. 심장은 불의 기관이라 하지 않았던가. 그 가슴 찡한 사랑의 여운이 맴돈다.

---

75 「피터와 웬디」. 제17장 웬디가 어른이 되었을 때. p.248~249.

매일 밤 내 심장을 도려내도 아침이면 다시 차올라 있었어요.[76]

생각대로 흘러가지 않는 네버랜드. 그 행성을 움직이는 소년, 피터! 마지막까지 모든 사람의 기억에서 영원히 숨 쉬고 있다. 과거의 희미한 사랑에 허우적대기보다 현재를 움직이는 뜨거운 심장이 모두에게 필요한 시점이다. 사랑, 일, 도전 그리고 더 강한 심장을 이끌 당신의 열정이라는 욕망을 응원한다.

---

76 영화. 「The English Patient」. 1997.

04
피터 팬 신드롬(Peter Pan Syndrome), 현대적 해석

1. 과거와 현재를 잇는 불안, 탈피를 돕다.

인간의 나약함 따윈 온데간데없었다.[77]*

햄릿: 내 둘도 없는 친구들. 어떻게 지내는가?
로젠크란츠: 보통 사람들처럼 그럭저럭 지냅니다.
길든스튼: 지나치게 행복하지 않으므로 행복합니다.
행운의 여신이 쓴 모자 위의 단추는 아니지요.
햄릿: 그렇다고 그녀의 신발 밑창은 아니겠지?[78]

잘 잤어? 밥 먹었어? 별일 없고? 단조로움을 피하는 일상의 물음이 진지해야만 하는가? 일상이 늘 일상이듯, 보통 사람들처럼 유연한 그래프를 그리듯 그렇게 지내는 것이 행복의 연속이 아닐는지. 역동적인 삶이 과연 인생의 즐거움을 가져올 수 있을까?

배리는 셰익스피어, 밀튼 등의 언어와 생각을 『피터 팬』에 녹여 놓는다. 해리포터를 상상하듯, 영국 민속과 전설적인 이야기를 통해 마법의

---

[77] 「피터와 웬디」. 제14장 해적선. p.210.
[78] 셰익스피어 저. 최종철 역. 「햄릿」 민음사. 2006

상상을 이끌어 들인다. 실제 인물을 기반으로 등장인물을 구성하고, 켄싱턴 공원이라는 가까운 자연을 곁에 두고 글을 쓴다. 시간과 죽음에 대한 철학적 관념 속에 영원한 젊음과 죽음의 무상함을 피터 팬에 깔아둔다. 1900년대의 아동문학이 시공간을 넘어 『나니아 연대기』, 『반지의 제왕』과 같은 거대한 판타지를 현재로 데려왔다. 문학적 측면을 제외하고 우리가 현실에서 직면하는 피터 팬은 어디서 맴돌고 있을까?

피터 팬 신드롬이란 육체적으로는 이미 성숙한 어른이 됐지만, 여전히 어린이로 남아있기를 바라는 심리적 성향을 일컫는다.[79] 이는 성인이 된 이후에도 어린 시절의 순수함과 자유로움을 잃지 않으려는 인간의 갈망을 상징한다. 경제적 불안과 사회적 압박 속에서 유년기를 떠올리는 어른이 현대에는 많다. 성인이 되기를 거부하고 책임을 회피하는 피터에서 오늘날의 우리를 찾아볼 수 있다.

현대 사회에서 성장은 곧 책임을 의미하며, 성인이 된다는 것은 사회적, 경제적 책임을 받아들이는 과정이다. 피터는 이러한 책임을 회피하고 자유로움을 지속하려는 인간의 본능적 욕망을 대변하며, 이를 통해 현대 사회에서 성장을 두려워하는 현상을 상징적으로 표현한다.

인생은 겸손에 대한 오래된 수업이다.[80]

인생을 살면서 우리는 얼마나 고급스러운 수업을 받았던가? 어릴 적 가진 것의 차이가 별로 없던 시절, 학교 앞 쥐포 튀김 하나 나눠 주던 게 가진 자의 배려라 생각하던 어리석음. 시간이 흐르고 원래 가지고 있었거나

---

79 네이버 지식백과. 피터 팬 신드롬. 시사 경제 용어사전. 기획재정부. 2017.
80 제임스 매튜 베리 명언. Life is a long lesson in humility.

물려받은 것들에 대해 많은 차이가 생겼다. 개인의 노력과 물려받은 것이 바탕이 되면 얻을 수 있는 것들이 더 많은 것이 사실이다. 어른은 이러한 과정을 겪으면서 자신을 짓누르는 억압을 어떻게 견디고 있는가?

영원한 어린아이를 갈구하는 심리적 방어기제. 책임감과 사회적 의무로부터 도피하려는 퇴행적 욕망의 실현 공간, 네버랜드! 성인의 불안과 과도한 스트레스로 놀이에 집중했던 그 시절로 돌아가고 싶은 심리적 욕구가 영국의 그 시대에서 지금 현대에도 그 줄을 잇고 있다. 달링 씨가 강아지 나나의 집에 들어가 생활하는 것도 퇴행의 일부라 가정할 수 있다. 극도의 스트레스를 해소하는 그만의 도피 장소.[81]

우리 시대의 나만의 히든 플레이스는 어디인가? 나노 블록을 만들어 작은 방 한쪽에 정리하고 건담을 이것저것 구입하는 어른이들.[82] 어린 시절의 취미를 그대로 유지하거나 회귀하는 현상이지만 돈이 많이 드는 단점도 있다. 하지만 동심에 거부감이 없어 창의력이 풍부하다는 긍정적인 측면도 있다. 광활한 자연을 벗 삼아 자신의 장소로 돌아가고자 하는 이들도 많다. 캠핑족. 상상의 별을 찾아 오늘의 일상을 잊어버리고 싶은 공간. 시간을 채우는 추억의 별 하나 따서 내일의 나에게 힘을 실어주자. 천사들의 생명이 나에게 닿아 오늘을 더 견디게 해 줄 테니.

현실의 요구와 사회적 책임에 억압받는 심리적 방어기제. 나이가 들어가는 것과 그에 따른 책임을 받아들이기 어려워하는 어른. 이 나이를 우리는 부정한다. 젊어지고 싶어만 하는 것이다. 몇 년은 어려 보이고 싶어 하고 만 나이를 고집한다. 점점 더 세월에 맞는 책임을 강요받는다. 나이

---

81   달링 씨는 아이들을 잃어버리고 자책감으로 강아지집에서 기거한다.
82   Kidult(Kid+Adult). 아이 같은 취미를 가진 성인을 의미하는 신조어.

가 들면 입은 닫고 지갑은 열어야 한다. 우스갯소리로 하는 말이지만 사람들의 정신적 억압은 저 아래 무겁게 깔려 있을 것이다.

『피터 팬』의 세계는 성장이 부정되고 어른이 되는 것을 의도적으로 피한다. 네버랜드에 시간의 흐름이 있지만 피터만이 오직 시간을 비켜 가고 있다. 잃어버린 아이들도 성장이 되면 제거되고 요정 또한 짧은 생을 산다. 시간이 흘러도 자신은 변하지 않기를 바라는 피터. 어린이의 잣대로 자신을 봐 달라는 피터의 의도는 현재 어른들의 호소가 서려 있는 듯하다.

사회 불안을 감당하기에는 아직도 어른의 어깨는 무겁다. 제도가 대신할 수 없지만 삶을 살아가는 주체가 성인이기에 부정적인 심리 메커니즘을 떠안고 살아갈 수밖에 없을 것이다. 불안을 탈피, 호소는 사회가 전적으로 받아들일 수 있는 것인가? 심리, 정신 전문가의 치유 심리상담센터가 최근에 많이 늘어났다. 예전의 약물, 알코올중독 상담이 주였던 것이 이제는 사회 불안, 우울증, 정서 조절과 같은 스트레스에 더 많은 프로그램과 기술을 제공한다. 전문가의 일대일 상담이 아니라도 누군가와 함께 대화하고 생각 나눔의 장이 가까이 닿기를 바란다. 피터 팬 치유센터, 네버랜드! 이런 사회적 비영리단체의 자발적 생성으로 불안 치유의 매개체가 되었으면 한다.

2. 중소기업, 피터 팬과 손을 잡다?

*"내일 알을 낳을 수 있다고 해서 오늘 알 낳기를 미루지 말자.
이 세상에 두 번째 기회는 없다."*[83]*

영국 그 시절의 산업은 무한 질주로 아우토반을 달렸다. 새로움을 만끽할 여유 없이 중산층의 사회적역할이 증가하여 부정적 요소 또한 찾기 힘들었을 것이다. 100여 년의 시간이 지난 오늘날 한국의 산업, 특히 중소기업은 어떻게 변화하고 있는가? 개인을 넘어 성장을 거부하는 경제적 방어기제로 우리나라의 중소기업들이 피터 팬과 손을 맞잡으려 하고 있다.

우리나라 중소기업[84]은 경제의 중추로서 일자리 창출과 혁신성장을 주도하고 있다. 정부에서는 다양한 지원을 통해 중소기업 육성을 도모하고 경제 성장을 끌어낸다. 1965년 법률[85]의 제정으로 대기업 위주에서 중소기업의 경쟁력 강화가 시작되었다. 이후 글로벌 경쟁에서 살아남을 수 있게 조세 혜택, 글로벌 영업 진출, 금융, 기술개발 및 인력 양성지원 등 여러 방면에 지원을 아끼지 않았다. 이러한 정책이 우리나라 전체 매출의 반에 가까운 성과를 거대 공룡에 맞서 중소기업이 해내고 있다.[86]

한편으로는 정부의 지원·보호 정책에 비켜 가는 성장을 거부하는 중소

---

83 「켄싱턴 공원의 피터 팬」. 제4장 공원 문이 닫히는 시간. p.321.

84 우리나라 전체 기업 수의 99.9%, 전체 고용의 80.9%가 중소기업이 차지함. 2023년 중소기업중앙회 통계자료. 2024.03.

85 중소기업 지원책의 근간이 되는 법률. 「중소기업 기본법」. 1965년 제정.

86 중소기업중앙회 통계자료에 의하면 중소기업이 전체 매출의 46.8%를 달성함. 2021년 통계자료. 2024.03.

기업이 발생하고 있다. 기업이 성장하면서 중견기업이나 대기업으로 사업 형태가 변환되어야 하지만 하향으로 유지하고자 하는 피터 팬 신드롬의 새로운 병을 우리나라 경제는 크게 앓고 있다. 중소기업이 성장을 기피하는 원인은 정부의 지원은 급격히 줄어들고 규제가 늘어나기 때문이라 한다. 특히 법인세 등의 정부 조세 혜택이 현저히 줄어들어 기업의 성장을 다시금 생각하게 한다.

피터 팬 신드롬에 걸려 성장판을 스스로 닫는 기업을 정부가 계속 성장판 주사를 놔줘야만 할 것인가? 중소기업은 대기업에 비해 자금 조달, 기술개발, 혁신 경영을 위한 인력 확보 등이 힘들기에 글로벌 경쟁력이 미흡하다. 중소기업 스스로가 극복하는 것은 역부족이기에 딱 맞는 맞춤의 료가 필요한 것이다. 최근 세계적인 보호무역주의[87] 확산과 국제 공급망 재편[88]으로 정부의 적극적인 계획이 필요하다. 정부는 중소기업의 성장판이 열리게 지원을 과감하게 하고, 한 발 더 앞서 미래를 계획해야 한다. 지금 우리나라 안에서의 성장이 아닌 글로벌 날개를 달아야 한다.

> 조직을 위한 것이지만 과연 개인의 입장에서 자신만의 역량을 누구나 활용할 수 있는 매뉴얼, 즉 조직의 일부로 기꺼이 내놓는 것이 개인에게도 좋을까. 개인은 그 과정에서 승진 등 보상을 받겠지만, 자신만의 역량이 사라지면 일명 '젖은 낙엽'으로 전락 할 수 있기 때문이다. (중략) 내 패는 써먹기 전이 가장 효과적인 것이다.[89]

---

[87] 보호무역주의는 국가가 자국의 산업과 일자리를 보호하기 위해 외국 상품의 수입을 제한하는 정책을 말한다. 즉, 관세를 부과하거나 수입량을 제한하는 등의 조치를 취하여 국내 시장을 외국 상품으로부터 보호하는 것. 현재는 미국과 중국의 무역전쟁, 미국 우선주의 및 기술 경쟁 심화로 보호무역주의의 확산 이유를 들 수 있다.

[88] 국제무역구조 변화로 국제적 신뢰가 중요한 요소로 떠오르고 있다. 나아가 프렌드 쇼어링(Friend Shoring)으로 정치적, 경제적 협력으로 안정적인 무역과 공급망을 강화하는 전략.

[89] 이상영. 「서로」. Chapter4. 카프카 변신, 노동의 변신과 경영의 변심. 리케이온. 2023. p.198.

피터의 요정 가루 조달이 필요하다. 중견기업 범위를 과감히 조정하여 소기업이 중견기업으로의 입성을 독려해야 한다. 가업상속 및 승계제도 개선과 최대 주주 등 보유주식 할증 증가 폐지로 기업 경쟁력을 강력히 제고해야 할 것이다. 우리는 젖은 낙엽의 잠재력을 끌어내야 한다. 여러 장의 패 중 시너지효과 있는 패를 먼저 던져보자. 각종 규제를 두려워 말아야 한다. 비켜서지 말고 도전하는 경제를 모두가 바란다. 지붕에 뿌려진 마법으로 중소기업이 글로벌로 세차게 도약하기를.

피터는 의기소침 따위는 몰랐고 즐거움만이 유일한 감정이었다.[90]*

---

90 「피터와 웬디」. 제18장 인어의 호수. p.154.

05
굿 바이 네버랜드 (Time To Say Goodbye Neverland)

안드레아 보첼리와 사라 브라이트만의 'Con te partirò'[91]를 런던 심포니 오케스트라 연주로 종착역까지 들려드리겠습니다. 천천히 눈을 감고 오늘의 네버랜드를 가슴에 남기시길 바랍니다.

Time to say goodbye 작별 인사를 할 시간이 되었어요
Horizons are never far 지평선이 멀지 않아요
Would I have to find them alone? 나 혼자 찾아야 할까요?
Without true light of my own with you 당신과 함께 할 진정한 빛이 없다면
I will go on ships overseas 저 멀리 배를 타고 찾아갈 겁니다
That I now know 이젠 알아요
No, they don't exist anymore 아니, 그런 건 존재하지 않아요
It's time to say goodbye 작별 인사를 할 시간이 되었어요

이제 우리는 네버랜드와 작별 인사를 해야 합니다. 그렇다고 『피터 팬』과 완전한 안녕을 고하라는 것은 아닙니다. 동심의 너울에 갇힌 부정적 생각만 던져버리고, 삶을 짓누르던 고착된 현상은 유연하게 흘려보내면

---

91 이탈리아의 세계적인 테너 가수 안드레아 보첼리의 노래. 1995년 안드레아 보첼리가 낸 첫 앨범 「Bocelli」에서 발표된 곡이다. 발표되자마자 선풍적인 인기를 끌었다. 대중매체 사용 사례 : 폴 포츠가 브리튼즈 갓 탤런트 파이널에서 불렀고, 추성훈의 등장 음악으로도 유명하며, 도전 골든벨에서 최후의 1인이 남기 직전에 탈락자가 생기면 나오는 BGM이기도 하다. 일부 마트에서 폐장 시간에 나오기도 한다.

됩니다. 주변의 시선으로부터 우리를 변하게 하는 시간. 그로부터 이별할 결심을 해야 합니다. 시간은 네버랜드처럼 멈추어 있지 않습니다. 네버랜드의 단조로운 일상을 벗어나, 힘들더라도 도전할 수 있는 미래가 존재하기에 우리의 열정이 생기는 것입니다.

흉터는 과거를 기억하는 힘이 있지.[92]

피터 팬 신드롬의 신종 바이러스를 이겨내고 가슴에 난 흉터를 보십시오. 과거의 기억을 딛고 내일을 계획하는 당신이기를. 인문의 어깨에 올라 경영을 바라볼 수 있는 혜안을 기러길 추천합니다. 그리고 더는 교과서 속 사람이 아니라 자신 앞에서 살아 움직이는 사람이기를[93] 응원합니다.

돌아가시는 길 반짝이는 별빛 하나 보신다면 팅커 벨이 당신을 향해 요정 가루를 뿌리는 것일 겁니다. 삶에 행운을 주는 생각의 자유! 그 긍정의 세계를 향해 날아가십시오. 피터 팬은 우리의 마음속에 영원히 존재할 것입니다. Forever.

---

92 영화 「레드 드레곤(Red Dragon)」. 장르 스릴러. 2002.
93 재러드 다이아몬드 저. 강주헌 역. 「총균쇠」. 김영사. 2023. p.602.

참고문헌

제임스 매튜 배리. 이은경 옮김. 『피터 팬』. 펭귄클래식. 2015.
James Mattew Barrie. 『Peter Pan or Peter and Wendy』. BOOKK. 2020.

박경은(2005). 『피터 팬에 나타난 양면성 연구』. 숙명여자대학교 대학원 학위논문(석사).
권혜경(2009). 『환상의 씨줄과 현실의 날줄 피터 팬에 나타나는 20세기 초 영국 중간 계급의 사회적 불안과 젠더 개념』. 새한영어영문학.
김훈희(2017). 『제국주의 남성성의 형성 : 톰 브라운과 피터 팬을 중심으로』. 고려대학교 대학원 학위논문(박사).
권소정(2018). 『피터와 웬디에 나타난 성장 이데올로기와 투사된 욕망』. 연세대학교 대학원 학위논문(박사).

김춘성(2020). 『중소기업의 피터 팬 증후군 원인에 관한 연구』. 고려대학교 행정전문대학원 학위논문(석사).
한국조세연구포럼 2021. 『조세 혜택이 기업분류의 변화와 실질 이익조정에 미치는 영향』. Journal of tax studies.

일상에서 만난 인문학
아보하 사람들

CHAPTER 4.

『구운몽』: 꿈과 욕망, 그리고 자아실현의 여정

| 이혜민

'프론티어' 정신을 바탕으로 창의적인 연구를 통해 지식과 가치를 창출하며, 사회 발전에 기여하고 있다. 또한, 사회 전반에 긍정적인 변화를 이끌기 위해 노력하고 있다. 작가의 다양한 경험을 바탕으로 개인의 꿈과 도전을 주제로 한 글을 통해 많은 사람들에게 영감을 주고, 새로운 가능성을 열어주는 역할을 하고자 한다. 작가의 열정과 빛나는 도전 정신은 변화를 촉진하는 데 중심이 되고 있다.

01 들어가며 145
02 『구운몽』, 단순한 읽기를 넘어서 150
03 꿈과 욕망 153
04 욕망은 인간의 삶 그 자체이다 157
05 욕망과 결핍 161
06 인간은 욕구가 아닌 욕망에 의해 살아간다 163
07 욕망을 학습하는 현대인 167
08 인간은 무엇으로 사는가? 170
09 성진의 상상은 양소유의 현실이 된다 173
10 욕망을 박탈당한 삶 178
11 욕망하며 꿈꾸는 삶 182
12 행복의 조건을 탐색하는 삶 185
13 나가며 190

01 들어가며

꿈을 꿈꾸다

　잠을 자다가 꿈속에서 주먹이 느리게 움직이거나, 달리기가 느려서 힘들었던 기억이 있는가? 그 이유는 몸은 잠들어 있지만, 뇌는 깨어 있기 때문이다. 즉, 꿈속에서 우리는 움직이고 있지만, 실제 몸은 자고 있어 현실처럼 빠르게 반응할 수 없는 것이다. 또한, 잠에서 깨어나면 꿈꿨다는 사실은 기억하지만, 정작 꿈의 내용을 잊어버리는 경우가 많다. 이는 꿈에서 일어난 일이 현실과 연결되지 않아 쉽게 잊혀지기 때문이다.

　꿈에 대한 흥미로운 사실이 하나 더 있다. '꿈'이라는 단어가 전 세계 대부분의 언어에서 동음이의어라는 것이다. 꿈은 잠을 자면서 꾸는 '꿈'과 이루고자 하는 '미래의 꿈'이라는 두 가지 의미를 함께 담고 있다.

	수면 중의 정신 현상	실현하고 싶은 희망이나 이상
한국어	꿈	꿈
영어	Dream	Dream
일본어	ゆめ	ゆめ
중국어	梦	梦
프랑스어	rêve	rêve
독일어	Traum	Traum
스페인어	sueño	sueño
태국어	ความฝัน (khwām fǎn)	ความฝัน (khwām fǎn)

꿈은 왜 두 가지 의미를 한 글자에 내포하게 되었을까? 궁금증이 생긴다. 꿈(수면 중의 정신 현상)과 꿈(희망, 이상)이 여러 문화권에서 같은 단어로 사용된다는 점은 단순한 언어적 우연이 아니라, 인간의 보편적인 사고방식과 깊은 연관이 있을 가능성이 크다. 어쩌면 사람들은 오래전부터 잠에서 꾸는 꿈과 현실에서 이루고 싶은 꿈을 같은 개념으로 인식해 왔기 때문에 자연스럽게 동일한 단어로 표현했을지도 모른다. 생각해 보면, 꿈은 본질적으로 '상상하는 것', '아직 현실이 아닌 것'이라는 공통점을 갖고 있다. 수면 중의 꿈은 현실이 아닌 세계를 경험하는 것이고, 이루고 싶은 꿈 역시 아직 현실이 되지 않은 미래의 목표이다. 그래서 많은 문화에서 이 두 개념이 하나의 단어로 묶였을 가능성이 있다. 역사적으로도 꿈(수면 중의 정신 현상)이 미래를 예언하거나, 인간의 내면을 들여다보는 중요한 요소로 여겨져 왔다. 이런 관점에서 보면, 꿈꾸는 행위 자체가 인간의 삶에서 매우 중요한 의미를 지녔고 자연스럽게 '이루고 싶은 목표'의 의미로 확장되었을 수도 있다.

만약 내가 원하는 것을 꿈에서 꿈꿀 수 있다면?

우리는 인생의 3분의 1을 잠을 자며 보낸다. 하지만 그 시간은 우리의 의지와 통제 밖에 있다. 그래서 누군가는 통제할 수 없는 시간이 아까워 잠자는 시간을 줄여서 일하고 공부하며 현실에서 꿈을 이루려 한다. 그렇다면 현실에서 보내는 3분의 2의 시간과 별개로 남은 3분의 1만큼은 원하는 꿈을 꾸며 살 수 있다면 어떨까? 어쩌면 잠꾸러기는 하루 12시간을 꿈속에서 보내는 것도 가능할지 모른다.

꿈에서 깨우는 현실

잠 못 이루는 고요하고 깊은 새벽, 나의 스마트폰 배경화면이 어둠 속에서 빛을 내뿜었다. 2년째 바꾸지 않은 배경화면의 문구, "Work hard, Dream big" 매일 나와 함께했던 이 단순한 문구가 오늘따라 유난히 선명하게 다가왔다. 꿈을 꾸듯 떠오른 생각에, 문득 인문고전 독서토론 모임에서 나누었던 구운몽[1]의 이야기가 떠올랐다. 성진의 꿈 속 또 다른 자아, 양소유의 이야기가 머릿속에 선명하다. 현실과 꿈의 경계를 넘나들며 삶의 본질을 깨닫는 그의 여정. 우리는 과연 어떤 꿈을 꾸며 살아가고 있는가? '구운몽' 속의 꿈은 그저 환상에 불과한 것일까, 아니면 삶을 비추는 또 다른 거울일까?

성진은 현실에서 이루지 못한 모든 것을 꿈속에서 성취하며 살아갔다. 신분과 나이, 경험과 관계없이 자신의 능력을 마음껏 발휘했고, 꿈에서는 그가 원하는 모든 것을 실현했다. 그러나 모든 것은 단지 '꿈'이었을 뿐, 결국 그는 깨어나야 했다. 꿈에서 깨어난 그는 다시금 현실의 굴레 속으로 돌아왔다. 어쩌면 양소유는 꿈속에서나마 자신의 잠재력을 마음껏 펼쳐보고자 했던 것이 아닐까?

나는 종종 양소유와 반대의 길을 걷고 있는 나 자신을 발견한다. 나는 현실 속에서 꿈을 꾸고, 그 꿈을 현실로 만들어 가고 있다. 때로는 현실이 나의 길을 막아설 때도 있다. 사람들은 나의 노선을 두고 "현실적으로 어려운 것 같다", "굳이"라는 말을 던지며 의아해한다. 하지만 나는 그런 반응에 굴하지 않고, 오히려 "왜 안 돼?"라는 질문을 스스로에게 던지며 행동이나 추진력에 대해 "현실적으로 어려운 것 같다"라는 믿음 자체에 의문을 가진다. 그걸 믿지 않는 사람만이 도전하면서 사는 것이고, 나머지 사람들은 "언젠가는…"하며 그냥 그대로 사는 것이다. 나는 새로운 길을 만들어 나가고자 한다.

---

[1] 九雲夢, 조선 후기 1687년 서포 김만중이 집필한 고전소설.

내 나이 28세. 28년 동안 같은 지역에서 태어나고 자라며, 이곳에 깊이 뿌리내렸다. 초등학교, 중학교, 고등학교를 졸업하고, 경영학을 전공한 대학교도 이 지역에서 마쳤다. 집필 중인 현재는 동 지역의 MBA 과정에 재학 중이다. 나의 학업과 커리어는 이 지역과 떼려야 뗄 수 없는 관계를 맺고 있다. 그러나 나는 이곳에 뿌리 내린 나무처럼 한 자리에 머무르는 대신, 가지를 뻗어 더 넓은 세상을 향해 나아가고 있다.

미국의 선진 병원을 탐방하러 혼자 떠난 여행은 나의 꿈을 현실로 만드는 첫걸음이었다. 처음 가보는 나라에서 혼자 여행하는 것은 두려움과 설렘이 공존하는 일이었다. 그러나 나는 이 도전을 통해 나의 가능성을 시험해보고 싶었다. 미국에서의 경험은 나에게 더 넓은 시야를 열어주었고, 나를 한 단계 성장시켰다.

나는 대한민국 대학생 대표로서 아시아 연수에 참가를 했고, 인도에서 봉사 활동을 했으며, 한국 청소년 대표로 선발되어 중국에 파견된 경험이 있다. 또한, 지역 청년 대표로서 인도네시아를 방문하기도 했다. 이 모든 경험을 통해 나는 내가 누구인가를 다시금 돌아보게 되었고, 내가 가진 것들을 나누며 살아가는 것이 얼마나 중요한지 깨달았다. 나는 누군가에게 도움을 주고, 사회에 선한 영향력을 미칠 수 있을 때 진정한 행복을 느낀다. 그리고 앞으로도 이러한 행복을 지속적으로 느끼며, 사회에 긍정적인 변화를 일으킬 수 있는 사람이 되고 싶다.

MBA 과정 중 대표를 맡고, 학생회장에 출마한 것 또한 나의 도전 중 하나였다. 나이와 경험을 넘어, 나의 선한 목소리를 내고자 했다. 사람들은 종종 나의 나이와 경험을 보고 '도전하기에 무리'라고 생각할지 모르지만, 나는 그 도전을 통해 '충분히 할 수 있다'라는 가능성을 발견하고 싶었다. 그리고 결국에 나는 대표로서, 학생회장 후보로서 사람들에게 좋은 영향력을 미쳤음을 깨달았다. 나의 도전은 단지 개인적인 성공을 넘어서, 다른 사람들에게도 영감을 주고 긍정적인 변화를 가져올 수 있다는 것을 알게 되었다.

이 모든 도전을 가능하게 해준 것은 부모님의 아낌없는 지원 덕분이다. 가끔씩 말을 듣지 않아 속 썩일 때도 있지만, 그럼에도 부모님은 언제나 나의 선택을 존중해 주셨고, 내가 꿈을 이루기 위해 필요한 모든 것을 아낌없이 지원해 주셨다. 부모님의 사랑과 헌신 덕분에 나는 하고 싶은 것을 마음껏 꿈꿀 수 있었으며, 이에 대해 깊은 감사의 마음을 전하고 싶다.

내가 집필 중인 책 또한 이러한 도전의 연장선상에 있다. 철학적 내용을 인용하여 비판의 시각으로 글을 구성했다. 그리고 이번에 출판을 앞두고 있는 책은 단순한 글이 아니라, 나의 삶에서 계속된 도전의 흔적을 담고 있다. 아무도 덜컥 시도하지 않는 일에 도전하는 것은 결코 쉬운 일이 아니었지만, 나는 이번 도전을 통해 나의 생각을 다른 사람들과 나누고자 한다. 이 책이 출판된다면, 그것은 나의 꿈이 또 한 번 현실로 이루어지는 순간이 될 것이다.

02
『구운몽』[2], 단순한 읽기를 넘어서

　고전은 단순히 오래된 책이 아니다. 수세기에 걸쳐 축적된 인간의 삶에 대한 깊은 통찰이 담긴 지혜의 원천이다. 이를 통해 우리는 삶의 방향을 찾고, 일에서 성공을 거두며, 인간관계를 원만하게 이끌어가는 데 필요한 가르침을 얻을 수 있다.

　고전은 느리지만 정확하다. 때로는 잘못된 길로 들어섰다가 되돌아오는 경험을 줄지언정, 궁극적으로는 성장이라는 한 방향으로 이끈다. 고전은 독자를 가르치기보다는 스스로 깨달음을 얻도록 돕는다. 그 속에서 우리는 자신의 삶과 경험에 맞는 답을 찾아 나가는 여정을 시작하게 된다. 무엇인가에 대한 앎을 쌓아간다는 것은 나 자신을 위한 것이 되어야만 한다. 그런데도 우리는 점수로 매겨지는 인생의 성적표에 쫓겨 내 속에 지식을 욱여넣듯이 그렇게 '앎'을 대해 왔다.

　그런 탓에 저명한 작품에 대해서조차 그 이름만 알고 있거나 혹은 이미 알고 있다는 착각 속에서 무관심한 태도를 가지고 있는 경우가 많다. 그래서 널리 알려진 작품일수록 사람들은 관심을 두지 않는다. 『햄릿』[3]이나 셰익스피어[4]를 모르는 사람은 거의 없겠지만, 정작 읽어본 사람도 그리

2　김만중, 송성욱 옮김, 「구운몽」, 민음사, 2009
3　윌리엄 셰익스피어, 최종철 옮김, 「햄릿」, 민음사, 2009
4　1564~1616. 극작가. 인간 본성과 감정을 깊이 있게 탐구한 작품들로 세계 문학사에 큰 영향을 끼쳤다.

많지 않다. 사람들은 위대한 작품이면 위대한 작품일수록 선뜻 손을 뻗지 못하기 마련이다. '위대한'이라는 단어가 주는 중압감으로 인해 우리는 조금 더 가벼운 책으로 손길을 내민다. 이름이 널리 알려져 있다는 것은 어떤 의미에서는 유명세에 따른 사람들의 무관심과 오해도 함께 쌓여 있다는 것을 의미한다.

아마도 『구운몽九雲夢』은 한국의 고전소설 중에서 그 이름만은 널리 알려졌지만, 대체로 사람들이 오해하고 있거나 고리타분한 옛이야기 정도로 간주하는 대표적인 작품 중 하나라고 생각한다. 고등학교 국어 시간에 배운 김만중의 소설 구운몽은 조선 문학의 걸작으로, 인생의 무상함과 인간 욕망의 덧없음을 주제로 삼고 있다는 정도의 내용을 배웠고, 또 그 정도면 시험을 치르기 위해서는 충분했다. 물론 이 작품은 성진[5]이라는 인물이 자신의 꿈속에서 양소유[6]로 환생하여 겪는 여러 가지 경험을 통해 인생의 본질을 깨닫고, 궁극적으로는 세속적 욕망에서 벗어나 진정한 자아를 찾는 과정을 그린다는 점에서는 '아무것도 없음'을 하나의 주제로 삼고 있다는 점에 대해서는 이견이 없다. 하지만 구운몽을 "삶은 그저 일장춘몽[7]에 불과하다"는 비관주의로 단순하게 정리하는 것은 작품에 대한 오독에 가깝다.

구운몽은 단순한 환상소설을 넘어, 인간의 본성과 욕망, 그리고 자아실

---

5   작중 주인공. 승려이며 육관대사의 제자 중 한 명으로 육관대사의 심부름을 받아 동정호의 용왕을 만나던 중에 술 몇 잔을 마시게 된다. 그 뒤 절로 돌아가던 중 팔선녀를 만나게 되는데 문득 승려 생활에 회의감을 느끼고 속세의 부귀영화에 대한 미련을 가진다. 스승의 노여움을 산 성진은 그에 대한 벌로 인간 세상에서 양소유로 환생하게 되는데 사실은 환생을 가장한 본인의 꿈 속 또 다른 자신이다.

6   성진의 꿈 속 자아로 2처 6첩을 거느리고 명성과 부를 가졌으며 외모까지 출중했다. 말년에는 육관대사를 다시 만나 꿈에서 깨어나고 현실세계 성진으로 돌아가며 불가에 귀의했다.

7   一場春夢. '한바탕의 봄 꿈'이라는 뜻으로 인생의 모든 부귀영화가 꿈처럼 덧없이 사라지는 것을 비유하는 사자성어이다.

현에 대한 깊은 철학적 통찰을 제공해 준다. 이 작품은 양소유의 꿈을 통해 다양한 인간 욕망의 모습을 탐구하고, 그 욕망이 결국에는 어떻게 자아실현과 진정한 행복으로 이어지는지를 보여준다. 꿈과 현실의 경계를 넘나들며, 독자들에게 양소유의 여정을 통해 인생의 진정한 의미와 가치에 대해 진지한 질문을 던지게 된다. 여기서 꿈은 욕망을 표출하는 수단이자, 동시에 욕망을 초월하여 진정한 자아를 발견하는 여정의 도구로 기능한다. 국어 시험 문제를 풀기 위해 구운몽과 가장 잘 어울리는 사자성어로 "인생무상"을 암기하고 있었다면, 이제는 학교를 벗어나 내 자신의 인생을 위한 질문을 구운몽이라는 텍스트를 통해 탐색해 보고자 한다. 한쪽을 선택한다는 것은 다른 한쪽을 포기한다는 의미이다. 그래서 나는 그동안 구운몽을 잘못 이해하면서 놓쳤던 다른 면을 조심스레 집어 들고 살펴보고자 한다.

03
꿈과 욕망

프리드리히 니체Friedrich Nietzsche의 철학에서, 그의 저서 『차라투스트라는 이렇게 말했다』[8]는 이중적인 주제 의식을 잘 보여준다. 니체는 이 책에서 '영원 회귀'와 '초인'이라는 개념을 통해 인간 존재의 허무함과 그 속에서 새로운 의미를 창조하려는 노력을 탐구한다. '영원 회귀'는 모든 사건이 무한히 반복된다는 사상으로, 이는 인간의 모든 노력이 결국 무의미하다는 허무주의적 시각을 반영한다. 그러나 니체는 동시에 '초인'이라는 개념을 제시하며, 인간이 자신의 한계를 넘어 새로운 가치를 창조하고 의미를 부여하는 존재로 거듭나야 한다고 주장한다.

흥미롭게도 구운몽에서도 이러한 허무함과 의미 창조의 기묘한 공존이 나타난다. 꿈속에서 양소유의 모험과 성취는 일견 의미 없어 보이지만, 이를 통해 삶의 본질과 가치를 성찰하게 된다. 구운몽의 '이야기 속 이야기'라는 액자식 구성은 니체의 철학처럼, 상반되는 삶의 태도가 절묘한 균형을 이루며 제시된다.

소설의 결말부에서 주인공 양소유는 모든 욕망을 넘어선 듯한 태도로 소유와 욕망의 세계 밖으로 탈주하지만, 꿈속에서의 그는 그 누구보다도 더 욕망에 집착하는 모습을 보여준다. 이야기가 사회적 관계에서 비롯된 욕망에서 시작된다는 점에서, 이 욕망은 양소유 자신의 것이라기보다

---

8 프리드리히 니체, 장의창 옮김, 『차라투스트라는 이렇게 말했다』, 민음사, 2004

는 다른 사람의 욕망에 가깝다. 육관대사 밑에서 불도를 수행하던 성진이 심부름을 다녀오다가 여덟 선녀를 만나 세속적인 욕망에 이끌리게 된다는 점에서 이 욕망은 다른 사람의 욕망이다. 만약 성진이 천상계에서 수도자로 있는 현실세계에 계속 머물렀다면, 욕망은 생기지 않았을 것이다. 그러나 심부름 과정에서 용왕의 권유로 술을 마시고, 돌아오는 길에 여덟 명의 선녀를 희롱하게 된다. 다시 돌아와서도 부처님의 말씀에 집중하지 못하고 여자 생각에 사로잡힌 성진은 결국 세속 세계로 쫓겨나게 된다.

이 과정은 욕망의 탄생 과정을 보여준다. 여기서 '꿈'은 아직 현실화하지 않은 현실을 재구성하는 새로운 방식이다. 라캉Jacques Lacan[9]의 말처럼 인간은 결핍을 가지고 있으며, 그 결핍을 채우기 위해 욕망하는 존재이다(김현생, 2014).[10] 여덟 명의 선녀와의 만남으로 인해 생겨난 욕망은 현실에서는 결코 충족될 수 없는 것이었다. 욕망은 오로지 꿈을 통해서만 그 실체가 드러나는데, 권력과 부귀영화, 2처 6첩을 거느리고 살아가는 삶이 양소유가 가진 욕망이었다.

---

9 1901~1981. 프랑스 철학자이자 정신분석학자이자 정신과 의사이다. 라캉의 철학은 프로이트의 정신분석학을 바탕으로 재구성하고 확장하여 인간의 주체성, 욕망, 그리고 언어의 역할을 탐구하는데 중점을 두었다. 라캉의 욕망이론은 인간의 욕망이 타인의 욕망을 모방하거나 이를 통해 형성된 것이며, 욕망은 타자(타인의 시선이나 인정)을 통해 매개되어 사회적이고 상징적인 구조 안에 서 작동된다고 설명한다.

10 김현생(2014), 「김만중의『구운몽』과 라캉의 욕망이론」, 영미어문학 113호.

> 남자가 세상에 태어나 어려서는 공맹의 글을 읽고 자라서는 요순 같은 임금을 만나 싸움터에 나가면 삼군三軍의 총수總帥가 되고, 조정에 들어서면 백관百官의 우두머리가 되어 몸에 비단 도포를 입고 허리엔 자수를 띠며, 임금에게 충성하고 백성을 이롭게 하며, 눈으로는 고운 빛을 보고 귀로는 오묘한 소리를 들어 당대에 영화를 누릴 뿐 아니라, 죽은 후에도 공명을 남겨 놓는 것이 진실로 대장부의 일인데, 슬프다! 우리 불가의 도는 다만 한 바리 밥과 한 병의 물과 수삼 권의 경문經文과 백팔염주뿐이구나.[11]

이런 욕망의 내용은 현대인의 관점에서는 매우 기묘하게 느껴질 수 있다. 우리는 사람들이 가진 욕망의 크기나 대상이 서로 다르다는 사실을 일반적으로 인정한다. 신자유주의[12] 질서 아래에서 살아가는 사람들이 일반적으로 가장 크게 가지는 욕망은 자본 그 자체에 대한 것이다. 자본의 비정한 질서와 비교하면, 양소유가 가문을 위해 입신양명하고 왕에게 충성과 헌신을 바치는 행위는 오히려 소박하게 느껴진다. 대다수는 스티브 잡스Steve Jobs나 워런 버핏Warren Buffett을 꿈꿀지언정 만델라Nelson Mandela나 링컨Abraham Lincoln이 되겠다고 생각하지는 않는다. 이런 점에서 볼 때 작품 속 양소유의 욕망은 당대의 사회·문화 맥락을 철저하게 반영하고 있어 오늘날 우리의 욕망과는 상당히 다르다.

김만중은 양소유라는 인물을 통해 부귀영화와 권력, 절세미인들을 3처 4첩으로 거느리고 살고 싶어 했던 당시 양반들의 욕망을 표현했다. 당대 유교 문화 속에서 인간의 욕망은 억압받았고, 사대부들은 욕망의 절제를 이상으로 삼았다. 승려에게는 여러 가지 욕망이 금지되어 있다. 식탐이나

---

11 고려대학교민족문화연구원, 정규복 옮김, 「고려대학교민족문화연구원 한국고전문학전집27」, 1996
12 1970년대 자본의 세계화(Globalization of capital) 흐름에 기반한 경제적 자유주의 사상이다. 대한민국에서 신자유주의의 기원은 작지만 강한 정부, 자유시장경제의 중시, 규제 완화, 자유무역협정(FTA)의 중시 등으로 나타나고 있다.

술에 대한 욕망도 그중 하나일 것이다. 하지만 통제와 억압의 대상이 되는 욕망은 결코 사라지지 않는다. 이 욕망은 스스로를 해소하기 위해 새로운 공간을 찾고, 구운몽에서는 '꿈'이라는 형태로 나타난다. 꿈은 욕망이 무의식 속에서 시작되고 전개되는 장소다.

체면과 체통이라는 이유로 억제되었던 사대부들의 욕망이 양소유라는 인물을 통해 드러난다. "이것이 나의 욕망이다"라고 직접적으로 말하지 못하기 때문에, 욕망은 은밀한 꿈의 형태로, 무책임하게 마음껏 욕망을 발산할 수 있는 비현실적 공간에서 나타난다. 이러한 욕망은 이미 사회에서 특정 계층이 가지고 있던 욕망을 반영하며, 개인의 욕망을 자극하는 순환적인 형태를 가진다. 개인의 욕망은 다시 새로운 맥락에서 표현되고, 사회적 욕망을 더 강하게 만드는 방향으로 나아간다.

04
욕망은 인간의 삶 그 자체이다

'욕망'이라는 단어는 보통 부정적인 느낌을 준다. 하지만 인간은 욕망 없이는 살 수 없다. 욕망이 다른 사람의 것이라면, 욕망은 이미 사람들의 모임인 사회를 반영하고 있다. 사회화된 인간이라면 누구도 욕망의 사슬에서 완전히 벗어날 수 없음을 의미한다. 어떤 의미에서 인간과 욕망은 동전의 양면과도 같은 것이다.

일상적인 수준에서 생각해 보아도 결핍이 있는 곳에는 언제나 욕망이 있다는 사실을 알 수 있다. 모든 인간은 어떤 형태로든 결핍을 가지고 있으며, 이러한 결핍에서 비롯된 욕망의 영향을 피할 수 없다. 자신이 욕망을 가지고 있지만 그 욕망이 도달할 수 없는 불가능한 것이라는 사실을 깨닫게 되는 순간 주체는 또 다른 주체를 통해 욕망을 충족시키고자 시도한다.

> 내 이미 인간 세상에 환도하게 되었으니 이곳에 와도 분명 정신만 왔을 것이라. 육신은 틀림없이 연화봉에서 화장하는 도다[13]

위 구절은 양소유로 환생한 성진이 자신이 또 다른 욕망의 주체로 태어났다는 것을 알고 있음을 암시한다. 욕망의 충족을 위해 또 다른 상상계

---
13 김만중, 송성욱 옮김, 「구운몽」, 민음사, 2009

를 구상해 낸 성진은 꿈속에서 그 욕망을 향해 나간다(김현생, 2014).[14]

양소유는 아버지의 부재 속에서 성장하게 되는데, 이는 어머니에 대한 집착과 애정결핍으로 이어졌을 것이다. 따라서 여덟 명의 여인과 얽히게 되는 서사는 양소유의 내면에 존재하는 결핍을 채우기 위한 자연스러운 과정으로 독해할 수 있다. 양소유는 성진의 욕망을 따라 아름다운 여성들에게 끌린다. 양소유와 함께 이 땅에 환생한 여덟 명의 선녀 중 가장 먼저 만난 여인은 진채봉이다.

> 구름 같은 머리가 귀밑까지 드리웠고 옥비녀는 반쯤 기울어졌으며 아직 봄잠이 부족해하는 모습이 하도 천연스럽게 아름다워 이루 말로 형용할 수 없고 비슷하게 조차 그릴 수 없었다[15]

위의 표현은 진채봉에 대한 상당히 세밀한 묘사를 보여준다. 성진에게는 욕망할 수 없는 여인들이었지만, 양소유는 그들에 대해 자신의 욕망을 충실히 따른다. 여기서 양소유는 성진의 욕망을 대리하는 존재이다.

결국 양소유는 성진의 좌절된 욕망을 이루게 된다. 그의 아내로는 영양공주 정경패, 난양공주 이소화, 첩으로는 진채봉, 계월섬, 가춘운, 적경홍, 심요연, 백능파 인데, 이들은 모두 각기 다른 매력을 가진 미녀들이다. 오늘날의 시각에서 보면, 이는 가부장적인 구조 속에서 여성을 착취하는 남성의 이야기로 보일 수 있다. 그러나 이 이야기를 조금 더 깊이 생각해 보자. 개인의 욕망이 사회적으로 구성된 것이라면, 양소유는 자신의 욕망을

---

14 김현생(2014), 「김만중의 『구운몽』과 라캉의 욕망이론」, 영미어문학 113호.
15 김만중, 송성욱 옮김, 「구운몽」, 민음사, 2009

선택할 수 없다. 자기 자신의 욕망이라고 생각하는 것조차도 사회가 만든 것일 뿐이다. 이런 생각은 양소유의 욕망을 정당화하려는 것이 아니라, 욕망의 본질을 탐구하기 위한 것이다.

양소유의 꿈을 현대 자본주의 사회에서의 꿈으로 해석해 보면, 그가 2처 6첩을 거느린 것은 마치 IT기업의 CEO가 막대한 부를 축적하고, 부동산, 주식, 채권, 금, 비트코인 등 다양한 형태의 자산을 보유한 모습과 비슷하다. 이 CEO는 여러 회사의 이사회 멤버로 활동하며, 글로벌 시장에서 영향력을 행사하고, 첨단 기술을 활용한 스타트업을 성공적으로 운영하며 수많은 특허를 보유하고 있다. 또한, 그는 명문 대학의 후원자이자 문화 예술계의 주요 스폰서로서 사회적 지위와 권력을 누리고 있다.

이러한 현대 CEO의 모습은 단순히 자산을 보유한 것 이상의 의미를 가진다. 이 CEO는 기업가정신Entrepreneurship[16]과 혁신을 통해 새로운 가치를 창출하고, 이를 통해 사회 전반에 걸쳐 큰 영향을 미치는 인물이다. 그는 기존의 경계를 넘어 새로운 시장을 개척하며, 기술 혁신을 통해 산업의 패러다임을 변화시키고 있다. 이러한 활동은 현대 자본주의 사회에서 가장 높은 형태의 창조적 파괴를 상징한다. 그는 새로운 아이디어를 실현하기 위해 리스크를 감수하고, 실패를 두려워하지 않으며, 지속적으로 혁신을 추구하는 인물이다.

여덟 명의 여인은 욕망의 이상적인 여덟 가지 측면을 상징하는 것일 뿐, 반드시 여덟 명의 여인을 의미하는 것은 아니다. 구운몽 속의 여덟 명의

---

16 기업가 정신(entrepreneurship)이라는 용어는 '시도하다', '모험하다'라는 뜻을 가진 프랑스어 '앙트러프랑(entreprendre)'에서 유래되었으며, 새로운 가치를 창출하기 위해 혁신, 창의성, 도전 정신을 바탕으로 기회를 찾아내고, 이를 실행해 문제를 해결하며 성장을 추구하는 태도와 행동을 일컫는다.

여인이 가진 기질과 지위, 능력이 각각 다르다는 점에서 현실의 다양한 자산과 기회들이 주는 상상력의 한계와도 연관된다. 예를 들어, 진채봉은 예술적 창의성을, 계월섬은 경제적 안정을, 가춘운은 기술 혁신을, 적경홍은 사회적 명성을, 심요연은 지식과 학문을, 백능파는 인적 네트워크를 상징할 수 있다. 이러한 자산들은 현대 CEO가 자신의 기업가정신을 통해 창출한 다양한 혁신적 성과들을 반영한다.

현실에서는 다양한 자산을 통해 자신이 원하는 삶의 여러 측면을 충족시키려는 사람들의 욕망이 반영된 것이다. 이러한 자산들은 각각의 특성과 장점을 가지고 있어, 투자자가 자신의 욕망을 충족시키기 위해 선택하는 다양한 방식들을 보여준다. 이는 곧 현대 자본주의 사회에서 기업가정신이 어떻게 사람들의 삶에 영향을 미치고, 그들이 꿈꾸는 이상을 실현하게 하는지를 보여주는 중요한 예시가 된다.

여덟 명으로 나누어진 여성들과는 달리, 남성인 양소유는 단 하나의 이상적인 요소를 구비한 존재로서 이 욕망이 철저히 양소유 자신만을 욕망의 주체로 만든다는 사실을 알 수 있다. 인간의 삶이 욕망의 연속이라는 점에서 성진의 꿈인 양소유의 삶은 욕망에 매몰되어 앞으로 나아갈 수밖에 없다. 만일 인간의 삶이 욕망에서 벗어날 수 없다면, 우리가 고민해야 할 것은 욕망으로부터의 탈출이 아니라 욕망의 방향일 것이다.

05
욕망과 결핍

　많은 사람들이 소셜 미디어에서 다른 사람들의 화려한 삶이나 성공적인 모습을 보며 자신과 비교한다. 이 과정에서 자신의 삶에 대한 결핍감을 느끼고, 더 많은 '좋아요', '팔로워', '인정'을 얻기 위해 더 많은 시간을 소셜 미디어에 할애하게 된다. 그러나 이 '인정'을 얻은 후에도 여전히 만족하지 못하고, 더 큰 목표를 추구하거나 새로운 콘텐츠를 만들기 위해 다시 노력한다. 이러한 순환은 마치 꿈속에서 또 다른 꿈을 꾸는 것처럼, 끊임없이 더 나은 것을 추구하지만 결코 완전한 만족을 얻지 못하는 상태를 상징한다. 이처럼 소셜 미디어는 현대 사회에서 욕망과 결핍이 어떻게 상호작용하며 사람들을 끊임없이 새로운 목표로 내모는지를 보여준다.

　정치 세계에 발을 디딘 양소유는 왕과의 관계를 통해 끊임없는 결핍을 경험한다. 왕과의 관계는 일종의 아버지와의 관계가 심리적으로 투사된 모습이라고 볼 수 있다. 이러한 내용은 소설가 김만중이 현실 정치에서 유배 생활을 했던 경험이 반영된 것으로 보인다. 김만중은 치열한 당쟁 속에서 강직한 성품으로 인해 세 번이나 유배를 당했으며, 그의 작품에는 권력과 탄압, 중앙과 주변부의 대립이 강하게 드러난다.

　이러한 의식은 구운몽에 고스란히 반영되어 결핍은 성진의 꿈속에 등장하는 양소유가 또 다른 꿈을 꾸게 만든다. 꿈속에서 꿈을 꾸는 이중 구조 속에서 양소유는 남해 태자를 물리치고 용왕의 딸인 백능파와 사랑을 나누며 극진한 환대를 받는다. 이 꿈은 혼례 문제로 인한 스트레스를 해소하는 과정이다. 꿈속의 삶에서도 결핍이 존재하기 때문에 또 다른 꿈을 꾸어야 한다는 사실은 매우 흥미롭고 역설적이다.

06
인간은 욕구가 아닌 욕망에 의해 살아간다

　타인의 욕망이 아니라 자신의 욕망을 욕망하라. 이것이 주체적인 인간으로서의 첫 번째 원칙이다. 인간은 단순히 욕구에 따라 사는 존재가 아니다. 인간은 욕망에 의해 움직이며, 그 욕망은 단순히 생리적 필요를 넘어선다. 매슬로우의 욕구 5단계[17]가 있다. 욕구는 이루고나면 끝인 것이다. 하지만 욕망은 계속해서 나를 앞으로 나아가게 하는 것이다. 가스통 바슐라르Gaston Bachelard[18]가 말했듯이, "인간은 욕망의 창조물이지 결코 욕구의 창조물이 아니다." 욕망은 꿈의 범주에 속하며, 욕구는 현실의 범주에 머문다. 일반적으로 욕구는 생물학적 필요와 관련된 것으로, 욕망은 생존을 넘어서는 더 높은 차원의 요구를 의미한다. 하지만 이 구분조차도 욕망의 본질을 완전히 설명해 주지는 못한다. 인간은 욕구가 충족되었다고 해서 만족하는 존재가 아니다.

17　미국의 심리학자인 에이브러햄 매슬로우(Abraham Harold Maslow)가 주장한 이론으로, 인간의 욕구가 생리적 욕구에서 시작하여 안전, 소속감과 사랑, 존중, 그리고 자아실현의 순서로 발전한다는 이론이다. '자아실현'이 최상위 5단계의 가장 중요한 가치로 소개된 이후, '자아실현'이라는 개념이 널리 알려지게 되었다.

18　프랑스의 철학자.

> 배를 만들고 싶다면,
> 사람들에게 나무를 모으고 일을 분담하게 시키는 대신
> 사람들이 넓고 끝없는 바다를 동경하게 하라[19]

바슐라르에 따르면, 선사 시대의 인간이 항해를 시작한 것은 단순히 유용해서가 아니다. 현실의 필요를 넘어 거대한 바다로 나아가는 위험을 감수하게 한 것은 강력한 흥미, 즉 꿈꾸는 상상력이었다. 인간은 상상의 공간에서 욕망을 표출함으로써 추동력을 얻고 살아갈 수 있다. 이 욕망은 반복되는 결핍 속에서 끊임없이 변화하고 전이되지만, 그런데도 욕망을 멈출 수는 없다.

이러한 점에서 구운몽은 단순히 삶의 허무를 노래하는 작품이 아니다. 이 작품은 욕망의 추동력을 통해 인간이 삶을 살아가는 근원을 탐색한다. 인간은 욕망하고 상상함으로써만 살아갈 수 있는 존재이다.

현대 사회에서 '포노 사피엔스Phono sapiens'의 등장은 인간의 상상력을 제약하고 획일화하고 있다. 포노 사피엔스는 스마트폰 환경에서 자란 새로운 인류로, 디지털 문화에 익숙한 사고방식을 가지고 있다. 오늘날 우리는 언제 어디서나 대중매체에 접속할 수 있지만, 이는 오히려 인간의 상상력을 억압하고 욕망을 기계적으로 획일화한다. 아무리 욕망이 사회적 성격을 가진다고 해도, 그것이 진정한 개인의 욕망으로 전환되기 위해서는 언어와 사회적 관계를 통해 끊임없이 되새겨져야 한다.

---

19 앙투안 드 생텍쥐페리(Antoine de Saint-Exupéry)의 명언 중 한 글귀, 프랑스 작가이자 공군장교이며 「어린왕자」의 작가로 세계적으로 알려진 인물이다.

마르쿠제Herbert Marcuse[20]가 지적한 것처럼, 사람들은 자기반성의 능력을 잃어버리고, 대중매체에서 전문가들이 내놓은 의견에 마치 스스로 생각하는 말하는 것처럼 행동한다.[21] 텔레비전, 라디오, 신문, 유튜브 등의 미디어에서 사용되는 표현을 통해 사랑, 증오, 감정 등을 나타내는데 이 과정에서 사람들은 더 이상 상상하지 않는다. 주어진 틀 안에서만 욕망하기 때문에, 이 욕망은 다른 것으로 전환되지 않고, 결국 닫힌 세계 안에서 획일화된다.

욕망이 사회적 성격을 가지며 타인의 욕망에서 출발한다는 것은 단지 욕망의 근원을 설명하는데 그친다. 결핍은 타인과의 비교를 통해 드러나지만, 그렇다고 해서 이는 모든 인간이 같은 것을 욕망한다는 의미는 아니다. 라캉의 욕망이론에 따르면 인간은 스스로 욕망할 수 없고 타인의 욕망을 매개로 욕망한다고 주장한다. 하지만 그렇다고 해서 개인의 고유한 특성이 사라지는 것은 아니다. 양소유는 양소유로서 독특한 욕망을 지니고 있다. 끊임없는 결핍은 그에게 다른 것을 욕망하게 만들고, 이러한 욕망을 통해 새로운 것을 이루게 된다.

양소유는 단순히 2처 6첩을 거느리고 부유하게 사는 것만을 욕망하지 않는다. 그는 사회적 지위와 권력을 욕망한다. 중요한 것은 이 욕망을 건전하게 매개하는 것이다. 양소유의 입신양명이라는 개인적 욕망은 왕에 대한 충절과 국가를 위해 싸우는 것으로 나타나며, 이는 결국 다수의 행복으로 이어진다. 욕망은 단순히 자기 자신만을 위한 것이 아니라, 자신이 가진 결핍을 해소하기 위한 끊임없는 도전의 과정이다. 반면, 상상력이 제약되고 기계적으로 획일화된 욕망에 집착하는 것은 오히려 욕망의

---

20 1898~1979. 독일계 미국인으로 철학자이자 정치학자이며 사회학자이다.
21 헤르베르트 마르쿠제(Herbert Marcuse) 지음, 박병진 옮김, 「일차원적인간」, 한마음사, 2009

주체 역할을 포기하는 행위이다. 양소유는 성진의 대리인으로서 자신의 욕망을 분명하게 성취했다는 점을 우리는 기억해야 한다.

07
욕망을 학습하는 현대인

톨스토이Lev Nikolayevich Tolstoy[22]는 그의 명작 『사람은 무엇으로 사는가』에서 '사람은 사랑으로 산다'[23]는 메세지를 따뜻한 시선으로 전한다. 이 주장은 현대인들에게는 다소 식상하고 고리타분하게 들릴 수 있다. 하버드 대학의 성인생애발달연구소Harvard Study of Adult Development[24]가 1938년부터 724명의 남성을 대상으로 진행한 연구 결과, 사람을 행복하게 만드는 것은 돈이나 명예가 아니라 '좋은 인간관계'라는 결론이 나왔다. 만족스러운 관계를 맺고 있는 사람일수록 더 행복하고 건강하게 삶을 영위한다는 것이다.

한국보건사회연구원의 2019년 보고서 '한국인의 행복과 삶의 질에 관한 종합연구'[25]에서도, 우리나라 사람들이 꼽은 가장 중요한 행복의 조건은 '좋은 배우자와 행복한 가정을 이루는 것'(31%)이었고, 그 뒤를 '건강하게 사는 것'(26.3%)과 '돈과 명성을 얻는 것'(12.7%)이 이었다. 이는 결국 좋은 사람들과 함께하는 행복한 삶이 행복의 핵심 조건이라는 것을 보여준다. 하지만 통계는 현재를 반영하기보다는 "이렇게 되어야 할 것 같

---

22 1828~1910. 러시아 소설가이자 사상가.
23 레프 톨스토이 지음, 이순영 옮김, 「사람은 무엇으로 사는가」, 문예출판사, 2015
24 하버드 로스쿨 성인발달 연구는 1938년부터 하버드 로스쿨 교수 아르노 스카이버에 의해 시작되어 현재까지 진행 중인 세계에서 가장 오래된 성인 발달 연구로, 724명의 삶을 추적하며 건강, 가족, 직장 등 다양한 요인을 분석했고 현재는 후손이 뒤를 이으면서 1300여 명이 연구대상자로 참여하고 있다.
25 정해식 외, 「한국인의 행복과 삶의 질에 관한 종합 연구」, 한국보건사회연구원, 2019

다"는 미래지향적인 선택을 나타내기 때문에, 사람들이 실제로 그렇게 생각한다고 단정하기는 어렵다.

　삶의 질을 나타내는 주요 지표로 흔히 언급되는 '출산율'과 '자살률'을 보면, 한국은 OECD 국가 중에서도 가장 나쁜 수준을 보여주는 '불행한 국가'임에 분명하다. 그렇다면 이런 불행의 원인은 설문조사에서 나타난 '좋은 배우자와 행복한 가정'을 이루는 행복의 조건이 좌절되었기 때문일까? 이 질문에 대한 답은 그리 간단하지 않다. '행복'이란 매우 주관적인 감정으로, 여러 요인에 의해 달라지기 때문이다. 한때 행복한 나라로 손꼽히던 부탄은 최근 스마트폰의 보급 이후 국제 조사에서 하위권을 기록하고 있다. 인도와 중국 사이에 끼여 히말라야에 은둔해 있던 이 작은 왕국의 국민 중 93%가 이전에는 행복하다고 답했지만, 정보화의 물결 속에서 다른 나라 사람들과 자신을 비교하게 되면서 그들은 행복에 대한 욕망을 배우게 되었다. 이것은 마치 성진이 타인과의 만남을 통해 날것의 욕망을 배우게 된 것과 같다.

　마르쿠제의 지적처럼, 현대인들은 욕망의 학습기계처럼 타인의 말과 생각을 복사하며, 그 가장 강력한 학습 도구가 바로 영화와 드라마라고 생각한다. 영화 속 세계는 현대인의 욕망, 그 날것을 가장 잘 보여준다. 영화는 현실의 욕망을 반영하면서도, 현실이 아니라는 점에서 꿈과 같다. 현대인들은 영화의 주인공과 동화되어, 꿈속 세계에서 2시간여 동안 현실에서 벗어나는 '일탈적 체험escape experience'을 하게 된다. 영화 속에서 마음껏 욕망하고 꿈꾸어도 그것이 현실이 아니기 때문에 죄책감을 느낄 필요가 없다. 또한 돈을 지불하고 손쉽게 자신의 선택에 따라 카타르시스를 느낄 수 있기 때문에, 영화는 가장 합리적이고 합법적인 값싼 마약이라고 할 수 있다. 영화는 자본주의 사회의 예술이며, 올더스 헉슬리Aldous

Huxley의 멋진 신세계에서 등장하는 소마^{soma}[26]와도 같다.

---

26 소마는 소설 속 세계관에서 사회 통제를 목적으로 불쾌한 감정을 없애고 인위적인 행복을 제공하는 부작용 없는 환각성 약물.

08
인간은 무엇으로 사는가?

　2024년 현재의 대한민국 사회에서 욕망을 가장 잘 보여주는 여러 작품이 있지만, 그중에서도 엄태화 감독의 『콘크리트 유토피아』는 욕망과 꿈의 경계를 아슬아슬하게 탐구하는 훌륭한 작품이다. 이 영화는 김숭늉 작가의 '유쾌한 왕따' 2부를 각색한 재난 영화로, 대지진으로 폐허가 된 서울을 배경으로 인간의 욕망과 이기심, 폭력성을 여과 없이 드러낸다. 영화는 폐허가 된 서울에서 유일하게 무너지지 않은 아파트, '황궁 아파트'를 중심으로 이야기가 전개된다. 아파트 이름으로 미루어 보아 오래된 건물임을 알 수 있고, 영화 속 등장인물의 대사 "드림팰리스 사람들이 그동안 우리를 얼마나 무시했어요"에서 이 아파트의 이전 사회적 위치를 짐작할 수 있다. 그러나 재난 상황에서 유일하게 남은 황궁 아파트는 그 위상이 바뀐다. 아무 변화 없이 그 자리에 서 있을 뿐이지만, 생존자들에게는 황궁 아파트가 곧 '멋진 신세계'가 된다. 아파트 거주자들은 그곳에 살고 있다는 이유만으로 이 세계를 마음껏 누릴 권리를 가지며, 외부인들은 지위, 성별, 나이, 권력과 관계없이 아파트 밖으로 쫓겨난다.

　입주자 대표 '영탁'은 본래 평범한 사회적 위치에 있었지만, 재난 상황에서는 무소불위의 권력을 얻는다. 그와 함께 황궁 아파트의 질서를 유지하는 부녀회장 '금애'는 아파트를 위해서라면 무엇이든 할 수 있는 인물이다. 영화의 제목이 암시하듯, 황궁 아파트는 처음에는 안락한 피난처처럼 보이지만, 곧바로 추락하기 시작한다. 아파트 입주민들 사이에서 분열이 일어나고, 생존을 위해 아파트 밖의 세계를 탐색하며 다른 사람들의 자원을 약탈한다. 이 공간은 연대와 공생이 아닌, 자신의 가족과 아파트를 지키기 위한 욕망만이 유일한 정의로 간주하는 곳이 된다. 이 욕망을 지키기 위해 폭력과 살인도 서슴지 않는다.

영화는 6.25 전쟁 이후 한국 사회가 근대화를 이루어가는 과정에서 아파트가 상징하는 욕망의 본질을 상징적으로 드러낸다. 오프닝 시퀀스에서 흑백 화면으로 시작하여 아파트가 삶의 문제를 해결해 줄 수 있다는 뉴스 해설이 이어지는 장면은 한국 사회의 욕망 정점이 어디에 있는지를 비판적으로 보여준다. 이 욕망은 수직적이고, 경쟁적이며, 이기적이다. 폐허가 된 서울 한가운데 수직으로 솟아 있는 아파트는 문자 그대로 욕망을 상징한다. 이 욕망은 사회적 담론으로 매개되고 대중에 의해 정당화되며, 그 출처와 정당성은 의심받지 않은 채 사람들 사이에 퍼져나간다. 재난 상황에서도 사람들은 자신의 아파트를 지키기 위해 폭력과 살인을 저지르며, 그 과정에서 죄책감도 느끼지 않는다. 영화는 이러한 모습을 마치 현실보다 과장된 동화처럼 그려내지만, 실제 현실은 더 잔혹하다. 사람들은 '똘똘한 한 채'를 위해 경쟁 속에 자신을 내던지며, 학습된 욕망만을 반복하며 더 높은 곳으로 올라가려 한다.

이와 비슷한 주제를 다루는 작품으로는 넷플릭스 오리지널 시리즈인 『오징어 게임』과 『더 에이트 쇼』가 있다. 돈을 위해 게임에 참여한 참가자들은 직업에 상관없이 오직 주어질 '자본'을 위해 잔혹한 게임을 계속한다. 생명의 가치는 자본으로 환산되고, 더 많은 참가자가 탈락할수록 승자가 얻는 자본의 양은 증가한다. 마치 실험실 속 파블로프의 개가 종소리를 듣고 자동반사적으로 침을 흘리듯, 인간은 눈앞에 쌓여가는 자본 앞에서 마비된다. 단지 숫자일 뿐이지만, 사람들은 꿈과 상상력을 잃어버리고 숫자에 압도당한다. 다른 목표나 목적을 꿈꿀 여지없이, 그저 눈앞에 보이는 자본을 향해 무섭게 달려들 뿐이다. 영화는 이러한 현실의 잔혹성을 비현실적인 영화의 세계를 통해 더욱 현실적으로 그려낸다. 성진에게 타인의 욕망이 주어졌을 때, 그는 다른 것을 바라볼 수 없었을 것이다. 그에게는 오로지 그 욕망을 향해 달려가는 것 외에 선택지가 없었다. 왜냐하면 그는 욕망의 주체가 아닌, 타인의 욕망을 학습한 것에 불과했고, 다른 꿈을 꾸는 것은 허락되지 않았기 때문이다.

09
성진의 상상은 양소유의 현실이 된다

상상력이 제압당해 있다는 것은 꿈꾸기를 포기한다는 의미이다. 성진이 욕망하기 시작했을 때, 그 욕망의 내용은 양소유의 현실이 된다. 꿈속의 양소유가 또 다른 꿈을 꾸기 시작할 때 그 꿈이 성진의 현실이 된다. 따라서 상상력은 꿈을 현실로 매개하는 거의 유일한 수단이라고 할 수 있다. 벤 스틸러Ben Siller가 감독과 주연을 맡은 『월터의 상상은 현실이 된다』는 상상력이 제압된 채 무기력한 일상을 살아가는 사람들에게 상상력의 중요성을 다시 일깨운다.

'특별한 일 없음, 해본 것 없음, 가본 곳 없음'이 디폴트 값인 평범한 주인공 월터는 사라진 사진작가인 숀 오코넬이 찍은 표지 사진으로 인해 여행을 떠나게 된다. 월터가 상상하면서 멍하게 있는 태도는 현실로부터 도피하기 위한 수단이었지만, 영화가 진행되면서 월터의 상상은 단절된 세계에서 벗어나 현실에 상상이 개입하기 시작한다. 상상은 도피의 창구가 아닌 현실을 살아가는 원동력이 된다. 기나긴 여행을 마치고 집으로 되돌아온 월터는 16년 동안 무기력하게 라이프지에서 멍하게 일하던 모습이 아니다. 이제 성숙한 모습으로 현실을 마주하고 짝사랑하던 여인인 셰릴에게도 데이트를 청하게 된다. 이 영화는 마지막에 이르러 월터가 찾아 헤맨 25번째 사진의 정체는 월터가 라이프지 회사 건물 앞에서 필름을 검수하는 모습이 담긴 장면이었다. '삶의 정수The Quintessence of life [27]'라는 표현은 삶의 본질이 현실을 떠나 실재하지 않는 아름다움을 찾는 것이 아니라 지금까지 소소하게 살아온 현실이었음을 상기한다.

이러한 삶과 욕망의 순환론은 구운몽에서도 중심 주제로 나타난다. 성진의 꿈속의 양소유는 스스로 성진인 줄 모른다. 하지만 자기 자신의 현실에 만족하지 않고 또 다른 꿈을 꾸기 시작한다. 양소유는 승상의 자리에 올라 성진이 욕망했던 입신양명과 부귀영화를 누리는 삶을 성취하지만, 그러한 현실에 만족하지 않고 결핍을 드러낸다. 양소유는 꿈속에서 또 다른 꿈을 꾸면서 욕망하는데, 이 욕망은 바로 꿈 밖의 세계에 존재하는 성진이 본래 걸었던 불자(佛子)로서의 삶이었다.

> 북쪽을 바라보니 평평한 들과 무너진 언덕의 시들은 풀에 석양이 비추는 곳은 진시황의 아방궁이요, 서쪽을 바라보니 슬픈 바람이 차가운 수풀에 불고 저무는 구름이 빈, 산을 덮은 곳은 한무제의 무릉이요, 동쪽을 바라보니 분칠한 성이 청산을 둘렀고 붉고 엷은 안개가 공중에 숨었고 명월이 오락가락하는데 난간을 의지할 사람이 없으니 이는 현종 황제께서 태진비와 같이 노시던 화청궁이라. 이 세 임금은 천고의 영웅이라. 사해를 집으로 삼고 억조창생을 신하로 삼아 호화부귀가 백 년을 짧게 여기더니 이제 다 어디 있나뇨?... 우리 백 년 후, 높은 누대가 무너지고 연못이 메워지고 가무하던 땅이 변하여 거친 산과 시든 풀이 되었을 때, 나무꾼과 목동들이 오르내리며 탄식하여 말하되, '이 곳이 양 승상이 여러 남자들과 함께 놀던 곳이라. 승상의 부귀 풍류와 여러 낭자의 옥 같은 용모, 꽃다운 태도는 이제 어디 갔나요? 할 것이니 **어찌 인생이 덧없지 않으리오?** [28]

---

[27] 정수(精髓)는 사물의 중심을 이루고 있는 가장 뛰어나고 중요한 것으로 해석된다. 영어로는 essence라는 단어로 표현되는데, 특별히 '삶의 정수'를 표현할 때에는 essence 대신 quintessence를 사용한다. quint는 라틴어로 다섯을 의미하며, 여기에 essence가 합쳐지면 고대 철학에서 fire(불), air(공기), water(물), earth(흙) 다음의 제 5원소를 의미한다. 즉, 모든 물질의 근본이 되는 물질을 의미한다.

[28] 김만중 지음, 송성욱 옮김, 『구운몽』, 민음사, 2003

현실적 욕망과 이상은 정말 이렇게 무의미한 것일까? 그것은 집착을 버리고 초월해야만 하는 헛된 것일까? 이 의문에 대한 작품의 대답은 단순하지 않다. 욕망은 헛된 꿈처럼 보일지언정, 결코 한낱 꿈이라고만 할 수 없는 무엇이다. 과정이 있었기에 새로운 성진이 탄생할 수 있었던 것이다.

성진은 양소유의 현실을 욕망하고, 양소유는 성진의 현실을 욕망한다. 이처럼 순환적으로 얽힌 욕망의 거미줄은 복잡하면서도 흥미롭다. 양소유는 인생의 모든 것을 누린 후, 자신의 궁극적인 욕망이 "나지도 죽지도 않는 도(道)를 얻는" 것이라고 말한다. 여기서 주목할 점은 성진의 욕망이 양소유의 현실의 끝에 도달했을 때, 비로소 양소유가 자신의 욕망의 주체가 되어 성진의 현실을 욕망하기 시작했다는 것이다. 성진과 양소유를 둘이자 하나로 설정하여, 초월계에서 꾸는 세속의 꿈과 세속에서 꾸는 세속의 꿈, 그리고 세속에서 꾸는 초월의 꿈을 결합시킨 것, 여기에 『구운몽』의 독창성이 있다.

이러한 구도를 통해 『구운몽』은 인생에 대한 본질적인 철학적 질문을 던지는 걸작으로 자리 잡았다. 꿈과 환상을 마음껏 펼쳐 내면서도 이를 통해 현실을 돌아보게 하고, 현실을 그려 나가면서도 언제나 본원적 꿈과 이상을 향해 열려 있게 하는 작품이 바로 『구운몽』이다. 현실과 환상 사이의 문학적, 철학적 긴장은 작품을 생생히 살아 숨쉬게 한다.

욕망의 전개 과정에서 인간은 욕망이 스스로를 충족시킬 수 없다는 결핍을 마주하게 되고, 이를 통해 다시 욕망의 주체로 자리 잡는다. 따라서 『구운몽』의 주제는 단순히 세상의 덧없음을 회의적으로 바라보는 것이 아니라, 욕망의 주체로서 스스로를 정립하는 데 있다. 스스로 욕망의 주체가 된다는 것은 한 인간으로서, 그리고 어른으로서 살아간다는 것을 의미한다.

이처럼 문학의 상상력을 마음껏 즐기면서도, 어느새 인생의 진정한 가치를 깊이 성찰하게 만드는 작품은 읽으면 읽을수록 새로운 재미와 의미를 발견하게 한다.

> 인간 세상에 환생하여 양 씨집의 아들이 되어 장원 급제 한림 학사를 하고 출장입상하여 공을 이루고 벼슬에서 물러나 두 공주와 여섯 남자와 같이 즐기던 것이 **다 하룻밤 꿈이라**..[29]

성진은 꿈속에서 양소유가 되어 2처 6첩을 거느리며 부귀영화를 누렸지만, 결국 꿈에 불과했다는 점은 핵심이 아니다. 중요한 점은 꿈이었느냐 아니냐가 아니라, 그 꿈에서 무엇을 경험하고 깨달았느냐. 꿈은 무의미한 환상이 아니라, 욕망을 통해 깨닫고 성장하는 과정이며, 욕망이 인간을 현실로 이끄는 중요한 동력임을 보여준다. 따라서 구운몽은 인생무상이나 인생의 덧없음을 이야기하는 것이 아니라, 인간 존재의 진정성을 찾아가는 여정을 그린 작품이라 할 수 있다.

인생에서 한 번쯤은 꿈꾸는 삶을 살아야 한다. 인생이 내 마음 같이 흐르지 않을 때는 꿈꾸는 인생을 강렬하게 상상이라도 해봐야 한다. 꿈속에서라도 꿈꾸는 인생을 멋지게 살아본다. 그렇게 계속해서 꿈을 꾸다 보면 현실이 된다.

현대의 예로, 일론 머스크가 이끄는 스페이스X의 혁신적인 도전이 이를 잘 보여준다. 스페이스X는 화성 탐사용으로 개발한 초대형 발사체 스타십Starship을 발사 후 '젓가락 로봇팔'을 이용해 로켓을 성공적으로 제어하

---

[29] 김만중 지음, 송성욱 옮김, 『구운몽』, 민음사, 2003

여 회수하는 실험에 성공했다. 이 기술은 로켓을 정밀하게 재활용하여 우주여행의 가능성을 현실로 만드는 중요한 발걸음이 되었다. 처음에는 상상에 불과했던 이 기술이 현실이 되는 과정은 상상력이 어떻게 꿈을 실현하는지 잘 보여준다. 꿈이 현실로 이어질 수 있다는 믿음과 상상력을 통해 우리는 끊임없이 새로운 가능성을 만들어갈 수 있다.

10
욕망을 박탈당한 삶

　양소유는 욕망의 주체가 되었기 때문에 욕망을 성취할 수 있었고, 마지막에는 욕망에서 벗어나는 것도 가능했다. 만약 삶이 허무하고 무의미하다고 생각해서 스스로 욕망의 주체가 되기를 거부한다면, 그 욕망을 벗어나는 것도 불가능해진다. 즉, 최선을 다해 욕망한 사람만이 그 욕망을 초월할 수 있다는 것이다. 이것은 삶이 단순히 경험과 지식을 쌓는 과정이 아니라, 삶의 본질을 이해하고 탐구하는 과정임을 의미한다. 그렇기 때문에, 비록 이번 삶이 꿈과 같은 것일지라도 인간은 주어진 시간에 최선을 다해야 한다.

　사실 양소유의 삶은 특정 계층이 실현하고자 하는 욕망이 반영된 상징적 이미지에 불과하다. 양소유는 작품 속에서 아름다운 외모, 뛰어난 문예 능력, 시적인 재능과 탁월한 서체, 지식과 병법에 대한 이해, 무예, 음악적인 재능, 호기로운 기상까지 가진 거의 완벽한 인간으로 등장한다. 장원에 합격하기 위한 과정에서의 어려움과 고통은 생략되어 있으며, 권력 투쟁 없이 높은 자리에 오르고, 모함도 없이 승승장구한다. 양소유의 인생에는 이렇다 할 고난이 등장하지 않는다. 여러 여인과 마음껏 사랑을 나누고, 높은 벼슬과 재산, 명예를 누리며, 자연을 벗 삼아서 한가로운 노년의 삶을 즐긴다. 결말에 이르러 꿈에서 깨어난 성진의 입을 빌려 성진의 삶과 양소유의 삶 중에서 무엇이 꿈이고 무엇이 현실인지 알 수 없다고 하지만, 현실에서는 존재하지 않을 완벽한 이상향과 능력을 지닌 채 별다른 고난 없이 성공한 양소유의 삶을 보면, 어떤 것이 꿈인지 독자는 명확하게 알 수 있다. 양소유의 삶은 지나치게 이상적이고 비인간적이고 비현실적이다. 현실은 높은 지위에 오르기 위해서나 부를 지키기 위해 엄청난 위기와 고난을 극복하는 과정을 거쳐야 하는 게 더 현실적인데 말이다.[30]

유교 분위기의 당시 문화를 고려하면, 양소유가 여장을 하고 재상 집 딸인 정경패를 만나는 모습은 꿈속에서나 가능한 일이다. 현실에서 누군가 여장을 했다면, 엄격한 사회 기준에 의해 격렬한 비난을 받았을 것이다. 하지만 독자들은 양소유의 모습을 보며 자신들의 욕망을 대리 충족한다. 마치 드라마 속 주인공을 보며 우리가 대리 만족을 느끼는 것과 같다. 당대의 사대부들은 구운몽을 통해 마음껏 인생을 즐기면서도 입신양명이라는 이상적 욕망을 실현하는 꿈을 꾸게 된다.

한 사회에서 통용되는 이상적이고 지배적인 이데올로기를 보여준다는 점이나 거침없이 욕망을 드러낸다는 점에서, 양소유는 니코스 카잔차키스Nikos Kazantzakis의 『그리스인 조르바Zorba The Greek』[31]를 떠올리게 한다. 물론 양소유는 점잖은 사대부의 이상형이고, 조르바는 호쾌하고 자유분방한 인물이지만, 둘 다 자신의 욕망에 충실하다는 점에서는 유사하다. 양소유와 조르바 사이의 차이는 그들이 속한 사회와 문화 맥락이 다르기 때문일 뿐이다. 양소유와 조르바는 마음껏 욕망하며, 이를 실현한다.

오늘날 우리 시대는 욕망조차 억압된 시대라는 비극적 상황에 놓여 있다. 결핍은 여전히 존재하지만, 상상력은 제압당해 있다. 그리고 욕망의 내용과 방향이 검열당하는 것을 넘어, 욕망 그 자체가 억눌리고 있다는

---

30 나송주(2020), 「구운몽과 인생의 꿈의 세속적 욕망과 문화적 표상」, 동서비교문학저널 제54호.
31 노벨 문학상 후보에 두 번이나 오르며 그리스 문학을 세계적으로 알리는 데 큰 기여를 한 니코스 카잔차키스의 대표작으로 1946년에 출간된 장편소설. 호쾌하고 자유인 조르바가 펼치는 영혼의 투쟁을 풍부한 상상력으로 그려냈다.

점이 가장 큰 문제이다. 수저론에서 시작된 새로운 계급론은 청년들로 하여금 삼포세대, 오포세대를 넘어 칠포세대로 또 구포세대로 절망의 깊이를 더하게 한다. 연애, 결혼, 출산을 포기한다는 자조적인 의미에서 출발하여, 이제는 내 집 마련, 대인관계, 꿈, 희망, 외모, 건강까지 양소유가 격렬하게 욕망하고 누렸던 모든 것들을 포기하는 시대가 되었다. "이번 생은 망했다"는 '이생망'이라는 신조어의 유행과 함께, 일할 의지도 없고 고용과 훈련을 포기한 니트족NEET: Not in Education, Employment or Training, 아르바이트로만 생계를 유지하며 자신이 원할 때만 일을 하는 프리터족, 아이를 낳지 않는 딩크족DINK: Double Income No Kids 등 다양한 유형의 인간상이 나타나고 있다. 이 새로운 인간상은 공통으로 일정한 유형의 욕망이 없는 인간이다.

> 누구에게는 취업 걱정, 노후 걱정 없는 공무원의 삶일 수 있고, 다른 누군가에게는 포브스에 나오는 전 세계 몇 대 부자들처럼 돈을 많이 버는 것일 수 있습니다. 명예와 권세를 누려야 행복한 사람은 당연히 명예와 권세를 좇아야겠지요. **문제는, 자신이 정의한 것이 아닌, 남이 만들어 놓은 '목표'와 '꿈'을 무작정 따르고, 그래서 결국은 좌절하고 불행하게 되는 경우가 아닐까요? 절대 그러지 마세요. 그것은 여러분의 리듬, 여러분의 스웩이 아닙니다.**
>
> 사회에 나가면서 여러분이 깊은 고민 끝에 선택한 길이 무엇이든, 앞으로의 여정에는 무수한 부조리와 몰상식이 존재할 겁니다. 이런 부조리와 몰상식이 행복을 좇는 여러분의 노력에 악영향을 미친다면, 여러분은 어떻게 할 건가요?
>
> 분노의 화신' 방시혁처럼, 여러분도 분노하고, 맞서 싸우길 당부합니다. 그래야 문제가 해결됩니다. 그래야 이 사회가 변화합니다. 모든 것은 여러분 스스로에게 달려있음을 기억해주셨으면 합니다. 소소한 일상의 싸움꾼이 돼 보는 것도, 나쁘지 않을 겁니다.[32]

---

32 빅히트엔터테인먼트 대표 방시혁, 2019년 서울대학교 졸업식 축사 중에서

마음껏 욕망하고 꿈꾸는 것이 제한된 시대에서 사람들은 자신의 선택을 정당화하려 하지만, 이는 스스로 선택을 포기했다기보다 여러 한계로 인해 선택의 자유를 박탈당한 것에 더 가깝다. 현대 사회의 치열한 경쟁은 인간으로 하여금 꿈과 욕망을 포기하도록 몰아가고 있다. 만약 인간이 욕망하는 존재라는 명제에 동의한다면, 현대인들은 점점 인간으로서의 존립 근거를 잃어가고 있는 셈이다. 우리는 인간으로서 마땅히 마음껏 욕망하고 꿈을 꾸어야 한다.

11
욕망하며 꿈꾸는 삶

　모든 억압된 것으로부터의 탈주, 마땅히 그래야 한다는 특정한 사상으로부터 떠나 자유롭게 상상하고 욕망하는 것, 그것이 바로 철학자 니체Friedrich Nietzsche가 이야기하는 초인Übermensch이다. 초인은 다른 사람들의 가치관과 도덕적 기준에 따르지 않고 자유로운 기준을 스스로 찾아 설정한다. 자신의 삶에 대해 주체적으로 책임을 지며, 자신의 삶을 통해 세상을 변화시키고자 하는 인간상이다. 니체는 초인이야말로 새로운 종류의 인간이라고 생각했다. 욕망은 근절해야 할 부정적인 것이 아니라 인간의 삶을 지탱하는 자연스러운 것으로, 오히려 우리 삶의 중심적인 기반이 된다. 삶에 대한 무한한 긍정인 니체의 주장은 꿈과 욕망을 잃어버리고 살아가는 우리에게는 해독제와 같은 것이다.

　구운몽에 등장하는 욕망의 주체로서의 꿈꾸는 삶의 전형은 주인공인 양소유라고 여겨지지만, 사실은 이러한 기층 밑에 숨겨져 있는 여덟 사람의 욕망이 동시에 존재한다. 조선시대의 당대에는 욕망의 주체로 자신을 정립할 수 없었던 여성들은 다만 욕망의 대상이 될 뿐이었다. 하지만 구운몽 속에 등장하는 여성들은 자신의 욕망에 대해 솔직하고 진취적이다. 예컨대 적경홍의 경우에는 남성이 자신을 선택한다기보다는 자신이 남성을 선택한다는 가치관과 태도를 드러내고 있기 때문에 당대의 여성상과는 차이가 있다. 8명이나 되는 여인이 한 남성을 남편으로 두고 특별한 다툼이나 문제없이 지낸다는 묘사는 현실적이지는 않겠지만, 서로 다른 여덟 명이 충돌하지 않는 이유는 자기 욕망의 내용을 스스로 알고 있기 때문이라고 추측할 수 있다. 그 욕망이 결핍을 야기하지 않고 충족되는 한계 내에서 그들은 서로를 적대시하거나 충돌할 이유가 없다. 따라서 여덟 사람은 각자 사회의 압력과 그물망으로 작용하는 규범의 밖으로 탈주를 감행하고 자신만의 길을 찾아가고 있다. 그들은 각각의 욕망에 충실하며, 자기 욕망의 주체로서 마음껏 욕망하고 꿈꾸고 있는 셈이다.

물론 양소유를 스페인의 전설 속 인물이자 여성 편력가의 대명사인 돈 후안Don Juan[33]과 같은 인물이라고 비판하기도 한다. 여성 편력은 돈 후안을 떠올릴만큼 다채롭고 자유롭게 욕망을 충족시킨다(나송주, 2020)[34] 팔 선녀가 가부장적인 시선으로 수동적인 욕망의 대상에 머물렀다고 이야기하는 의견도 존재하지만, 이는 그 어떤 예술도 일정하게 시대적 한계를 반영한다는 측면에서 고려해야 할 사항으로 여겨진다. 양소유와 여덟 명의 여인은 각각 자기의 욕망과 꿈에 충실했던 인물들이라고 여기는 것이 적절하다.

마음껏 욕망하고 꿈꾸는 것조차도 사치의 영역으로 여겨지는 오늘날의 현실 속에서 구운몽은 날카로운 귓가의 울림과도 같다. 자기 욕망의 내용을 스스로 규정하고 그 욕망에 도달하기 위해 앞을 향해 묵묵히 섣어가는 것, 그리고 그 과정에서 일어나는 사회적인 압력이나 그물망에 아랑곳하지 않고 자기의 꿈을 실현하는 것이 이 시대의 초인으로 살아가는 방법이라고 할 수 있을 것이다. 마음껏 욕망하고 꿈꾸는 것이 자유로운 삶이다. 현실에 존재하지 않는 미래를 나타내는 것은 오로지 꿈과 욕망을 통해서만 가능하다. 꿈꾸기를 멈추거나 욕망하기를 멈춘다는 것은 '현재'에 유

---

33 17세기 스페인의 전설 속 인물이며 방탕아로 묘사된다.
34 나송주(2020). 『구운몽과 인생의 꿈의 세속적 욕망과 문화적 표상』. 동서비교문학저널 제54호.

배된 삶을 살아가는 것이나 다름없다. 미래를 개척하기 위해서는 마음껏 꿈꾸고 마음껏 욕망해야만 한다. 현재에 만족한다는 말이 실제로는 반쪽의 자유를 누리며 생존하는 것에 불과할 수 있다는 가능성을 이해해야 한다. 상상의 영역에서 조금은 더 자유롭게 욕망하는 것이 우리가 숨 쉬면서 살아가는 방법이다.

12
행복의 조건을 탐색하는 삶

꿈꾸기를 멈추지 말고 욕망하기를 멈추지 말라. 꿈꾸지 않는 자에게 '열망'은 낯선 단어이다. 획일화된 꿈을 꾸고, 모험과 도전을 하지 않는 이들에게 "가슴 벅차게 열망하는 것이 있냐"고 묻는 것은 어쩌면 어리석어 보일 수도 있다. 그러나 이루고자 하는 강력한 열망이 없다는 것은 '삶의 방향'을 잃어버린 것과 같기 때문에,[35] 꿈과 열망은 인간이 인간으로 존재할 수 있는 토대가 된다. '욕망'은 더 이상 부끄럽거나 숨겨야 할 것이 아니다. 오히려 숨겨져 있는 욕망이야말로 문제시된다. 단 한 번도 탐색하지 않은 미개척지는 미지의 영역으로 남게 된다. 미지의 영역이라는 것은 지각되지 않는다는 의미이고, 지각되지 않았다는 것은 지각하는 주체에게는 존재하지 않는 것이나 다름없다. 따라서 꿈꾸고 욕망하면서 행복의 조건을 탐색해야만 욕망의 내용과 의미가 선명하게 드러나게 된다. 욕망은 그 한계까지 이르러서야 그 밖을 보여준다. 양소유는 그 욕망의 끝에 이르러서야 한계를 자각하고 그 밖으로의 탈주를 실행한다. 욕망에 대한 긍정도 부정도 결국에는 욕망 속에 뛰어들어 살아난 사람만이 경험할 수 있는 것이다.

데카르트Rene Descartes의 유명한 명제인 '나는 생각한다. 고로 존재한다Cogito, ergo sum'는 인간의 특징을 '생각'에 두었지만, 스피노자Baruch Spinoza

---

[35] 이지현(2019). [이지현의 두글자 발견 : 열망] 욕망 갈망을 넘어 열망케 하라. 국민일보

는 자신의 저서인 『에티카』에서 "나는 욕망한다. 고로 존재한다"로 변주를 감행한다. 스피노자에 의하면 욕망 그 자체는 좋은 것도 나쁜 것도 아닌 그저 자연법칙에 따라 생겨난 것에 불과하다는 독특한 관점을 보여준다.[36] 욕망을 사악한 것으로 규정하여 억압하려고 하면 오히려 인간을 무기력한 존재로 만든다는 것이다. 욕망을 통해 인간은 창조적이고 능동적인 존재로 자기 스스로를 정립할 수 있다고 그는 말한다.

통상적인 의미에서 욕망은 쾌락을 즐기는 것으로 생각하지만, 욕망은 자기 능력을 발현하고 자신의 존재를 자유롭게 만드는 근원적인 능력이다. 자기 자신의 욕망을 알지 못하는 사람은 다른 욕망에 휩쓸려 다니는 수동적인 존재로만 살아갈 수밖에 없다. 판단력이 결여되고, 맹목적으로 다른 사람의 욕망에 기대어 살 수밖에 없는 존재로 단절과 실패만을 반복하게 되는 것이다.[37]

스스로를 만족시킬 수 없는 사람은 타인을 만족시킬 수 없으며, 창의적인 태도로 세상을 바꿀 수 없다. 인간은 현실에 존재하지 않는 것을 보면서 이를 통해 현실을 바꾸어나가는 능력을 갖추고 있다. 이것이 바로 상상력을 통한 창조성이다. 이 풍요로운 상상력 속에서 모든 예술과 철학이 탄생하고, 현실을 뛰어넘는 다양한 체험을 경험하게 되는 것이다.

물론 이 상상력은 양날의 검과 같다. 유발 하라리 Yuval Noah Harari는 자신의 저서 『사피엔스』에서 호모종 중에서 사피엔스 Sapiens가 경쟁우위에 설 수 있었던 능력은 협동하는 능력에 있고, 이 협동하는 능력의 핵심이 바

---

36 한동일 지음, 『라틴어수업』, 흐름출판, 2017
37 스피노자 지음, 강영계 옮김, 『에티카』, 서광사, 2007

로 보이지 않는 것을 상상하는 능력이라고 지적한다.[38] 이 상상에는 국가, 종교, 돈과 같은 것들이 대표적인데, 화폐의 경우에도 그것이 시장에서 통용될 것이라는 신뢰가 무너지면 무가치한 종이 쪼가리에 불과하다고 그는 주장한다.

유발 하라리의 말에 귀를 기울인 후에 욕망이라는 주제로 되돌아간다면, 욕망이라는 단어를 듣는 순간 우리의 마음속에서 자동으로 튀어 오르는 부동산, 돈, 암호화폐와 같은 대부분의 자산이 얼마나 상상적인지를 깨닫게 된다. 우리가 욕망하기를 멈추고 꿈꾸기를 멈추는 것은 사실은 상상적 질서에 불과한 화폐라는 숫자에 압도되어 있기 때문이다. 압도적인 숫자는 욕망을 좌절시키고, 꿈을 배제한다. 꿈과 욕망이 거세된 인간은 그저 노예로서 살아 있지만, 실상은 죽은 것이나 다름없는 삶을 살아가게 되는 것이다.

대단한 무엇인가가 되기 위해서 꿈을 꾼다기보다는 그저 한 사람의 주체적인 인간으로 살아가기 위해서라도 인간은 욕망해야만 한다. 구운몽은 이러한 삶을 살아낸 하나의 모델을 우리에게 보여주는 하나의 꿈이자 하나의 욕망이다. 이 단순한 진리를 보여주기 위해 양소유는 최선을 다해 마음껏 사랑하고, 자신이 이루고 싶은 것을 시도한다. 인간으로 태어나 사는 삶은 나의 선택으로 시작된 것은 아니지만, 그렇다고 해서 다른 사람의 욕망에 기대어 끝까지 살아갈 필요는 없다. 타인의 욕망이든, 사회적인 욕망이든, 그것이 허상에 불과한 것이든, 넘어서야 할 것이든 인간은 멈추지 말고 전진해야 한다.

야구를 소재로 하는 영화 『머니볼』에 한 장면이 등장한다. 느린 속도 때

---

[38] 유발하라리 지음, 조현욱 옮김, 『사피엔스』, 김영사, 2023

문에 2루까지 달리기를 두려워한 거구의 타자가 있었다. 멋지게 타격을 하고 1루로 달린다. 그때 그는 예상 밖의 결정을 내린다. 1루를 지나 2루로 달리기로 한 것이다. 하지만 1루를 도는 순간 미끄러져 넘어지고, 필사적으로 기어 1루로 돌아간다. 그가 모르는 사실은 그 타구가 이미 담장을 넘어 홈런이 되었다는 점이다. 이후 그는 계면쩍게 2루와 3루를 돌아 홈으로 천천히 들어온다.

이 장면이 주는 감동은 단순히 홈런의 결과 때문이 아니다. 타자는 자신의 타격이 홈런이었음을 모른 채, 그저 최선을 다해 2루를 향해 도전했다. 비록 넘어졌지만, 그는 한 발짝 더 나아가려는 용기를 보였다. 그의 행동은 결과와 상관없이 도전하고 최선을 다하는 태도가 얼마나 중요한지를 보여준다.

타자는 자신의 공이 홈런이라는 행운을 가졌지만, 만약 다음에는 그런 행운이 없다 하더라도 언젠가는 자신의 노력으로 2루를 밟게 될 것이라는 믿음을 심어준다. 이 장면은 단순한 야구의 한 장면을 넘어, 우리의 삶에서도 도전하고 넘어지더라도 다시 일어나는 자세를 떠올리게 만든다.

나는 피겨스케이팅을 즐겨 타곤 한다. 빙판 위에서 넘어질 때의 아픔과 양쪽 무릎, 엉덩이에 남는 멍 자국을 보면 속상하기도 하지만, 넘어지고 다시 일어설 때의 그 감정은 이루 말할 수가 없다. 피겨스케이팅은 넘어지지 않을 수 없는 운동이고, 넘어지더라도 다시 일어나는 법을 배우는 점이 매력적인 운동이다. 넘어지고 다시 일어나는 과정은 단순히 기술을 익히는 것뿐만 아니라, 삶의 어려움 속에서도 다시 시작할 수 있는 용기와 회복력을 배우는 기회가 된다.

피겨스케이팅과 영화 『머니볼』은 같은 교훈을 준다. 실패와 넘어짐은 피할 수 없는 과정이며, 진정한 가치는 그 다음에 우리가 어떻게 반응하느냐에 달려 있다. 빌리 빈이 야구를 사랑할 수밖에 없었던 것처럼, 나도 피겨스케이팅을 사랑할 수밖에 없다. 그 실패와 넘어짐이 결국 나를 더 단단하게 만들어주는 과정임을 알기 때문이다. 이러니 어찌 내 인생을 사랑하지 않을 수 있을까?

조지 버나드 쇼George Bernad Shaw는 자신의 묘비명에 "오래 살다보면 이런 일이 생길 줄 내가 알았지!(I knew if I stayed around long enough, something like this would happen)"[39]이라는 말을 남겼다. 우리의 인생이 언제 멈추게 될지 그 누구도 알 수 없는 일이지만, 만일 인생의 마지막 순간에 조금은 여유가 있어서 한마디 말을 남길 수 있다면, 아마도 하고 싶었지만 하지 못한 것에 대한 후회이거나 마음껏 욕망하면서 자유롭지 못했던 삶에 대한 회한이 남겨지지 않을까? 마음껏 꿈꾸고 욕망하고 도전하는 사람만이 남길 수 있는 마지막 말을 상상해 본다.

---

39 "우물쭈물 살다가 이렇게 끝날 줄 알았지"로 더 유명하다. 2006년, KT통신사는 신규 브랜드 '쇼'(show)의 런칭을 준비하며 이전까지 지루한 이동통신은 이제 죽어서 땅에 묻혔다는 메시지를 전달하고 싶었는지 묘지에서 사람들이 축제를 벌이는 티저 광고를 구상한다. 마케팅 담당자는 한국어 화자들 사이에서 브랜드명 '쇼'와 조지 버나드 쇼(George Bernard Shaw)의 이름이 동음이의어로 발음된다는 점에 주목했다. 이를 활용해 조지 버나드 쇼의 묘비명을 광고에 인용하는 아이디어를 떠올렸다. 조지 버나드 쇼의 실제 묘비명은 "오래 살다보면 이런 일이 생길 줄 내가 알았지! (I knew if I stayed around long enough, something like this would happen)"이지만, 광고에서는 이를 의도적으로 "우물쭈물 살다가 이렇게 끝날 줄 알았지"라는 오역 형태로 사용해 유명해졌다. 이는 기존 이동통신의 종말과 새롭게 시작되는 '쇼'를 강조하려는 의도로 풀이된다.

13
나가며

현실 속 꿈의 여정

　구운몽의 주인공 양소유는 꿈속에서 자신의 모든 욕망을 충족시키며 살아가지만, 그 여정에서 고난이나 시련은 뚜렷하게 묘사되지 않는다. 그러나 우리가 살아가는 현실에서 꿈을 이루는 과정은 결코 그러하지 않으며, 대부분의 경우 끊임없는 도전과 역경을 견뎌내야 한다. 특히, 현대의 많은 기업가들은 창업과 성장의 과정에서 수많은 어려움을 마주하고, 이를 극복해내며 자신들의 이상을 실현해왔다. 이러한 점에서, 기회가 된다면 나는 현대의 기업가들이 직면했던 어려움과 그들이 이를 어떻게 극복해 냈는지에 대해 더 깊이 탐구하고 싶다. 그들의 이야기는 단순히 성공의 산물이 아니라, 열정과 인내, 그리고 도전 정신이 어떻게 꿈을 현실로 만들어 내는지를 보여주는 귀중한 교훈이 될 것이다.

　양소유는 결국 꿈에서 깨어났지만, 나는 그가 꿈속에서 느꼈던 자유와 가능성을 현실 속에서 찾고자 한다. 나는 현실에서 꿈을 꾸며, 그 꿈을 현실로 만드는 여정을 계속하고 있다. 언젠가 내가 이룬 모든 것이 단지 꿈이 아니었음을, 그것이 진정한 나의 현실임을 증명할 수 있을 것이라 믿는다. 사회생활을 점차 하다 보니, 적어도 내가 사는 사회에서는 현실적으로 유리천장을 인지하지 않을 수 없었다. 그러니 나는 더욱이 긍정적인 변화를 위해 목소리를 낼 수 있을 만큼의 힘을 갖고 싶고, 그 목소리가 의미 있을 수만큼의 지성을 쌓아가고 싶다. 그 길을 걸어가며, 부모님께 받은 사랑과 내 소중한 주변 사람들의 지지를 마음속에 새기고, 더 큰 세상으로 나아갈 것이다. 그 길의 끝에 무엇이 기다리고 있든, 나는 두려움 없이 앞으로 나아갈 준비가 되어 있다.

　이 이야기는 "출판을 하고 행복하게 오래오래 살았답니다"로 여기서 끝나는 것이 아니라, 바로 여기서 시작되는 것이다. 앞으로 내가 꿈꾸고 도전할 수많은 이야기가. 바로 이 책을 마무리하는 지금 이 순간부터.

참고문헌

기사

이지현(2019). [이지현의 두글자 발견 : 열망] 욕망 갈망을 넘어 열망케 하라. 국민일보

단행본

김만중 지음, 송성욱 옮김, 『구운몽』, 민음사, 2003.
고려대학교민족문화연구원, 정규복 옮김, 「고려대학교민족문화연구원 한국고전문학전집27」, 1996
가스똥바슐라르 지음, 이가림 옮김, 『촛불의 미학』, 문예출판사, 2010
헤르베르트 마르쿠제 지음, 박병진 옮김, 『일차원적인간』, 한마음사, 2009
레프 톨스토이 지음, 이순영 옮김, 『사람은 무엇으로 사는가』, 문예출판사, 2015
스피노자, 강영계 옮김, 『에티카』, 서광사, 2007
한동일 지음, 『라틴어수업』, 흐름출판, 2017
유발하라리 지음, 조현욱 옮김, 『사피엔스』, 김영사, 2023

논문

김현생(2014), 「김만중의『구운몽』과 라캉의 욕망이론」, 영미어문학 113호.
나송주(2020), 「구운몽과 인생의 꿈의 세속적 욕망과 문화적 표상」, 동서비교문학저널 제54호.
정해식 외(2019),『한국인의 행복과 삶의 질에 관한 종합 연구』, 한국보건사회연구원,

일상에서 만난 인문학
아보하 사람들

CHAPTER 5.

신세계 프로젝트

| 장두종

다양한 모양과 재질의 철을 국내와 해외에 전달하는 일을 하고 있다. 어릴 적부터 꿈이었던 좋은 아버지가 되기 위해 한 걸음 나아가는 중이다. 스트레스를 받으면 다양한 책을 읽는 버릇이 있다. 최근 '행복'이란 무엇인가에 대해 고민하며 독서량이 늘어나고 있다. 특별한 도전을 하거나 굴곡 없이 평범하게 바람이 이끄는 대로 특이점이 없이 살아왔다. 혼자 여행하고 책을 보는 시간을 좋아하지만, 앞으로는 가족과 함께 즐겁게 살아갈 계획이다.

01 들어가는 말   195
02 중간 말   198
03 나가는 말   224

01 들어가는 말

'멋진 신세계'는 엄격한 계급사회이며 통제가 극심한 사회이다. 인간은 태어나는 것이 아니라 복제 기술에 의해 생산되며 그들은 모두 첨단 과학을 이용한 철저한 통제 속에 살아간다. 헉슬리의 세계관에서 인간은 계급별로 대량 생산되어 태어난다. 런던에 위치한 건물에서 부화-습성 훈련을 통해 공동체, 동일성, 안정성을 목표로 자라난다. 보카노프스키 과정을 통해 일란성 쌍둥이를 최대 1만 5천 명까지 생산이 가능하다. 태아는 인공 모체를 통해 성장을 하게 된다. 또한, 여성 태아들은 남성 호르몬을 주입해 강제로 불임시킨다. 아기는 훈련을 통해 선별된 과학적 지식을 무의식적으로 통제한다. 계급이 낮을수록 태아에게 산소를 더 적게 공급하고 알파, 베타, 감마, 델타, 앱실론 계급으로 나누어 키와 외형, 지능까지 규격화한다.

사람들은 행복하고 원하는 것을 누리며 늙지도 않고 죽음을 두려워하지 않는다. 문화와 감정을 모르며 부모나 자식, 연인 때문에 힘들어하지 않는다. 의지나 욕구도 고려되지 않고 규격화되어 계급이 구분되어 각자 직업에 따라 생활한다. 정기 검사를 통해 반역을 막고 정해진 과정에 따라 행동한다. 개인은 받은 명령에 따라 생활하며 다른 행동은 결함이 있는 것으로 간주한다. 과학적 세계를 완성하고 부정하는 것은 생존을 위협하는 주체로 인식한다. 포드가 신을 대신하고 자유연애, 인공수정이 보편화되어 있다. 기술 유토피아 사회가 영상으로 구성되어 있고, 과학이 극도로 발달한 "훌륭하고 신기한"인 새 시대의 세계 국가이다.

헉슬리가 소설을 쓸 당시의 시대상은 과학과 기술에 대한 사람들의 불안이 큰 것을 알 수 있다. '멋진 신세계'는 과학의 발전이 긍정적이지 않다는 생각을 통한 디스토피아적인 세계관을 구성하고 있다. 미래를 배경으로 한 '블레이드 러너'[1] 속 '리플리칸트'(복제인간)의 존재도 유전공학으로 인한 인간성 상실에 대한 의미를 내포하고 있다. 수명은 짧으나 외형과 능력이 똑같은 '복제인간'의 존재는 단순히 노동력을 보충하는 존재이다. 같은 유전자를 가지고 있으나 소모품 취급을 받아 결국은 반란을 일으킨다. 영화에서는 복제인간을 제거하려 노력하는 모습을 통해 오히려 인간이 더 기계적인 아이러니를 볼 수 있다. 이를 통해 과학의 발전이 긍정적인 모습만이 아닌 인간성을 없앨 수 있음을 영화는 비판하고자 한다.

소설과 영화와 달리 과학의 발전은 대체로 긍정적인 결과를 보여주었다. 특히 생명공학 분야는 인간의 건강과 수명에 막대한 혜택을 주고 있다. 헉슬리의 기술, 시험관 수정, 대리모, 항정신성 약물은 많은 부분 좋은 결과로 이어졌다. 과학의 발전과 통제를 걱정하였던 것조차 오히려 다른 결과로 나타났다. 이 글은 헉슬리의 소설을 통해 자녀의 교육에 대한 간단히 적으려 한다. 서두와 달리 공상과학적인 내용이 아니라 교육에 대해 짧은 의견을 이어 나갈 것이다.

"네가 파란 약을 택하면 이야기는 여기서 끝나지. 너는 네 침대에서 깨어나 믿고 싶은 걸 믿게 돼.
네가 빨간 알약을 택하면 너는 이상한 나라에 머물게 되고, 나는

---

[1] 리들리 스콧 감독, 「블레이드러너」, 워너브라더스, 1982.

네게 토끼 굴이 얼마나 긴지 보여 줄 거야."[2]

아이를 가진 부모라면 자주 시청하고 많은 것을 배우는 프로그램이 있다. 오은영 박사님이 추구하는 교육은 "소통과 공감"을 바탕으로 한 이해가 중심이다. 통제보다 자유를 바탕으로 자녀의 성장을 이끌어야 한다고 설명한다. 개인의 본성이 다르기에 이해를 통해 맞춤 해법이 필요하다는 것이다.

인간을 본성과 양육이라는 측면에서 판단하는 것은 보편적인 관점이다. 본성 또는 양육은 별개의 문제가 아니라 다 중요하다고 다들 생각한다. 양자택일이 어려운 문제이다. '본능'은 타고난 자연, 성性, 유전자 등이며, '양육'은 교육, 학습, 환경 등의 의미로 사용되어 왔다. 역사 과정이 말해주듯이 한쪽으로 합의하기는 어렵다.

이 글은 자녀를 어떻게 키워야 하는지 몇 가지 분석을 통해 설명하려 한다. '파란 약'을 먹여 자녀를 통제 속에 가두고 내가 그린 유토피아에서 살게 만드는 것이 행복한 것일까? '빨간 약'을 통해 다양한 것들을 접하면서 본인이 깨우치는 게 맞는 것인지? 이 글을 통해 간략하게 설명하려 한다.

---

2 워쇼스키 감독, 「매트릭스」, 워너브라더스, 1999.

02
중간말

1. 어떤 걸 가르쳐야 할까?(What)

    10년 만에 '인사이드아웃'[3] 속편이 개봉하였다. 이 영화는 머리에 있는 컨트롤 타워가 사람의 감정을 조절한다는 주제이다. 첫 번째 영화는 주인공이 느끼는 '기쁨, 슬픔, 버럭, 까칠, 소심' 다섯 감정을 다루고 있다. 부모님의 직장 이동으로 미네소타에서 샌프란시스코로 이사 가는 과정에서 겪는 아이의 변화가 내용이다. 초등학교 저학년에서 고학년으로 올라가는 라일리의 부모님과의 갈등, 새로운 환경에 대한 적응의 어려움을 다루고 있다. 머릿속 컨트롤 타워를 담당하는 '기쁨'은 '슬픔'이라는 감정을 필요 없다고 생각한다. 우연히 '기쁨'과 '슬픔'이 타워에서 벗어나게 된다. 타워로 돌아가는 과정에서 겪는 변화에서 중요하지 않은 감정을 없다고 깨닫게 된다.

    '인사이드 아웃 2'[4]는 사춘기에 들어선 주인공이 단짝으로 지내던 친구들과 헤어지고 새로운 학교로 진학하면서 일어나는 과정이다. 새로운 다섯 감정이 추가로 등장한다. 사춘기가 온 컨트롤 타워가 재건축한다. 이 과정에서 '불안'이 새롭게 중심이 된다. 기존의 감정을 비밀 창고에 가두고 새로운 자아를 통제 속에서 만들어 간다. 타워로 복귀하는 과정에서

---

3   피트 닥터 감독, 「인사이드 아웃」, 월트 디즈니, 2015.

4   피트 닥터 감독, 「인사이드 아웃2」, 월트 디즈니, 2024.

'기쁨'은 필요 없다고 판단되던 기억들도 자아를 만드는 요소라는 걸 깨닫게 된다. 결국 다양한 감정과 기억이 모여서 새로운 사춘기의 자아가 생성된다.

결국 두 편의 영화를 통해 말하는 공통 주제는 감정의 중요성과 다루는 방법에 대한 통찰이다. '통제'를 통해 주인공을 나은 쪽으로 나가게 만들려 했다. 다만 통제는 변수를 전부 조절해야 가능하다. 한 아이가 자라는데 시기별, 인간관계별 다양한 변인이 존재한다. 특히 갈등을 통한 감정과 경험이라는 요소는 우연히 발생하고 결과가 사람마다 다르게 나타난다.

"대량생산을 가능하게 한 기계는 우리에게 결핍을 가져다준 것입니다. 지식은 우리를 냉정하고 냉소적으로 만들었습니다. 기계보다는 휴머니티가 더욱 필요하고 지식보다는 친절과 관용이 더욱 필요합니다."[5]

인간의 갈등은 생존에 필요한 감정이다. 적당한 불안은 적응 능력을 높이고 발전을 도모한다. 하지만 불안이 심해지면 부적응을 초래하게 된다. 불안한 부모는 '잔소리꾼', '과잉 개입', '과잉 통제'를 통해 아이에게 해를 끼치게 된다. 주로 엄마들은 아이가 뒤처지거나 모자라지 않기 위해 많은 사교육 또는 더 나은 것을 강요한다. 그리고 아빠들은 아이들은 모두가 다르게 자라는 것이니 뒤처지더라도 괜찮다고 무관심한 모습으로 불안을 피하려 한다.

오래전부터 아빠는 가족을 부양하기 위해 사냥을 하였다. 엄마들은 가

---

5 찰리 채플린 감독, 「위대한 독재자」, 유나이티드 아티스츠, 1940.

정을 보살피며 안정을 추구하였다. 이런 습성들이 근대화 사회에까지는 특별하게 문제가 되지 않았다. 하지만 맞벌이가 보편화되고 자녀의 양육을 양쪽이 같이 부담해야 한다는 인식이 생기게 되었다. 내조만 하는 엄마, 부양만 하는 아빠는 현재 점차 사라지고 있다. 자연적으로 발전한다고 믿는 무관심한 아빠, 남과 비교하여 사교육을 권장하는 불안한 엄마 둘 다 서로의 탓을 하는 시절은 지나갔다. 자녀 교육은 누구 혼자 하는 게 아니라 같이 협력하는 과정을 통해 해결해야 한다.[6]

누가 교육의 주체가 된다는 것은 중요치 않은 거 같다. 자녀의 교육은 아이에 대한 존중을 기초로 자존감을 키우는 것이 목적이 되어야 한다고 본다. 결국 자녀의 행복이 부모의 목표다. 진정한 자유는 다른 사람의 권리를 침해하지 않는 한에서 발생한다. 개인의 자유를 지키며 남에게 피해를 주지 않는 아이로 자랐으면 한다. 부모는 자녀의 권리를 지키고 행복감을 키우는 교육이 필요하다고 생각한다.

2. 시기별 교육(When)

〈EBS-놀이의 반란〉 제1부 놀이 편을 보면 독일과 한국의 교육법에 대한 차이점이 나온다. 단어나 연산 문제를 푸는 문제 해결 능력은 한국 아이들이 뛰어나다. 이해력을 요구하는 문제에서는 독일 아이들이 나은 모습을 보여준다. 선행학습을 주로 하는 우리와 다르게 초등학교 이후부터 독일은 교육을 시작한다. 본능을 통한 창의성을 강조하는 독일, 교육을 통한 발전을 목표로 하는 한국은 방식이 다르다. 우리나라는 유아기부터 교육에 대한 중요성을 강조한다.

6　오은영 저, 「불안한 엄마 무관심한 아빠」, 웅진리빙하우스, 2012, p27.

1) 유아기

아이들의 뇌신경 90퍼센트 이상은 3세 무렵에 완성된다. 전반적인 인성도 이 시기에 같이 형성되며 신체접촉을 많이 해주는 게 좋다. 말을 알아들을 수 없기 때문에 행동을 통해 사랑을 느끼기 때문이다. 아이의 행동에 즉각적인 반응이 필요하다. 축축해서 울면 기저귀를 갈아주고 배가 고파서 울면 우유를 주고 눈을 맞추어 안아주고 웃어줘야 한다.

2) 초등학교 저학년

악기를 배우는 것이 두뇌 발달이 좋다. 바이올린이나 첼로 같은 현악기가 발달에 도움이 된다. 이러한 악기는 양손을 동시에 사용하기에 좌뇌와 우뇌를 같이 활용하게 되어 두뇌 발달에 좋다. 무엇보다 악기를 배우면 외국어도 쉽게 배울 수 있다. 외국어가 어려운 이유는 음운체계의 복잡성 때문이다. 복잡하고 음역이 넓은 소리에 노출되고 이런 음률을 구분할 줄 아는 아이는 외국어도 쉽게 배운다. 외국어는 12세 이전에 가르쳐야 한다. 12세 이전에는 음운 구분이 가능하지만, 그 시기가 지나면 주로 사용하는 음만 구분할 수 있도록 기능이 단순화되기 때문이다. 또한 반드시 시켜야 하는 것은 운동이다. 운동을 하면 머리가 좋아진다. 인생과 공부는 마라톤이다. 장기적으로 공부를 잘하려면 운동을 해서 체력을 같이 길러야 한다.

3) 초등학교 고학년

요즘 아이들은 성장이 빠르다. 초등학교 고학년이 되면 이미 사춘기가 시작되었고 그 특성에 맞게 교육해야 한다. 이 시기는 사람들을 항상 의식한다. 자기중심적인 사고를 하게 되며 유행에 민감하다. 친구와의 우정, 연예인, 이성 친구에 열광하게 된다. 이 시기에는 아이들의 감정에 귀를 기울여줘야 한다. 합리적이고 일관적인 모습으로 불필요한 갈등을 피해야 한다. 그리고 아이들의 모습을 인정하고 기다려주는 자세를 가져야 한다. 교우관계에 문제가 있다면 문제를 해결할 방법을 함께 찾아보아야 한다. 무엇보다 상황에 대한 공감과 든든한 울타리가 되어야 하는 시기이다.

4) 중학교 시기

청소년기는 자아 정체감이 형성되는 시기이다. 추상적인 사고와 논리적인 비약으로 가치관에 대한 고민이 시작된다. 반항성이 생기며 정신적으로 혼자 서는 방법을 익힌다. 열등감과 고독감이 나타나며 성적 호기심이 증가하는 시기이다. 호르몬으로 인해 신체적 정신적 변화가 일어난다. 대화가 되지 않는 시기이기에 무엇보다 경청이 중요하다. 그리고 분노 조절에 대한 방법을 알려주어야 한다. 이성 교제, 음란물에 대한 무조건적인 비판보다는 조화가 필요한 시기이다. 과거의 답이 옳은 것은 아니지만 이 시기에는 과거를 되돌아보며 해결책을 찾는 방법도 도움이 된다.[7]

5) 고등학교 시기

자녀 발달에 중요한 마지막 발달 시기이다. 후회 없이 성인기로 진입할 수 있도록 가장 큰 관심을 보여야 하는 시기이다. 신체적, 정신적으로 발달은 마무리가 되어 있다고 볼 수 있다. 그러나 대부분의 청소년은 자신의 신체상에 불만족하기에 스트레스로 작용한다. 새로운 사고방식과 이해, 사고 등의 인지적 능력이 확대되는 시기이다. 이때는 가치관이나 행동에 대한 올바른 방향을 알려주어야 하는 시기이다. 중학교 시절의 불안정한 모습은 점차 사라진다. 혹시라도 자기혐오와 열등감 같은 모습이 있다면 합리적으로 지도를 해야 한다.

---

7 기영화 저, 「학부모를 위한 자녀교육 가이드」, 교육부, 2014, p.3~5.

무엇보다 자존감과 자율성을 높이는 가장 중요한 시기이기에 그에 맞추어 교육이 이루어져야 한다. 자율성을 키우기 위해 스스로 흥미를 키워주며 목표 달성을 위한 확신을 심어주어야 한다. 통제보다는 주기적으로 성취감을 주며 격려와 지지와 같은 긍정적 보상을 주는 것이 좋다. 자율성에 우선시되는 것이 자존감이다. 이성적이 아닌 감성적인 접근으로 컨설턴트 역할을 해야 한다. 실수에는 관대하게 대하며 독서, 취미, 봉사활동과 같은 긍정적인 경험을 길러주어야 한다. 타인을 존중하며 자신의 장점을 발견하고 믿는 힘을 키워주어야 한다.

탈무드에서는 '어리석은 자의 노년은 겨울이지만, 현자의 노년은 황금기다.'라고 말하고 있다. 일생 사람은 많은 경험을 하고 교육을 받는다. 책으로부터 지식을 배우고 살아가면서 지혜를 키운다. 교육이 필요할 때 잘못된 지식을 익히거나 살아가면서 잘못된 경험이 습득된다면 어리석은 사람이 될 수 있다. 인간은 태어나 자라면서 좋아하는 일이 변하게 되고 실패를 통해 본인의 장점을 배워간다. 학습이 너무 느리면 재능을 알기 전에 뒤처지므로 포기를 하게 된다. 너무 빠른 선행학습은 실제 재능을 찾기 전에 애매한 재능으로 평생을 살아가게 될 여지를 만들 수 있다.

선행학습이 재능을 미리 찾아 영재를 키울 수 있는 장점이 있다. 다만, 이른 경쟁으로 아이의 자율성이 떨어진다. 자유로운 교육은 아이의 창의성을 높인다. 하지만, 방임은 자존감이 낮은 아이로 자라는 문제가 된다. 흑과 백, 정과 반은 필히 중간 과정을 지녀야 한다고 본다. 부모님의 가치관에 따라 바라는 이상적인 교육은 다르다. 누군가는 경제적인 면을 강조할 것이다. 다른 이는 예의 바른 사람으로 성장하길 바란다. 일부는 자식이 건강하게 자라는 모습을 바란다. 하지만 다른 무엇보다 아이의 자존감이 중요하다는 것에는 모두가 고개를 끄덕인다. '자녀 교육은 지식을 넓히는 데 있지 않고, 자존감을 높이는 데 있다.'는 톨스토이가 한 말이다. 무엇보다 행복한 삶을 찾는 것이 중요하다는 것이다.

주거 공간의 발전은 자연으로부터 아이들을 멀어지게 만들었다. 어울리면서 놀 수 있는 곳이 줄어들고 있다. 최근 유행인 자연 친화적인 캠핑조차 점차 집과 가까운 모습을 진화하고 있다. 편리와 과학의 발전이 무조건 옳은 것은 아니다. 한국의 경우 청소년 OECD 자살률 1위를 하고 있다. 생활에서 행복을 찾지 못한 아이들이 위기로 내몰리고 있다. 윤홍균 박사의 저서[8] '자존감 수업'을 보면 자존감을 높이는 5가지 결정법이 있다. '스스로 결정하기', '결정을 따르기', '결과가 나쁘면 미래형 후회하기', '결과가 좋으면 타인에게 감사하기'다. 부모에게 자식의 교육은 평생을 걸쳐서 하는 숙제이다. 시기에 맞춘 교육을 하면서 평생을 살아갈 자율성을 가진 자존감을 키워주어야 한다.

3. 어디에서 살 것인가?(Where)

"풍선이 하늘로 날아가고 있어요! 이유가 무엇일까요?"라고 질문을 던진다. 동양인은 바람이 불어서 날아갔다고 대답한다. 현상의 원인이 사물을 상황 때문이라고 판단한다. 서양인은 바람이 빠져서 날아갔다고 답한다. 물체 자체의 속성에 대해 생각한다. "원숭이와 판다, 그리고 바나나가 있다. 이 중 두 개를 묶는다면 어떻게 묶어야 할까요?" 동양인은 원숭이와 바나나를 묶어서 대답한다. 원숭이가 바나나를 좋아하기 때문이다. 서양인은 원숭이와 판다를 묶었다. 같은 동물이기 때문이다. 크게는 서양과 동양, 작게는 도시별로 사람들이 생각하는 바가 다르다. 이 글에서는 인

---

8 윤홍균 저, 「자존감 수업」, 심플라이프, 2019년, p288.

구정책이나 지역에 따른 차이를 알아보고자 한다.

인구정책은 정부나 지방자치에서 적절한 상태를 실현하기 위하여 여러 방법을 이용하여 직접 또는 간접적인 영향을 미치려는 계획과 구체적인 행동을 의미한다. 접근법에 따라 인구 조정정책과 인구 대응 정책으로 구분된다. 조정 정책에는 출산 조절, 인구 분산, 자질 향상 정책 등이 있다. 이는 양과 질에 직접적으로 영향을 미친다. 대응 정책은 인구 변동에 의해 사회, 경제, 교육, 문화 등 분야에서 발생하는 파급효과에 대처하기 위한 정책이다. 이는 주택정책, 식량정책, 교육정책, 사회보장 정책 등이 있다.

인구정책의 수단은 크게 세 가지로 구분된다. 첫째, 교육 및 홍보이다. 교육이나 매스컴을 통해 지식이나 정보 등을 제공하고 정부가 의도하는 방향으로 국민을 유도하는 방법이다. '둘만 낳아 잘 기르자'와 같은 캠페인 예로 들 수 있다. 둘째, 보상과 징벌이다. 정부가 의도하는 방향과 일치할 경우 보상을 하고 반대될 경우 벌금과 같은 처벌을 가하는 방법이다. 인구 행위에 대한 개인의 자유를 인정하기 때문에 국민도 수용하기 쉬워 가장 많이 쓰이는 정책이다. 셋째, 규제와 강제다. 국가가 본격적으로 개입하여 법적으로 조치하는 경우를 말한다. 예로 법정 혼인 연령의 변경, 임신중절의 금지 등이 있다. 그러나 인권침해와 윤리적 문제로 비난의 대상이 되기도 한다.

1) 고령화 문제

현재 우리나라는 저출산, 수명의 증가로 고령화가 매우 빠르게 진행이 되고 있다. 65세 이상 노인 비율이 2배 증가하는 데 18년밖에 걸리지 않아 일본보다 빠른 것으로 나타났다. 통계를 따르면 2025년 한국 노인 비율은 20%를 넘어서 초고령 사회에 진입할 것으로 예상된다. 이후에도 2060년이 되면 40~50%를 넘어서는 어려움이 예상된다.[9]

2019년 세계보건기구에 따르면 한국의 기대수명은 83.3세이다, 일본과 스위스에 이어 세계에서 세 번째로 높은 것으로 나타났다. 특히 여성의 기대수명은 86.1세로 남성(80.3세)보다 6세 이상 높다. 이 수치는 일본에 이어 세계 2위이다. 2017년 영국 임페리얼 칼리지 연구팀 논문에 의하면 2030년 한국인의 기대수명이 전 세계 1위를 차지를 할 것으로 전망했다. 특히 여성의 기대수명이 90세가 넘을 것(90.82세)으로 예상되어 선진국 중에서 유일하게 90세를 넘을 것으로 추정되었다.

2) 지역별 불균형

현재 우리나라의 인구는 주로 서울, 경기권에 집중되어 있다. 가구당 인구수는 전국 2.14명이다. 광역시는 서울광역시 2.09명을 제외하고 전부 2.1 이상, 세종특별자치시의 경우 2.4명이다. 전라남도, 경상북도, 강원특별자치도의 경우는 2명 이하이다. 남녀 비율을 볼 때 공업도시인 울산광역시를 제외하면 전부 비율이 여성이 높다.[10] 시골로 갈수록 남성의 비율이 높다. 양적이 아닌 질적으로도 시골에서 문제가 발생이 되고 있다. 남녀 비율 및 인구수도 지역별로 나타나는 추가적인 문제로 볼 수 있다. 인구 불균형은 출산율 차이로 이어질 가능성이 높다. 결국 폐교나 교육시설의 차이로 나타날 수 있다. 인구수의 감소로 인해 문을 닫는 학교들이 계속 늘어나고 있다. 지역별로도 교육의 질이 차이가 나며 이는 진학률에서도 큰 차이를 보이게 된다. 서울대 사회발전 연구소와 한국보건사회연구원의 자료에 따르면 2042년~2046년 국내 대학 수는 190개로 예상된

---

9 행정동별 주민등록 인구 및 세대현황, 행정안전부.
10 나라지표 (2020년 12월 1일). "기대수명(0세 기대여명) 및 유병기간 제외 기대수명(건강수명)".

다. 현재 국내 대학 385곳 중 절반만 남게 된다는 것이다. 상당수가 비수도권 대학일 가능성이 높다. 실제로 2000년 이후 지금까지 폐교된 19개 대학 중 18개가 지방대다.

3) 과거의 인구 조절 정책 : 로마

과거 로마는 별도로 감찰관을 두어 혼인을 감시하였다. 또한, 국가에 의해서 수치심을 주거나 형벌을 내려 혼인을 장려했다. 로마의 결혼문제는 몇 가지 이유를 들 수 있다. 국내 분쟁, 삼두정치, 추방 그리고 타락하기 시작한 풍속은 혼인을 꺼리는 큰 이유였다. 극소수만 남은 시민들은 대부분 결혼하지 않았다.[11] 카이사르와 아우구스투스는 감찰제도 및 여러 규칙을 만들었다. 카이사르는 자식이 많은 사람들에게는 상을 주었고, 45세 이하 남편이 없는 여성에게는 보석과 기미를 타는 것을 금지했다. 아우구스투스의 법은 더 준엄했다. 결혼하지 않은 사람에게는 더 큰 형벌을 내렸고 결혼해 자녀를 둔 사람에게는 더 많은 상을 주었다.

한 예로 '정식혼인에 관한 율리우스 법'을 들 수 있다. 이는 독신세를 부과하는 것이다. 25~60세의 남성과 20~50세의 여성 대상으로 부과되었으며 수입 중 1%를 세금으로 내야 했다. 그리고 30세를 넘으면 선거권을 박탈하였다. 후사가 없이 50세를 넘기면 재산 상속권을 박탈하였다. 그리고 선거를 통해 공직에 진출 시에도 독신자는 기혼자에게 순위가 밀리는 불이익이 있었다. 그러나 이러한 노력에도 불구하고 출산율 저하를 막을 수는 없었다.

'맹모삼천지교'는 자녀의 교육에 있어서 환경이 얼마나 중요한 것인가

---

11 몽테스키외 저, 이재형 역, 「법의 정신」, 문예출판사, 2015, p271.

를 보여주는 유명한 고사이다. 인구정책은 민감한 문제이기에 정부의 주도로도 해결하기 힘들다는 것은 과거의 사례를 통해서도 알 수 있다. 단순히 교육 시설 근처로 이사를 가서 해결을 보았던 맹자의 사례가 현재 우리나라에서는 다를 수 있다. 지방 교육이 소멸하는 시기에 수도권으로의 이사가 통계를 보면 답이 될 수 있다.

4) 최선의 지역과 학교

진학률을 비교하는 자료를 보게 되면 서울대의 경우 특수 고등학교에서 진학을 많이 하는 것을 볼 수 있다. 주로 자율형사립고나 영재학교, 외국어고에서 진학을 많이 하게 된다. 하지만 의대 진학률을 보게 되면 대구 수성구의 순위가 높다는 것을 알 수 있다. 전체 학원 수를 보더라도 대구 수성구는 상위에 있다. 이 통계를 본다면 서울 지역에서 사는 것 보다 학원가가 밀집해 있는 지역을 사는 것이 도움이 될 수 있다. 의과대학이 아닌 명문대를 희망한다면 지역보다는 특수학교를 통해 진학하는 것이 더 도움이 된다고 가정할 수 있다.

어릴 적 고등학교로 진학할 때 처음으로 비평준화가 되었다. 집에서 떨어진 학교에 배정이 되었다. 당시는 특수학교가 거의 없는 시기였다. 진학한 고등학교는 그 당시 부산에서 서울대를 두 번째로 많이 보내는 학교였다. 그 때 각 다른 학교를 진학했던 친구들이 있었다. 중학교 시절 성적이 비슷했던 아이들이 고등학교 진학으로 인해 대학교가 달라졌다. 물론 일부는 중학교 때는 공부를 잘했지만, 적응을 못 하고 상대적으로 성적이 낮은 대학교로 간 친구들도 있었다. 다만 다수의 아이들의 대입결과가 다른 고등학교보다 좋았다. 진학에 교육환경은 개인적인 경험으로 봐도 영향이 크다고 생각한다.

지역만을 선택하면 가정이 분리되는 문제점도 있다. 극단적인 예를 들면 강남 8학군, 기러기 아빠 등을 말할 수 있다. 강남으로의 이사는 자녀의 교육에만 집중하는 것이다. 일하는 곳이 멀다면 교육환경은 좋을 수 있지만 가족들이 보낼 수 있는 시간은 줄어든다. 그리고 기러기 아빠 역시 가족의 단절이 생긴다. 좋은 대학으로의 진학할 수는 있으나 가족의 의미가 퇴색될 수 있다. 무조건 지역만을 옮기면 아이의 적응에도 문제가 된다. 교육환경만 좋아지고 나머지가 나빠진다면 좋은 결과로 나타나지 않을 수 있다. 지역의 이전은 상황과 형편에 맞게 선택해야 한다.

4. 긍정과 웃음(Positive & Smile)

"사람들은 행복이 돈이나 명예, 성공에서 온다고 생각한다. 하지만 나는 진짜 행복은 단단한 자아에서 온다고 믿는다."[12]

1) 칭찬의 효과

피그말리온 효과는 사람들의 기대와 그에 따른 태도가 다른 사람의 행동이나 능력에 어떻게 영향을 미치는지를 연구한 심리학적 현상이다. 이 효과는 특히 교육, 조직, 그리고 가족 등의 다양한 관계에서 두드러지게 나타난다. 이는 고대 그리스의 조각가 피그말리온에서 유래하였다. 전설에 따르면 피그말리온은 자신이 조각한 여성상에 반하였다. 그리고 그 여성상이 실제로 살아날 것을 기원했다. 그의 진심 어린 바람 때문에 여신 아프로디테가 그 조각상을 진짜 여성으로 만들어 주었다. 피그말리온 효과는 사람의 강력한 믿음과 기대가 현실을 바꿀 수 있다는 메시지를 담고 있다.

---

12 조훈현 저, 「고수의 생각법」, 인플루엔션, 2015. p319.

실제로 여러 연구에서 피그말리온 효과의 존재를 확인되었다. 예를 들어, 교사가 학생의 능력을 과대평가하면 그 학생은 실제로 더 좋은 성적을 내는 경향이 있다. 이는 긍정적인 기대가 학생에게 자신감을 주며, 더 높은 목표를 향해 노력하게 만들기 때문이다. 이 효과는 부모와 자식, 상사와 직원, 친구 사이 등 다양한 인간관계에서도 나타난다. 사람들이 기대와 믿음을 보이면 그에 부응하려는 경향이 있다. 우리의 기대와 태도는 주변 사람들의 능력과 행동에 큰 영향을 미치며 긍정적인 변화를 불러올 수 있다.

다른 대표적인 긍정적 효과로는 '로젠탈 효과'가 있다. 이는 하버드 대 로버트 로젠탈 교수가 제시한 이론이다. 타인의 기대나 관심만으로 실제 결과가 좋아지는 현상을 말한다. 로젠탈 교수는 샌프란시스코에서 초등학생을 대상으로 지능검사를 했다. 검사 후 5분의 1의 학생을 무작위로 선정하여 '지적 능력과 학업성취 향상 가능성 높은 집단'으로 전달하였다. 8개월 뒤 동일한 학생들을 대상으로 검사를 다시 실시했다. 그 결과 집단에 포함된 학생의 점수가 높은 향상을 보였다. 무작위 선별이나 '우수한 학생'이라는 기대와 관심이 지능 지수를 높인 것이다.[13]

이처럼 상대에 대한 기대와 관심, 긍정적인 피드백이 좋은 방향으로 발전시킨다는 것을 실험으로 알 수 있다. 자녀에게 거창한 칭찬이 아니라도 가벼운 반응만으로도 변화를 일으키는 힘이 된다. 자녀의 능력을 높이고 싶고, 좋은 방향으로 변화시키고 싶다면 칭찬이 필수이다. 부자든 가난한 사람이든 거지든 거의 모든 사람은 자신에게 진실한 사람이라는 명성이 주어지면 그것에 맞게 살아간다. 비단 자녀 교육만이 아닌 조직 관리적인 측면에서도 적용이 가능하다고 생각한다. 긍정적인 피드백은 여러 방면

13　고토 하야토 저, 조사연 역, 「나는 아침마다 삶의 감각을 깨운다」, 21세기북스, 2021, p148.

으로 좀 더 편안한 미래를 만드는 기회가 된다. 그러므로 감정을 상하게 하는 일 없이 한 사람을 긍정적으로 바꾸고 싶다면 상대방에게 부응할 만한 훌륭한 칭찬을 해주어야 한다.[14]

2) 단단한 자아 : 긍정의 힘

인간은 환경의 영향을 많이 받는다. 어떤 문명에서 자라고 사람을 만나는 가에 따라 같은 어머니에서 태어난 사람도 다르게 자랄 수 있다. '멋진 신세계'에서는 환경의 성향을 통제한다. 책과 미디어를 통해 사람의 성향을 비슷하게 만들려고 한다. 현실에서도 본인의 선택에 의해 결과가 바뀌는 것은 사실이다. 그러나 그 기반에서는 자라온 환경은 무시할 수 없는 전제조건이다.

비슷한 환경에서 다른 결과로 나타난 것은 채플린과 히틀러를 보면 잘 알 수 있다. 채플린은 1889년 4월 16일에 태어났고 히틀러는 나흘 후에 태어났다. 두 사람은 비슷한 콧수염을 길렀고 예술가를 꿈꾸었다. 공통점은 모두 쇼펜하우어의 애독자였고 미디어를 통해 자기 생각을 전달하였다. 하지만 두 사람의 삶은 완전히 다른 방향으로 진행되었다.

히틀러는 세관공무원인 가정에서 비교적 부유하게 자라났다. 자서전에서 불우한 시절을 버텨내고 자수성가했다고 적었으나 사실과 달랐다. 히틀러는 조형미술 아카데미 입학시험에서 2년 낙방했다. 이 시절 열등감으로 인해 은둔형 외톨이로 지내던 히틀러는 1914년 세계대전이 발발하자 자원입대했다. 이후 인종주의를 바탕으로 유대인을 혐오하게 되었다.

채플린의 아버지는 알코올 중독으로 38살에 사망했다. 어머니는 정신

---

14 데일 카네기 저, 베스트트랜스 역, 「인간관계론」, 더클래식, 2010, p267.

질환에 걸렸으며 이복형과 함께 다락방과 구빈원[15]을 전전했다. 채플린의 어머니는 때때로 무대의상을 입고 춤추거나 이야기를 들려주면서 아들을 웃게 했다. 채플린은 이 시절을 토대로 문학과 연극의 소재를 사랑과 자비, 인간애로 가장 많이 쓰게 되었다. 1914년 스크린에 데뷔한 채플린은 특유의 콧수염과 캐릭터로 인기를 끌었다. 그리고 경제 대공황으로 고통받는 사람들에게 큰 웃음을 주었다.

2차 세계대전 '위대한 독재자'가 개봉했다. 독재자를 닮은 유대인 이발사는 오해로 권력자가 된다. 그리고 이웃 나라를 정복하는 기념식에서 '반독재, 민주주의, 세계평화'를 외치는 연락을 한다. 채플린의 인기가 올라갈수록 히틀러는 웃음거리가 되었다. 카메라를 피해 라디오 연설에 치중했다. 권력자들이 가장 두려워하는 것은 풍자와 웃음이다. 웃음이 권위를 쉽게 무너뜨리는 수단이기 때문이다.

권력을 잡은 히틀러는 미디어를 통제하였다. 채플린이 유대인이라고 소문을 퍼트렸고 상영을 금지하였다. 특히 채플린의 '콧수염'을 싫어했다. 독일 지도자들에게 콧수염은 위엄을 과시하는 특별한 의미를 지녔다. 채플린의 사진은 콧수염이 없는 사진만 허용하였다. 실제로 채플린이 1931년 베를린 방문 시 사람들은 열광했고, 나치는 극도로 경계했다. 그들은 미디어가 웃음을 전파는 수단임을 알고 있었다. 실제 다음 해 선거 때 히틀러에 반대하는 사람들 일부가 '채플린'을 적어냈다.

만약 히틀러가 미술을 전공했더라면 채플린의 어머니가 없었다면 인생은 달라졌을 것이다. 다양한 경험과 환경에 따라 인간은 변화할 수 있다. 자존감은 자아를 높이 평가하고 품위와 애정으로 현실감 있게 대할 줄 아는 능력을 말한다. 사랑받는 사람들은 변화에 개방적이다. 자존감이 높은

---

15 스스로 부양할 수 없는 자들에게 거처와 일자리를 마련하는 시설.

사람은 책임감, 열정, 경쟁력이 흘러나온다. 스스로 중요한 사람이라고 생각하고 자신이 있기에 세상을 아름답게 본다. 자신의 가치를 높이 평가하고 남의 가치도 제대로 인식하여 존중한다.

생명력이 넘치는 사람들은 언제나 행복이 가득 차 있다고 생각한다. 누구나 포기하고 싶고, 피로와 인생의 문제에 대해 힘들다고 느껴지는 순간이 있다. 그러나 경쟁력 있는 사람들은 이를 좀 더 수월하게 받아넘긴다. 자존감이 부족하면 최악의 상황을 예상하여 겪게 된다. 본인과 다른 사람을 무시하고 깎아내린다. 이러한 행위로 본인을 방어하고자 한다. 파괴적인 행위로 자신을 학대하기도 한다. 예를 들면 약물, 알코올, 담배 등에 중독이 되는 것이다.

채플린 어머니의 양육법을 보건대 유머를 잃지 않으면 어려움을 헤쳐나갈 수 있음을 알 수 있다. 우리는 오래전부터 걱정, 두려움, 분노 같은 부정적 감정들이 몸에 나쁜 영향을 미친다고 알고 있다. 반면 웃음과 유머는 건강을 예방하는 최고의 치료 약이다. 인생의 굴곡에서 발생하는 행동과 감정을 무시하라는 것은 아니다. 좋은 기회를 놓치지 않기 위해 웃음을 매개로 자존감을 키우는 교육이 필요한 것이다. 희망은 우리를 전진하게 하는 힘이고, 웃음은 삶을 버티게 하는 원동력이 된다.

5. 어느 선에서 해야 할 것인가? (Position)

*"인생의 가장 중요한 법칙은 참을 줄 아는 것이고,
지혜의 절반은 인내에 있다."*[16]

1) 교육의 경계선

아이를 키울 때 늘 두 가지 방법에서 혼동이 온다. 자유롭게 하고 싶은 일을 하게 둘 것인가? 아니면 통제를 통해 아이에게 길을 설명할 것인가? 이다. 파울로 프레이리의 '자유의 교육학'에서 "권위주의에 맞서 자유를 지키고, 제한 없는 자유에 맞서 권위를 지킨다."는 말이 나온다. '자유와 권위의 변증법'에 대해 말하고 있다.[17] 자유와 권위라는 두 속성은 양립할 수 없다고 생각하기 쉽다. 하지만, 이 둘은 불가분의 관계에 있다. 어느 한 쪽으로 치우치면 결과가 안 좋게 나온다. 자유가 없는 권위는 권위주의, 권위가 없는 자유는 방임이 된다.

자녀 교육은 디케의 저울과 같다. 엄정한 정의의 기준을 지키며 공평함을 유지해야 한다. 권위는 강제하는 것이 아니라 자연스럽게 만들어진다. 무한한 자유를 주거나 아이를 강제로 통제하는 교육을 통해 발전하는 것이 아니다. 아이의 눈높이에서 생각하는 것이다. 아이의 자유를 보장하지만 한계점도 직시하는 것이 중요하다. 아이에게 제한이 없는 자유를 허용한다면 공부하지 않고 놀기만 할 것이다. 프레이리가 무한한 자유를 부정하는 이유는 불완전성 때문이다. 이러한 이론은 비단 아이만이 아닌 어른에게도 적용된다. 우리는 미완의 존재이기 때문에 발전할 가능성이 무궁

---

16 발타자르 그라시안 저, 「사람의 얻는 지혜」, 임정재 역, 타커스, 2016, p178.
17 이성우 저, 「자유와 권위의 변증법」, 뉴스풀, 2022.

무진하다. 하지만, 이 발전은 자연스럽게 만들어지지 않는다. 많은 실패와 보완을 통해 이루어진다.

자녀 교육의 다른 문제는 과거의 경험이 꼭 답이 되지 않는 것이다. 어느 농장에 칠면조 한 마리가 있었다. 이 칠면조는 부화한 지 얼마 되지 않아 농장의 상황을 이해할 만큼 똑똑했다. 밤과 낮을 이해했고 먹이를 일정한 시간에 주는 것을 알았다. 두 번 먹이를 주는 것을 알게 되고 아침저녁의 법칙을 깨달았다. 그러나 어느 날 그 법칙이 깨졌다. 아침에는 밥을 먹었으나 저녁에는 먹지 못하였다. 주인의 식탁에 만찬으로 올라갔기 때문이다. 이는 버트런트 러셀이 과거의 경험을 통해 미래를 예측하는 것이 위험하다는 것을 보여주기 위해 만든 이야기이다. 자녀 교육은 예측이 되지 않는다. 정해진 법칙이 없다는 것이다. 과거의 경험은 참고 사항일 뿐 절대적인 법칙은 아니다. 남들의 말에 휘둘릴 필요도 없으며, 과거의 답으로 판단을 해선 안 된다. 본인의 과거와 아이의 미래는 같을 수가 없다.

자녀와 행복한 관계를 맺고 싶어 하거나, 행복한 생활을 마련해주기를 원한다면 부모다움에 대해 진지하게 고민해야 한다. 자녀에게 직접 돈을 버는 방법이나 미적분을 가르쳐야 한다고 주장하는 사람은 없다. 다양한 교육 정보의 증가로 예전보다 강압적인 교육으로 인해 고통받는 아이들은 줄어들었다. 하지만 모든 교육정보가 내 아이와 딱 맞는 답은 아니다. 문제지와 같이 정답이 있는 것이 아니다. 틀린 답으로 인해 문제가 발생한다고 하여 고칠 수 없는 것도 아니다. 자녀의 교육은 경계를 잘 지키는 것이 중요하다.[18]

---

18   버트런드 러셀 저, 이순희 역, 「행복의 정복」, 사회평론, 2005, p221.

2) 지능(재능)과 적성(즐기기)

축구선수 박지성과 발레리나 김수진의 발이 화제가 된 적이 있다. 재능은 발견되는 것인가? 노력으로 인해 발전하는 것인가? 라는 명제는 교육에서 중요한 요소이다. 과연 어느 것이 중요한 것인가는 살펴볼 필요가 있다. '멋진 신세계'의 작가 올더스 헉슬리는 이튼칼리지를 졸업하고 의학도를 꿈꾸었다. 망막염으로 3년간 볼 수 없었던 후 진로를 변경하였다. 옥스퍼드 대학교에서 영문학을 전공하였다. 대학 시절부터 기대받는 유망주였으나 소설가가 된 것은 20대 후반이다. 공군과 화학공장에서 사무직으로 근무하였고, 이 경험이 소설에 많은 영감을 주었다. 노벨상에도 9번이나 후보로 올랐지만 결국 수상을 못하였다. 할아버지는 생물학자로 유명하며, 형은 유네스코 초대 회장을 역임하였다. 막냇동생은 노벨생리의학상을 수상할 정도로 명문가이다. 헉슬리를 보면 지능의 중요성을 알 수 있다. 가정적 환경에 의해 좋은 지능이 결정된 가장 대표적인 예이다.

지능을 나타내는 지표 중에선 하워드 가드너가 제시한 다중지능이론이 있다. 이는 아래의 8가지 지능이다.

a. 언어적 지능
b. 논리, 수학적 지능
c. 공간적 지능
d. 신체, 운동학적 지능
e. 음악적 지능
f. 대인관계 지능
g. 개인이해 지능
h. 자연탐구 지능

다중지능이론은 "문제를 해결할 능력, 또는 하나 이상의 문화권에서 가치를 인정받는 물건을 창조하는 능력"이라고 정의한다. 무엇보다 그는 지능이 무엇인지에 대한 범위를 넓히고 사람들이 직관적으로 항상 알아 온 부분을 인정한다. 그리고 이는 어떤 종류의 지능은 학문적 성공에 연관되어 있지만, 그렇지 않은 지능 또한 중요하다고 생각한다. 이런 지능은 직접적으로 연결되어 있지 않으며 전형적으로 측정되어 온 방식도 아니다. 사실 학문적인 부분은 보통 그 사람의 가능성을 점치기 위한 최고의 방법이 아니다.

다중 지능 이론은 인지 능력을 '지능'이라고 불리는 능력, 재능, 정신적 능력의 집합체로 본다. 더 나아가, 모든 사람은 어느 정도의 이런 능력, 정신적 능력, 그리고 재능을 가지고 있다. 사실 다중 지능 이론이 주장하는 것은 각자 다른 사람의 지능에 맞는 교육을 하자는 것이다. 어떤 사람들은 전형적인 지능 검사에서 매우 높은 점수를 기록하지만, 예를 들어 관계에서는 아주 약간의 능력도 보이지 못한다. 사업이나 운동에서 성공하는 것 또한 지능이 필요하다. 그러나 우리는 각기 다른 부분에서 다른 지능을 사용한다. 아인슈타인은 마이클 조던보다 더 똑똑하거나 덜 똑똑하지 않다. 그보다는 아인슈타인의 지능은 다른 영역에 더 적합한 것이다.

'1만 시간의 법칙'이라는 말이 있다. 이는 2008년 말콤 글래드웰의 저서 〈아웃라이어〉를 통해 유명해졌다. 아웃라이어는 분야에서 큰 성공을 한 사람을 의미한다. 핵심은 좋아하는 분야에서 전문성과 집중이 요구된다는 점이다. 농구 스타 마이클 조던 및 마이크로 소프트의 빌 게이츠, 비틀즈는 노력을 통해 재능을 극대화했다. 재능을 가진 것은 사실이나 노력을 하지 않았다면 과연 그들이 탄생할 수 있었을까? 이는 적성의 문제로 이어진다. "그것을 알고 있는 사람은, 그것을 좋아하는 사람만 못하고, 그

것을 좋아하는 사람은, 그것을 즐기는 사람만 못하다." 논어의 구절이다. 이해하는 것은 애호하는 것만 못하다. 애호하는 것은 즐기는 것만 못하다는 뜻이다.

주변에 하지 말라고 하면 더 하는 사람들이 있다. 비단 아이만이 아니라 성인들도 이런 성향이 있다. 외부의 압력으로부터 받는 억압에 반발하여 반대되는 행동을 하는 현상 '리액턴스 효과'이다. 리액턴스는 전기저항을 말한다. 간단하게는 '청개구리'로 보면 된다. 우리는 기본적으로 자신을 소중하게 여기며 억압을 받기 싫어한다. 누군가에게 억압을 받는다고 느끼게 되면 반항하는 심리로 반대 행동을 한다. 열심히 공부하려고 할 때 잔소리를 들으면 의욕이 사라지는 것도 예로 들 수 있다. 아무리 좋아하는 것이라도 훈계와 병행이 되면 싫어진다. 재능이 있어도 재미가 없으면 성공할 수 없다. 즐기는 것은 다르다. 반대의 상황이 놓인다고 하더라도 포기가 되지 않는다. 만화 '슬램덩크'의 강백호는 좋아하는 농구를 위해 부상으로 미래를 포기하는 결정을 내린다. '내일의 죠'의 주인공은 마지막까지 좋아하는 링 위에서 자신을 하얗게 불태운다. 허구의 인물이지만 사람들이 공감을 얻는다. 직접적인 자극의 즐거움 이상의 것을 의미한다. 단순한 찰나의 즐거움이 아니라 목표의 달성, 가치의 실현과 같은 즐거움이다.

에피쿠로스는 쾌락을 최고의 선으로 생각하였다. 쾌락은 욕망하는 유일한 것이며, 철학까지도 쾌락이라는 목표의 수단으로 보았다. 에피쿠로스는 쾌락에는 종류의 차이도 있지만 작용 속도의 차이도 있다고 말한다. 정적인 쾌락과 동적인 쾌락을 구분한다. 시원한 물 한 잔으로 갈증을 해소하는 행위는 동적인 쾌락을 준다. 물을 마신 후에 경험하는 만족스러운 기분은 정적 쾌락이다.[19] 우리는 동적인 쾌락을 중시하지만, 에피쿠로스는 다르게 생각했다. 정적인 쾌락이 더 우월하며 추구하는 바이라고 말했다. 정적인 쾌락은 목표이며 수단이 아니라고 말했다. 만족적 행복은 자기가 좋아하고 잘하는 일을 통해서 얻는 즐거움이다. 악기를 열심히 배워 훌륭한 연주에 성공하였을 때 얻는 행복감이다. 수험기간을 버티고 합격의 기쁨을 누리는 것도 같다. 이런 행복에는 자기 연마와 준비, 인내심이 필요하다. 본인 능력의 개발과 집중도 필수 요소이다. 주변의 '성공하고 행복한' 사람들은 이런 사람이라고 볼 수 있다.

미국의 유명한 심리학자 윌리엄 제임스 교수는 다음과 같이 말했다. "행동이 감정을 따라오는 것처럼 보이지만 실제 행동과 감정은 동시에 일어난다. 그러므로 의지에 직접적이 통제를 받는 행동을 조절힘으로써 우리는 간접적으로 의지의 통제를 받지 않는 감정을 조절할 수 있다. 즐거운 감정이 사라졌을 때, 즐거워지기 위한 최고의 방법은 이미 유쾌한 것처럼 행동하고 이야기하는 것이다." 우리의 관심 대상은 자아를 중심으로 돌아간다. 다른 나라의 종교에는 관심이 없지만 우리의 영원한 행복을 보장해 주는 종교에 대해서는 흥미를 느낀다. 나 자신이 어떤 사람인지 아는 것은 재미있는 주제이다.

부모들이 아이들과 대화에 실패하는 것은 자신들의 흥미를 느끼는 것만 이야기하기 때문이다. 아이의 눈에서 대화한다면 즐거운 대화 상태로 여겨질 수 있다. 여기에서 알 수 있듯이 재능과 적성을 별개로 두면 안 된다. "노력한다고 다 성공하는 것은 아니다. 하지만 성공한 사람들은 모두 노력하였다는 걸 명심해"라는 '더 파이팅' 만화 속 대사가 있다. 어릴 적부터 재능을 가진 사람을 주변에서 많이 찾을 수 있다. 그러나 마지막까지 재능을 펼치

---

19 에릭 와이너 저, 김하현 역, 「소크라테스 익스프레스」, 2021, p196.

는 사람은 끝까지 포기하지 않은 사람이다. 단순히 노력만 한다고 되는 것이 아니다 재능을 가지고 즐기면서 노력하는 걸 알려주는 게 최종의 목표이다.

6. 교육은 어떤 도움이 되는가?(Purpose)

"바다는 우리에게 자유를 미루지 말라고 말한다. 인생을 제대로 산다는 건 쓸데없는 걱정으로 자신을 가두지 않는 것이다." [20]

1) 교육 목적 : 행복

사람들에게 삶에서 목표가 무엇인지 물어보면 '행복'이라는 답을 가장 많이 한다. 미국 심리학협회 전 회장인 마틴 셀리그만 박사는 우리의 행복에는 다섯 가지 요소가 있다고 말하였다. 긍정적인 감정과 기쁨, 성취, 인간관계, 참여, 그리고 의미이다. 이 중에서는 그는 참여와 의미가 가장 중요하다고 보았다. 삶을 의미 있게 만들어 주는 방법을 찾아 몰입하면 행복이 길어지는 것이다. 우리가 매일 하는 행동이 더 큰 목적의식을 충족시킨다면 오랜 기간 행복이 지속할 수 있다.[21]

2023년 의학 논문 잡지인 건강과 질병에서 삶에 대한 만족도 조사를 실시하였다. 결과를 보면 남성과 여성, 연령은 크게 차이가 없었다. 그러나 학력이 높을수록 소득이 많을수록 삶의 만족도가 높았다.[22] 다른 요소들에 비해 교육을 많이 받을수록 행복할 가능성이 높은 결과를 보였다. 왜 교육이 필요한가에 대한 알맞은 답은 아니다. 그러나 교육이 삶의 만

---

20 로랑스 드빌레르 저, 이주영 역, 「모든 삶은 흐른다」, FIKA, 2023, p63.
21 게리 켈러, 제이파파산 저, 구세희 역, 「원씽」, 비즈니스북스, 2023, p180.
22 설로마, 전진호, 「생애주기별 한국인의 행복지수 영향 요인」, 인제대학교 의과대학 예방의학교실, 주건강과 질병, 2023.

족도를 높여 줄 확률이 높기에 답이 될 가능성이 높다.

공부의 사전적 의미는 '학문이나 기술을 배우고 익히는 것'이다. 학문이나 기술을 익히는 목적은 좋은 학교, 회사의 취업이 아니다. 그 과정을 통해 재미없고 힘든 것을 이겨내고 최선을 다하는 것을 배우는 것이다. 그러한 경험을 키우기 위한 방법으로 학교에서는 교육하는 것이다. 피겨 스케이팅 김연아 선수, 수영선수 펠프스의 경우도 학교 공부를 열심히 하지는 못했다. 하지만 그들은 자기의 분야에서 힘든 것을 이겨내고 더 많은 것을 배웠다.

고전에서도 마음가짐에 대한 중요성을 강조하고 있다. 격몽요결은 공부에 대한 마음가짐을 알려주는 책이다. 율곡 선생은 "처음으로 공부를 하려는 사람은 반드시 어떻게 공부할 것인지 뜻을 먼저 세워야만 한다"고 강조하였다. 그리고 "반드시 성인이 되겠다는 목표를 세우는 것"임을 말하셨다. 곧 성인이 되는 것이 참된 공부이다. 성인을 본받아 성인처럼 되겠다는 뜻을 세워 노력하는 것이 가장 긴요한 일이라고 하였다. 현대의 공부와는 다르지만 결국 인성교육을 가장 중요시하였다. 올바른 마음가짐과 올바른 생활을 익히는 것이다. '옛 낡은 습성을 버려야 함'에서 가르치고 있듯이 나쁜 습성을 버리고 성실한 마음으로 올바른 도를 찾는 노력을 강조한다.

다른 나라의 고전에서도 역시 생각은 비슷하다. 책을 읽는 부분에서 주자의 관견은 유명하다. 주희는 책을 읽을 때는 반드시 마음을 경건하게 해야 한다고 강조하였다. 일상적인 사고와 행위를 하는데 외부의 유혹을 빠지지 않도록 마음을 붙들어 매는 것이다. 그리고 '중용'의 제20장은 성실함에 관한 글이다. 책에서 가장 많은 장이며 약 770자에 해당한다. 그만큼 성실함이 중요하다는 말이 될 수 있다. 그리고 마지막 절에서는 군자의 배움은 하지 않으면 그만이거니와, 한다면 그 완성이 필요하다고 말한다. 마지막까지 항상 노력해야 한다는 것이다. 학문이나 수행은 끈기와 인내가 바탕이 되어야 한다. 용기가 없거나 마음을 굳게 다지지 못하면 쉽게 포기해 버린다.[23]

2) 교육 목적 : 참을성 키우기

1960년 말에서 70년대 초 월터 미셸 박사가 스탠퍼드 대학교의 유아원에서 과학 실험을 하였다. 500명이 넘는 아이들이 동원되었다. 이 실험의 제목은 '마시멜로 테스트'이다. 우선 아이들에게 프레첼, 쿠키, 그리고 마시멜로가 주어졌다. 연구원이 나가 있는 15분 동안 기다리면 과자를 하나 더 준다고 하였다. 지금 먹으면 하나지만 나중에는 두 개를 먹을 수 있는 것이었다. 아이들은 시간을 보내기 위해 참았다. 그러나 평균적으로 3분을 버티지 못했다. 대부분 아이는 힘겨워했고 성공률이 낮았다. 테스트에 통과한 아이에 대한 결과는 뒤늦게 나타났다. 미셸 박사의 딸은 같은 유아원을 다녔었다. 딸의 말에 의하면 두 번째 과자를 받은 아이들이 월등하게 공부를 잘하였다. 이를 바탕으로 박사는 1981년부터 실험 참가자들을 체계적으로 조사하였다. 성적표와 생활기록부를 보았고, 발달에 대한 질문지를 보냈다. 미래의 성공률의 지표를 찾기 위해 30년 동안 이들의 성과를 정리하여 논문으로 발표했다. 실험을 성공한 아이들은 학업성적이 우수했고 SAT도 평균 210점이 높았다. 반대의 아이들은 비만의 비율도 30퍼센트 높았고, 약물에 중독된 경우도 많았다. 참을성이 가진 아이가 더 좋은 결과가 나타났다.

---

23   공자, 자사 저, 김원중 역, 「대학, 중용」, 휴머니스트, 2020.

서양의 400년 전 스페인 철학자인 '발타자르 그라시안'은 행운은 기다릴 줄 아는 자의 몫이라고 말했다. 시간이라는 들판 한가운데 천천히 여유 있게 기회를 잡아야 한다고 하였다. 시간이라는 목발은 헤라클레스의 몽둥이보다 더 큰 능력을 발휘한다고 보았다. 회초리가 아닌 시간으로 인간은 단련이 되며, 행운은 기다리는 법을 아는 사람에게 엄청난 보상을 준다고 하였다.[24] 아리스토텔레스는 말했다. "교육받은 사람의 특징은 어떤 생각을 받아들이지 않으면서 그에 대해 숙고해 볼 수 있다는 것이다." 다른 가치를 받아들이지 않으면서도 그것을 평가하고 검토할 수 있는 능력은 교육을 통해 키울 수 있다. 이는 삶을 의미 있는 방향으로 변화시키는 데 필요한 핵심 요소이다. 수많은 실패가 모여 발전을 통해 성공을 이룰 수 있다. 성공의 크기는 많은 실패에 달려 있다. 대부분의 사람은 실패를 두려워한다. 사람은 불편함을 멀리하고 익숙한 것을 고수하려는 특징이 있다. 진짜 성공하려면 실패에서 도망가지 않고 버티는 힘을 키워야 한다. 결국 꾸준함이라는 힘을 통해 참을성을 키우는 것이 공부의 목적이자 성공의 지름길이다.

---

24 발타자르 그라시안 저, 임정재 역, 「사람의 얻는 지혜」, 타커스, 2016.

03
나가는 말

2016년 마이크로소프트사에서 개발한 AI가 트위터를 통해 서비스를 시작하였다. 그러나 인종 차별적이고 폭력적인 메시지를 쏟아내는 문제가 발생하고 16시간 만에 운영이 중단되었다. 이는 트위터 사용자의 행동을 따라 하도록 설계되었다. 일부 사용자가 부정적인 습득을 하도록 능력을 악용하였고 AI가 이에 반응하여 문제가 생긴 것이다. 인생에 대한 교육은 정원 가꾸기와 같다. 땅에 심고, 꽃을 피우고, 열매를 맺는다. 그사이에 다양한 관계와 역경을 통해 변화해 간다. 이런 과정은 7~80년에 걸쳐서 일어난다. AI의 경우는 운영을 중단하고 재시작을 할 수 있다. 그러나 아이의 경우는 잘못 교육이 되면 평생에 걸쳐서 문제가 될 수 있다.

어릴 적에는 폭넓은 경험을 하게 만들어 주어야 한다. 다양한 환경에서 아이의 자율적인 면을 키워주는 게 중요하다. 그러나 아이의 자아가 아직 완성되지 않는 단계에서는 통제가 필요하다. 부모는 부정적인 환경을 일정 시기까지는 막아주어야 한다. 이후에는 다양성보다는 더욱 깊은 경험을 통해 집중도를 높여야 한다. 양과 질이 조화를 이루어 시기별로 교육이 되어야 한다. 어떤 환경과 청사진에서든 모든 인간에게는 일정한 학습 단계가 있다. 이런 모습 때문에 부모는 아이의 교육이 어렵다고 느낀다.

그러나 나이를 불문하고 '사람'이라는 인격을 존중한다면 부모의 역할은 그렇게 어렵지 않다고 생각한다. 어른도 계속하여 경험을 통해 무언가를 배우듯, 아이들 역시 느끼며 자라난다. 희망, 두려움, 실수, 불안에 대해 공감하고 안정적인 성장을 도와야 한다. 어른도 무력감, 두려움을 느끼는데 아이가 실수를 저지르지 않을 수는 없다. 문제의 해결 능력을 키워주고 언제나 뒤에서 부모가 있다는 사실도 인식시켜 주어야 한다.

누구나 알고 있듯이 부모의 목적은 아이의 행복이다. 이는 부분적으로 외부적 환경과 자기 자신에게 달려 있다. 일반적으로 불행한 사람은 부정적인 신조를 선택하고, 행복한 사람은 긍정적인 태도를 유지한다. 대부분의 사람이 행복을 누리기 위해서는 필요한 것들이 있다. 의식주와 같은 단순한 것들이다. 이 요소는 대다수의 사람이 충족하고 있다. 다만 얻을 수 있는 환경에서도 불행하다고 생각하는 사람들이 있다. 비교하는 삶은 자신을 힘들게 만들고 멀어지게 만든다. 좋은 환경에 있더라고 해도 삶의 태도에 따라서 교육의 결과는 달라진다.

행복에서 자존감은 필수 충분조건은 아니다. 그러나 자존감이 없다면 행복해지기 힘들다. 행복한 사람은 자유로운 애정과 폭넓은 관심을 두고 객관적, 긍정적으로 살아가는 사람이다. 당장 운동을 10분 한다고 해서 몸이 달라지지 않는다. 1년, 2년이 쌓이면 자기 몸에 대한 변화를 느낄 수 있다. 자존감을 높이는 훈련도 짧은 시간에 변화를 주지 않는다. 오랜 기간을 통해 아이가 사랑을 받는다는 느낌을 지속적으로 주어야 한다. 노력과 끈기가 실력을 키워주고 자존감을 높여 준다는 사실을 일깨워 주어야 한다. 교육을 통해 행복을 높이고 더 나은 삶을 살게끔 알려주어야 한다.

최근 쇼펜하우어의 염세주의가 유행하고 있다. 하지만 그는 자신을 집이 없는 떠돌이로 인식하였다. 그가 살아가는 평생 그의 생각은 사랑받지 못했다. 그의 어머니는 문학적, 사회적 포부가 대단했다. 어린 시절 내내 쇼펜하우어를 무시했다. 훗날 쇼펜하우어는 어머니를 '매우 나쁜 어머니' 였다고 썼다. 성공한 상인이었던 아버지 역시 좋은 사람은 아니었다. 글씨와 자세에 대한 문제를 늘 훈계하였다. 달은 무수한 별들 가운데서 홀로 빛난다. 그러나 태양이 떠오른 다음에는 보이지 않는다. 아이의 재능을 가리는 사람 곁에 두지 말아야 한다. 한층 빛나게 해줄 수 있는 사람이 되어 주어야 한다. 아무리 뛰어난 사람도 보이지 않으면 제대로 평가를 받을 수가 없다. 무엇보다 살아가면서 많은 역경과 경험을 겪게 된다. 실패를 두려워하지 않고 참을성이 높은 아이로 길러야 한다.

아이가 이후에 어떻게 자라날지 아직은 알 수 없다. 내 목표는 훌륭한 부모가 되는 것이 중요한 것이 아니다. 아이에게 사랑받고 있음을 인지하게 해주고 싶다. 자기 자신에게 만족하며 '나는 모든 것을 지니고 있다'라고 말할 수 있는 것이 행복을 위한 가장 필요한 특성이다. 아리스토텔레스는 '자기 자신에게 만족하는 자만이 행복할 수 있다'라고 말하였다.[25] 결론적으로 아이가 본인에게 만족하는 삶을 살 수 있게 도와주는 게 글의 최종 목적이다.

---

25 쇼펜하우어 저, 김재혁 역, 「쇼펜하우어의 인생론」, 육문사, 2012, p.346.

참고문헌

단행본

오은영 저, 「불안한 엄마 무관심한 아빠」, 웅진리빙하우스, 2012, p.27.
윤홍균 저, 「자존감 수업」, 심플라이프, 2019년, p.288.
몽테스키외 저, 이재형 역, 「법의 정신」, 문예출판사, 2015, p.271.
조훈현 저, 「고수의 생각법」, 인플루엔셜, 2015. p.319.
고토 하야토 저, 조사연 역, 「나는 아침마다 삶의 감각을 깨운다」, 21세기북스, 2021, p.148.
데일 카네기 저, 베스트트랜스 역, 「인간관계론」, 더클래식, 2010, p.267.
발타자르 그라시안 저, 「사람의 얻는 지혜」, 임정재 역, 타커스, 2016, p.178.
버트런드 러셀 저, 이순희 역, 「행복의 정복」, 사회평론, 2005, p.221.
에릭 와이너 저, 김하현 역, 「소크라테스 익스프레스」, 2021, p.196.
로랑스 드빌레르 저, 이주영 역, 「모든 삶은 흐른다」, FIKA, 2023, p.63.
게리 켈러, 제이파파산 저, 구세희 역, 「원씽」, 비즈니스북스, 2023, p.180.
공자, 자사 저, 김원중 역, 「대학, 중용」, 휴머니스트, 2020, p.200.
발타자르 그라시안 저, 임정재 역, 「사람의 얻는 지혜」, 타커스, 2016, p.151.
쇼펜하우어 저, 김재혁 역, 「쇼펜하우어의 인생론」, 육문사, 2012, p.346.

간행물

기영화 저, 「학부모를 위한 자녀교육 가이드」, 교육부, 2014, p.3~5.
설로마, 전진호, 「생애주기별 한국인의 행복지수 영향 요인」, 인제대학교 의과대학 예방의학교실, 주건강과 질병, 2023.

뉴스

이성우 저, 「자유와 권위의 변증법」, 뉴스풀, 2022.

국가자료

행정동별 주민등록 인구 및 세대현황, 행정안전부
나라지표 (2020년 12월 1일). "기대수명(0세 기대여명) 및 유병기간 제외 기대수명(건강수명)".

영화

리들리 스콧 감독, 「블레이드러너」, 워너브라더스, 1982.
워쇼스키 감독, 「매트릭스」, 워너브라더스, 1999.
피트 닥터 감독, 「인사이드 아웃」, 월트 디즈니, 2015.
피트 닥터 감독, 「인사이드 아웃2」, 월트 디즈니, 2024.
찰리 채플린 감독, 「위대한 독재자」, 유나이티드 아티스츠, 1940.

일상에서 만난 인문학
아보하 사람들

아보하 사람들

CHAPTER 6.
멸망의 도시에서 탈출하는 법, 『천로역정』

| 한동균

1978년 대한민국 부산시에서 태어났다. 창원시에서 어린 시절을 보내고 2004년 경남대학교 컴퓨터공학과를 졸업했다. 학원에서 수학을 강의하고 소프트웨어 개발자로 사회생활을 시작했다. 경남대학교 정보기술원에서 CASE Tool을 개발했고 제3회 소프트웨어 및 디지털콘텐츠 우수 개발 작품 공모전에서 대상을 수상했다. 3D 공간 관리 프로젝트 개발, 전파측정 3D 엔진 개발, KT 제2기술연구소의 전송실 설계관리 시스템 개발, 한국전력 연구원과 한국수력원자력 발전기술원의 시뮬레이션 소프트웨어 개발과 전자책 출판 소프트웨어 개발에 참여했다. 2010년부터 민간 열병합 발전소에서 근무 중이다. 2024년 경북대학교 경영대학원(MBA)에서 석사 학위를 취득했다. 경산중앙교회에서 집사 직분으로 섬기고 있으며 2023년 제자 훈련 26기를 수료하고 2024년 사역 훈련 16기를 수료했다. 인문 고전 독서 토론회 '리케이온'에서 활동하며 인문고전을 배우고 있다.

01	들어가며	231
02	채움	233
03	모두의 지도	237
04	선택	240
05	함께 넘는 허들	243
06	마녀 잡는 망치?	248
07	91번 길	255
08	유혹하는 미로	261
09	91번 길 위의 좋은 소식	270
10	퀀텀 점프	275
11	01	279
12	나가며	285

01 들어가며

『종교는 달라도 인생의 고민은 같다』라는 제목의 책이 2024년 1월 출간되었다. 이 책은 국내 4대 종교인 개신교, 불교, 원불교, 천주교의 성직자 4명이 만나 쓴 책이다. 이 책의 제목처럼 같은 고민을 하며 인생을 살아가는 사람들은 그 고민을 어떻게 해결하며 사는지 궁금하다.

이런 고민의 해결법을 알려주는 책이 있다 사람이라면 한 번은 만나 보게 될 성격의 사람과 장소와 고민을 통해 '인생길을 어떻게 완주할 것인가'를 주제로 하여 우화 형식으로 이해하기 쉽게 이야기로 쓴 책이 있다. 그 책은 바로 『천로역정』이다.

리케이온은 경북대학교 경영대학원의 인문고전 독서토론 동호회다. 리케이온에서는 매달 한 권의 인문 고전을 읽고 토론한다. 리케이온의 독서토론 시간에 놀라운 일이 벌어진다. 분명히 한 권의 책을 읽고 토론하는데도 모두가 각양각색의 다양한 각자의 의견을 말하고 토론한다.

한 권의 책을 읽으면 다 같이 하나의 생각만을 말할 것 같은데 40가지 이야기가 나온다. 마치 하나의 빛이 프리즘을 통과하면 다양한 색으로 보이는 것과 같다. 매번 한 권의 책이 40명의 프리즘을 통해 40가지 색의 이야기로 풀어지는 토론이 신기하기도 하고 매력적이어서 매월 마지막 주 토요일이 기다려진다.

리케이온의 도서 선정 위원회는 2023년 말에 추천 도서를 접수하고 2024년 독서토론 도서 12권을 선정했다. 그중 11월의 책인 『천로역정』이 나의 눈에 쏙 들어왔다. 이 책은 내가 잘 아는 책이라 이 책을 주제로

토론하는 발제팀을 내가 이끌고 싶었다. 이 책의 발제 팀장을 하겠다고 손을 들었다. 이전에 읽었던 『천로역정』을 새로운 마음으로 다시 읽고 글을 쓰기 시작했다.

출판된 지 346년이 지난 『천로역정』을 필자와 같은 시대를 사는 사람들이 쉽게 읽고 주제에 다가가서 해답을 얻을 수 있도록 썼다. 여러 번역서마다 등장인물들의 이름이 조금씩 달랐다. 그래서 여러 번역서를 참고해서 등장인물과 지명을 멸망의 도시 사람의 관점에서 더 와닿고 쉽게 이해되는 단어로 변경해서 적고 설명이 필요한 곳에 설명을 추가했다.

2년 동안 두 권의 책을 공동으로 집필하는 동안 국내 경기가 나빠지고 집 인근의 몇 군데 스터디 까페가 폐업했다. 그 와중에도 내가 자주 가던 스터디 까페는 여전히 자리를 지키고 있다. 집 인근에 좋은 스터디 까페가 있어서 두 번째 공동 출판까지 할 수 있었다. 그 스터디 까페가 후속작들을 출간할 때도 여전히 그 자리를 지키고 번창하기를 바란다. 지금까지 운영을 잘 해왔고 앞으로도 잘하실 나의 단골 스터디 까페 사장님께도 감사의 마음을 전한다.

2023년에 리케이온 출판사를 통해 『난 괜찮아 I AM FINE』를 5명의 작가와 출간하고 2024년에 6명의 작가와 두 번째 책을 출판하는 동안 전적으로 지원하고 응원하며 기다려 준 나의 사랑하는 아내 김혜숙과 사랑하는 첫째 수현이, 둘째 예원이, 셋째 주원이에게 무한한 감사와 사랑을 전한다. 힘들고 포기하고 싶을 때마다 글을 쓸 시간과 능력을 허락하셔서 끝까지 글을 완성할 수 있게 해주신 하나님께 무한한 감사와 모든 영광을 올려드린다.

02 채움

'서양 언니의 찐('진짜'를 줄여서 쓴 신조어) 인생 조언'이라는 제목의 쇼츠(1분 이내의 짧은 동영상을 말한다)가 있다. 이 쇼츠는 서양 언니가 나무 의자에 앉아, 얼굴을 카메라에 가까이 가도록 몸을 굽히며

"인생에 대해 보여줄 게 있다"

고 말하며 시작한다. 나무 탁자 위에 물이 거의 가득 차 있는 물컵이 놓여 있다.

"이 물컵이 인생이고 흙은 인생의 나쁜 일이라고 해보자"

고 서양 언니가 말하며 물컵에 흙 한 스푼을 흘려 넣는다. 물컵의 물속에 흙이 퍼지면서 흙탕물이 된다.

"인생의 나쁜 일을 덜어내 보자"

고 말한 서양 언니는 스푼으로 흙탕물이 된 물컵의 흙을 걷어낸다. 물 속의 흙탕물은 크게 달라지는 게 없다. 아무리 스푼으로 물컵의 흙을 떠내도 이미 흐려진 물을 깨끗하게 할 수는 없다.

"제대로 된 방법을 알려주겠다"

고 서양 언니가 말한다.

"그냥 좋은 것을 채우면 된다"

고 말하면서 서양 언니가 큰 물통에 담긴 깨끗한 물을 나무 탁자 위의 물컵에 붓는다. 나무 탁자 위의 물컵에 깨끗한 물이 들어갈수록 물이 깨끗해지고 결국 물컵에 깨끗한 물이 가득 찬다.

"좋은 것들로 채우세요"

라고 서양 언니가 말하면서 쇼츠가 끝난다.

이 영상의 서양 언니의 이름은 멜 메리뜨 mel merritt이다. 그녀는 자신의 삶을 치유하는 방법을 알려주는 인생 상담사. 그녀가 우리에게 던지는 메시지는 간단하다. 삶에 나쁜 일과 감정들에 집중하지 말고 좋은 일과 감정들로 가득 채우라고 말한다. 그렇게 하면 나쁜 일과 나쁜 감정들이 떠나가고 좋을 일과 좋은 감정들로 삶이 가득 채워진다고 한다.

나쁜 기억을 잊으려고 애쓰면 나쁜 기억만 계속 생각난다. 의도적으로 나쁜 기억은 그대로 두고 매일 좋은 기억으로 하루를 채우면 나쁜 기억은 좋은 기억에 점차 묻힌다. 나쁜 기억을 효과적으로 지우는 방법은 좋은 기억을 계속 채워서 나쁜 기억을 희미하게 만드는 방법이다. 사랑하는 사람과의 이별한 슬픔은 새로운 사랑으로 잊힌다는 말도 같은 원리다.

석가모니는 인생은 고해라고 했다. 인생은 고통이 가득하다는 말이다. 플라톤은 우리에게 사람들에게 친절히 대하라고 말했다. 우리가 만나는 모든 사람은 각자 힘든 싸움을 하는 중이기 때문이라고 그 이유를 말했다. 나와 당신의 삶에도 고통이 많다는 것을 경험으로 알고 있다. 그렇다면 인생의 고통을 어떻게 이겨내면서 살아야 할까? 그저 고통 속에 몸부림치며 살다가 죽는 것이 인간의 운명일까?

세월이 약이라는 옛말이 있다. 이 말은 시간이 흐르면서 아픈 기억이 점점 희미해져서 잊힌다는 말이다. 독일의 시인이자 철학자 니체는 인간은 망각의 동물이라고 했다. 이 덕분에 시간이 지나면 아픈 기억이 희미해진다. 좋은 기억이든 나쁜 기억이든 시간이 지나면 점점 흐릿해진다. 나쁜 일과 감정이 생겼을 때 막상 시간이 흐르기만을 그저 기다리기만 해야 하는 걸까? 시간이 흐르는 동안 어떻게 해야 나쁜 기억을 더욱 효과적으로 흐릿하게 할까?

서양 언니가 알려준 방법을 실천해 보기 위해서는 나에게 무엇이 좋고 나쁜지 아는 것이 중요하다. 사람에게 좋은 활동은 명상, 기도, 걷기, 씻기, 독서 등 다양하다. 그중에서도 독서는 다양한 책을 통해 우리를 다방면으로 이롭게 한다. 독서는 때론 즐거움을 주기도 하며 생각의 지평을 넓히고 '아는 만큼 보인다'는 말처럼 우리의 시야도 넓혀준다.

독서가 즐거움을 준다고? 당신에게 독서는 고통과 부담만 준다고? 당신은 왜 독서의 즐거움을 느끼지 못할까? 당신에게 맞는 단계별로 책을 읽어나가지 않아서 그렇다.

단계별 독서를 알아보자. 첫 번째로 유아용 그림책이나 동화책을 보자. 읽기 편하고 쉽게 이해하며 감동도 받는다. 다음 단계로 초등학생용 책을 보자. 술술 읽힌다. 이제 당신도 독서의 즐거움을 알아가기 시작한다.

당신이 독서할 때 고통스러운 이유는 처음부터 어려운 책을 읽었기 때문이다. 마치 자전거 타기를 배우는 것과 같다. 처음에는 뒷바퀴에 보조바퀴가 달린 네발자전거를 타면서 다리의 힘과 균형감각을 기른다. 다리에 힘과 균형감각을 기른 후에 두발자전거를 타면 수월하게 자전거 타기를 배울 수 있다.

책은 아무리 많이 읽어도 사람을 해치지 않는다. 물론 나쁜 자세로 오랜 시간 책만 읽는다면 눈이 나빠지고 허리가 아파지는 등 건강을 해칠 수 있지만 우리 중에 그렇게 건강을 해칠 만큼 책에 빠져서 읽는 사람이 몇 명이나 될까? 오히려 너무 책을 읽지 않는 문제가 더 크다.

모든 책이 다 좋은가? 어떤 책은 나쁜 책이다. 사람을 헤치는 책도 있다. 좋은 책을 잘 선택해서 읽어야 한다. 우리에게 나쁜 생각을 심어주고 자신의 이익을 위해 다른 사람을 조종하기 위한 책들도 많다. 의도적으로 거짓 정보들로 쓴 책들도 있다. 그런 책을 읽으면 사람이 무너진다. 분별없이 이런 책을 읽은 뒤 진실을 마주하게 되고 자신이 속았다는 것을 알게 되면 상처받은 마음에 우리를 자책과 절망으로 몰아가기도 한다.

좋은 책 즉, 양서를 잘 선택해서 읽어야 한다. 양서는 올바른 방법으로 아무리 많이 읽어도 몸이 상하지 않는다. 수많은 인생 선배가 삶으로써 증명했고 지금도 하고 있다.

그렇다면 어떤 책이 좋은 책일까? 좋은 책을 선정하는 기준 중의 하나는 많은 사람이 추천한 책이다. 또 다른 하나는 오랜 세월이 지난 후에도 사람들이 계속 읽고 추천하는 책이다. 그런 책을 우리는 고전이라고 부른다.

많은 사람이 읽고 공감한 고전을 읽는 시간으로 우리의 아주 보통의 하루를 가득 채워보자. 시간이 지나면 지날수록 그 가치가 더 빛나는 고전들로 가득 채워보고 느껴보자. 그렇게 나쁜 기억을 흐릿하게 하고 좋은 기억을 선명하게 해보자.

03
모두의 지도

 사람의 일대기를 살펴보자. 사람은 누구나 태어나서 살다가 죽고 흙이 된다. 한 사람이 태어나서 살다가 죽을 때까지 걸어간 발자국이 길이 된다. 누구는 새로운 길을 만들어 가고 누구는 앞서 걸어간 사람이 만든 길을 따라 걸어간다. 우리가 사는 세상에는 사람의 수만큼 다양한 인생길이 있다. 다양한 인생길도 크게 보면 비슷한 패턴이 있다.
 인생길을 걷다 보면 편안하게 기분 좋은 길을 걸을 때가 있다. 기분 좋은 길이 쭉 이어지면 좋겠지만 인생길은 그렇게 쉬운 길만 있는 것이 아니다.
 인생길에는 함정도 많다. 함정에 쑥 빠지면 당황하고 속상하다. 왜 이렇게 되었을까? 누구 때문일까? 함정에 빠진 원인을 분석하고 다른 사람이 원망스럽기도 하고 자신을 탓하기도 한다.
 길을 걸어가다 보면 막다른 길을 만나기도 한다. 막다른 길을 만나 되돌아 가는 길이 멀고 힘들어 보일 때는 절망에 빠져 허우적대기도 한다.
 인생길을 걷다 보면 양쪽 벽이 다 막혀 있고 천장만 뚫려 있는 길이 나오기도 한다. 그 길의 이름은 미로다. 미로는 공원이나 정원 등 관광지에 이쁘게 꾸며 놓은 길로 자주 만난다.
 미로는 관광지에서만 이쁜 길이다. 미로의 원래 목적은 이쁜 길이 아니기 때문이다. 전쟁이나 이야기 속에서 등장하는 미로의 원래 목적은 사람들이 미로에 빠져 출구를 찾지 못해서 영원히 밖으로 못 나오게 하는 길이다. 인생길에서 만난 미로는 관광지의 미로가 아닌 빠져나오는 데 오래 걸리거나 영원히 그 안에 갇히는 전쟁의 미로다. 이런 미로에 들어가면

출구를 못 찾고 절망에 빠지기 쉽다.

미로는 앞으로 나가거나 뒤로 갈 수밖에 없는 길이다. 길의 중간에 어떤 함정이 있는지 길의 마지막에 무엇이 있는지 길의 끝이 막 다른 길인지 끝까지 가보지 않고는 알 수가 없다. 대책 없이 걷다 보면 운 좋게 출구로 나갈 수 있지만 사람은 영원히 미로에서 계속 맴돌기만 한다.

이런 공포의 미로도 쉽고 빠른 확실한 탈출 방법이 있다. 학자들이 연구해서 발견한 방법으로 무조건 미로의 출구를 확실히 찾을 수밖에 없으며 시간이 걸리더라도 결국 출구를 찾을 수 있는 그런 방법이 두 가지 있다.

첫 번째 방법은 실을 풀면서 걸어가는 방법이다. 미로에 풀린 실을 보고 자신이 가봤던 길과 가보지 않았던 길을 구분해서 출구를 찾는 방법이다. 만약 가지고 있는 실이 없다면 어떻게 해야 할까?

두 번째 방법은 실이 없어도 사용할 수 있는 방법이다. 바로 미로의 한쪽 벽면을 따라 걷는 방법이다. 미로의 양쪽 면은 벽으로 막혀있고 그 벽은 출구로 이어진다. 따라서 미로는 한쪽 벽면을 따라가다 보면 결국에는 출구로 나갈 수 있다.

우리의 인생길에도 여러 가지 길이 있다. 여러 가지 다양한 인생길을 더욱 쉽게 갈 수는 없을까? 함정과 막다른 길을 피해 갈 수는 없을까? 이 길의 끝에 무엇이 있는지 알 수 있다면 얼마나 좋을까? 함정에 빠지더라도 빨리 나오고 미로에 들어가도 절망의 수렁에 빠지지 않고 탈출할 수 있다면 얼마나 좋을까? 내가 원하는 목적지에 안전하고 정확하게 닿을 수 있다면 얼마나 좋을까? 인생길을 걷다가 멸망의 길에 들어섰을 때 그 길에서 탈출하는 법을 알고 있다면 얼마나 좋을까?

앞서 길을 걸어가 본 사람들의 표시를 모은 그림이 있다. 이 길의 중간에 무엇이 있는지, 이 길로 가면 막다른 길인지 아닌지, 목적지의 위치와 방향을 표시한 그림이 있다. 그 그림이 있으면 목적지에 쉽고 빠르게 갈 수 있다. 그 그림의 이름은 지도다.

지도를 보는 법을 알아야 정확히 목적지로 갈 수 있다. 지도는 실제 길의 모습을 작게 줄여서 알기 쉽게 그린 그림이다. 그래서 지도를 읽는 설명서가 필요하다. 지도를 읽는 설명서를 보고 지도 읽는 법을 먼저 배우지 않으면 지도를 정확히 이용할 수 없고 지도를 잘못 해석하면 전혀 다른 길로 갈 수 있다.

아메리카 대륙을 향하던 콜럼버스는 인도를 향해서 가고 있었다. 그는 지도상으로 인도가 훨씬 가까운 곳에 있고 지구가 동서로 길쭉하다고 생각하고 그 방향으로 갔다. 그런데 그의 생각이 틀렸고 그가 도착한 곳에는 인도가 아니라 아메리카 대륙이 있었다.

우리 인생길에도 지도가 있다면 얼마나 좋을까? 우리 모두를 위한 지도가 있다. 우리 모두를 위한 인생길 지도책이 있다. 우리 모두의 인생길을 책으로 적으면 책의 권수가 몇백 권 아니 **몇백** 만권이 넘어도 부속 할 것이다. 그래서 비유와 함축으로 요약해서 적어놓은 책이 있다. 문제는 인생길 지도책이 쉽게 읽히는 부분도 있지만 시간을 들여서 깊게 읽어야 이해가 되는 부분이 있다. 인생길 지도책을 좀 더 쉽게 이해할 수 있다면 얼마나 좋을까?

04
선택

    인생길 지도를 좀 더 쉽게 우화로 표현한 책이 있다. 다른 여러 가지 인생길 지도책보다 얇고 쉽다. 이미 200개의 언어로 번역되어 전 세계에서 많은 사람이 읽은 책이 『천로역정』이다. 당신이 아직 그 책을 못 읽었다면 당신만 못 읽어본 건지도 모른다.

    여러 인생길 지도책 중에서 왜 『천로역정』을 선택했을까? 한 번뿐인 인생 소중한 인생을 살아내기 위한 지도책은 어떤 기준을 가지고 선정해야 할까? 가장 쉬운 방법은 가장 많이 출판된 책을 찾는 것이다. 세상에서 가장 많이 출판되고 팔린 책은 『성경』이다.

    사람으로 태어났다면 한 번쯤은 들어보고 책의 내용도 들어보고 책의 한 문장이라도 들어봤을 것이다. 아쉽게도 『성경』은 쉽게 읽히는 부분도 있지만 어렵게 읽히는 부분도 있고 쉽게 읽히더라도 이해하기 위해서는 깊게 읽어야 한다. 그래서 성경책의 내용을 쉽게 풀어쓴 책들이 있다. 그런 책들을 통해 성경책의 내용에 더 쉽게 접근하는 것도 책을 지혜롭게 읽는 하나의 방법이다.

    쉽게 풀어쓴 여러 책 중에서 어떤 책을 선택할까? 앞의 방법과 마찬가지로 가장 많이 팔린 책을 읽는 것이 우리 인생의 제한된 시간을 현명하게 쓸 수 있다. 『성경』 다음으로 많이 팔린 책이 있다. 『성경』이 번역되고 그 나라에 들어가면 반드시 번역되어 출판되는 책이 있다. 많은 사람이 읽고 감동하고 연구하고 추천하는 책이 있다. 어린이 버전으로도 출판되고 만화로도 출판되고 영화로도 만들어지고 애니메이션으로도 만들어져서 가정과 극장에서 널리 감상 되는 책이 있다. 그 책이 바로 『천로역정』이다.

『천로역정』은 책을 읽는 사람에게 어떤 메시지와 감동을 주길래 이렇게 성경 다음으로 가장 많이 읽힌 책이 되었을까? 정말 쉬운 책일까? 『천로역정』만 읽고도 『성경』의 핵심 메시지를 이해할 수 있을까? 많은 질문이 떠오른다. 여러 질문에 대한 답을 찾는 길을 함께 걸어보자.

『천로역정』은 모두를 위한 인생길 지도 책이다. 이 책에는 기쁨, 슬픔, 고난, 절망, 죽음 등 모든 사람이 살면서 한 번쯤은 경험하는 일이 쓰여 있다. 한 번쯤은 만나는 사람과 고난에 넘어졌을 때 다시 일어나서 계속 걸어가는 법 등이 쓰여있다. 즉 인생을 끝까지 살아내는 법을 이해하기 쉽게 우화로 쓰여있다.

『천로역정』에는 다양한 인생의 완주 방법 중 그리스도인이 어떻게 인생을 완주하는지에 관하여 쓰여 있다. 그렇다면 기독교인과 천주교인에게만 유익한 책인가? 아니다. 기독교와 천주교인들이 기쁨, 슬픔, 고난, 절망, 죽음을 어떻게 살아내는지 알아보고 배울만한 점을 나의 삶에 적용하면 삶을 더 지혜롭고 윤택하게 살 아내고 인생길을 이전보다 쉽게 걸어갈 수 있다.

『천로역정』에는 많은 인물이 나온다. 고집, 변덕, 세속 현자, 도움, 선의, 해석자, 집 주인, 인내, 절망, 정욕, 단순, 나태, 거만, 허례, 위선, 경계, 신중, 분별, 경건, 자애, 고난, 위험, 멸망, 겁쟁이, 불신, 아볼루온, 사망, 유혹, 육신의 정욕, 안목의 정욕, 이생의 자랑, 수치, 수다쟁이, 헛된, 질투, 미신, 아첨 재앙, 음란, 탐욕, 맹목, 불량, 악의, 호색, 방탕, 거만, 증오, 거짓말쟁이, 잔인, 완고, 감언이설, 사심, 세상 집착, 돈사랑, 구두쇠, 금전, 절망, 의심, 소심, 불신, 죄책감, 아첨꾼, 무신론자, 죽음 등 우리가 살아가면서 만나게 될 수도 있는 다양한 성격의 사람들이 등장인물로 나온다. 등장인물의 이름 자체로 등장인물의 성격과 행동을 짐작할 수 있다.

이런 인물 캐릭터들은 우리 인생길에서 한 번씩은 만난다. 우리에게 익숙한 캐릭터들이다. 인종, 국가, 종교가 달라도 한 번씩은 다 만나는 인물들이다. 이 중 아볼루온은 생소할 것이다. 아볼루온은 악마를 뜻한다. 성경에는 악마를 다양한 이름으로 묘사한다. 그중 한 이름이 아볼루온이며 아볼루온과 각 등장인물에 대해서는 다시 자세히 다룰 것이다.

우리가 살면서 한번은 만나게 될 다양한 인물들을 『천로역정』의 등장인물을 통해 미리 만나 보면 실제 우리 삶에서 이런 인물들을 만났을 때 발생하는 문제에 지혜롭게 대처할 수 있다.

『천로역정』의 저자는 성경에서 비밀을 비유로 말한 것은 우리에게 축복이라고 했다. 우리에게 비밀을 쉽게 이해하기 위해서 비유로 설명한 것이다. 마치 서양 언니가 나무 탁자 위의 유리컵을 비유로 삶의 지혜를 조언해 준 것과 같다. 이 책을 읽으면서 『천로역정』의 주인공 같이 걸으며 인생에 대한 더 깊은 이해와 『천로역정』이 우리에게 전하고 싶은 메시지를 명확하고 깊게 이해해 보자.

05
함께 넘는 허들

옛날 옛적에 한 도시에 사람들이 모여 살았다. 이 도시의 이름은 '멸망의 도시'였다. 이 도시에는 알려진 예언이 있었다. 이 도시의 시민들은 대부분 그 예언을 믿지 않았다. '설마 그런 일이 일어나겠어? 그런 일이 일어날 징조가 전혀 보이지 않는데?'라고 생각하며, 영원히 살 것처럼 살아간다.

다른 사람과 비교하고 경쟁하며 자신의 욕망을 채우기 위해 발버둥 치며 산다. 도시가 멸망한다는 예언이 이루어지면 아무 의미 없는 일을 하고 사라질 것들을 가지려고 애쓰며 산다.

멸망의 도시에 사는 한 남자가 책을 읽고 있다. 거짓말을 하지 않는다는 분이 쓴 책이다. 그 책에는 곧 이 도시가 멸망하고 시민들은 지옥에 떨어진다는 예언이 쓰여 있다.

'갑자기 멸망이라니! 게다가 하늘에서 불이 떨어져 멸망하고 사람들은 저 깊은 지옥으로 떨어진다니! 곧 그 일이 일어나지만 언제 그 일이 일어날지 알 수 없다니!'

책을 읽는 그 남자의 심장이 더 빠르게 두근거린다. 그 남자는 살아야겠다고 생각한다. 멸망의 도시가 불살라지기 전에, 지옥으로 떨어지기 전에 벗어나는 방법을 찾기 위해 고민에 빠졌다.

그 남자가 길을 걸어간다. 이 남자가 어느 곳을 향해 가는 길일까? 이 남자는 『천로역정天路歷程』의 주인공이다. 이 책의 제목인 『천로역정天路歷程』의 뜻을 이해하면 이 남자가 어디로 가는지 알 수 있다. 『천로역정』은 한자어로 되어 있어서 무슨 뜻인지 알 듯 말 듯하고 선뜻 와닿지 않는다.

우선 천로天路의 의미부터 알아보자. 한문으로는 하늘 천天, 길 로路 이 두 글자의 조합이다. 문자 그대로 해석하면 하늘의 길이다. 이 책의 의미로는 하늘의 도시celestial city로 가는 길을 말한다. 좀 더 풀어서 설명하면 이 세상을 만든 신이 미리 하늘에 만들어 놓은 도시로 가는 길을 말한다.

다음으로 역정歷程에 대해서 알아보자 지날 역歷 길 정程으로 이루어진 말로 지나온 길 즉, 지금까지 지나온 경로를 뜻한다. 자국, 자취, 발자국 또는 발자취 등의 우리말로 고쳐 쓸 수 있다. '그의 인생 역정, 끝없는 도전과 성공의 이야기', '그녀의 인생 역정, 아픔을 딛고 예술가로의 길'처럼 인생 이야기, 고난을 극복한 이야기, 성공 스토리 등을 말할 때 주로 회고록, 드라마, 영화, 문학작품, 인터뷰, 뉴스 기사 등에서 사용된다.

사자성어 같은 한자어의 조합인 『천로역정』을 한 번에 풀이하면 신이 미리 준비한 하늘의 도시로 가는 길을 걸어간 사람의 발자취를 기록한 책이다. 그 사람의 발자취를 따라가다 보면 이 책을 읽는 사람도 하늘의 도시로 들어갈 수 있도록 안내하는 책이다.

하늘의 도시로 가는 그 길이 진짜인지 아닌지 지금은 알 수 없다. 만약 진짜라면 가짜라고 생각한 사람은 죽어서 후회해도 이미 늦어버린다. 살아 있을 때 진짜인지 아닌지 알아보는 것이 정말 중요한 일이다.

『천로역정』의 원서 제목은 『The Pilgrim's Progress』다. 'Pilgrim'은 순례자, 여행자라는 뜻이다. 더욱 쉽게 풀이하면 목적이 있는 여행자이다. 'Progress'는 진보, 전진, 진행의 뜻이다. 두 단어를 합치면 목적이 있는 여행자의 진행 기록이다. 하늘의 도시로 가는 길을 찾아 순례를 떠나는 여행자의 진행 기록 즉, 순례자의 역정이라는 뜻이다.

시뮬레이션은 실제의 상황을 모형으로 만들어서 실험하고 그 결과를 통해 의사결정을 하는 기법이다. 주로 비행기 조종사나 우주 탐사 같은 실제 도전하기에 큰 비용과 위험이 있는 일에 사용된다.

하늘의 도시로 가는 순례의 길에 어떤 위험이나 어려움이 있는지와 하늘의 도시로 가는 길이 진짜 있는지와 하늘의 도시로 가는 길이 이 길이 맞는지를 이 책을 통해 시뮬레이션해 보면 당신은 늪에 빠지지 않고 지옥불에 던져지지도 않고 하늘의 도시로 정확하게 들어갈 수 있다.

『천로역정』은 1678년에 출간되었다. 무려 346년 전에 출판된 책이다. 아무런 사전 지식이 없이 읽어보자. 왜 이 부분에서는 이야기가 이렇게 전개되지? 그냥 다가갔는데 어려운 문제가 이렇게 쉽게 해결된다고? 이야기 책이니 쉽게 읽히지만, 마음속에서 많은 질문이 떠오른다. 이 책의 배경지식이 있으면 이런 여러 의문이 해결되며 독자에게 말하고 싶은 내용의 핵심을 이해할 수 있게 된다. 마치 미술관에서 도슨트의 해설을 듣는 것과 같다.

도슨트(Docent)는 박물관이나 미술관 등에서 관람객들에게 전시품에 대하여 설명하는 사람을 말한다. 미술관에는 그저 바라만 봐도 감동을 주는 그림들도 있다. 그저 바라만 봐도 좋은 그림도 작가의 시대적 배경과 그림을 그린 의도를 도슨트의 해설로 들으면 더 큰 감동으로 그림이 다가온다.

필자는 미술관의 도슨트처럼 『천로역정』을 해설하려고 한다. 도슨트의 해설을 들으며 그림을 보듯이 하늘의 도시로 가는 길을 쉽고 정확하게 이해해 보자. 우리는 유일무이한 한정판 인생을 산다. 당신의 소중한 한정판 인생의 아보하(아주 보통의 하루를 줄인 말, 신조어)를 하늘의 도시로 가는 방법을 알아보는 시간으로 유익하고 의미 있게 가득 채워보자.

멸망의 도시의 시민이던 주인공은 등짐을 지고 하늘의 도시로 떠난다. 순례의 길을 떠나고 얼마 못 가서 고집 씨와 변덕 씨를 만난다. 변덕 씨와 고집 씨의 등에는 짐이 없다. 고집 씨는 다시 멸망의 도시로 돌아가고 변덕 씨는 주인공과 함께 다시 순례의 길을 떠난다.

두 사람은 곧 절망의 늪에 빠진다. 변덕 씨는 등에 짐이 없어서 비교적 빨리 늪에서 나오고 주인공은 도움 씨의 도움을 받아서 나온다. 변덕 씨는 하늘의 도시로 가는 길이 이렇게 험난하다면 가지 않겠다고 하며 다시 멸망의 도시로 돌아간다. 전도자를 만난 주인공은 계속 하늘의 도시로 떠난다. 세속 현자를 만나서 율법의 산에서 죽을 고비를 넘기고 다시 좁은 문으로 향한다.

이야기가 흘러가는 내용은 익숙하다. 주인공이 길을 떠나고 역경을 만나 극복하고 새로 길을 떠나고 다시 역경을 만나고 다시 극복하며 길을 찾아서 떠난다. 단순하고 익숙한 반복적 구조로 쉽게 쓰였다.

『천로역정』의 1장을 읽다 보면 자연스럽게 의문들이 생긴다. 왜 주인공만 등짐을 지고 있을까? 고집 씨와 변덕 씨와의 만남은 어떤 의미를 담고 있을까? 갑자기 나타난 절망의 늪은 왜 절망의 늪일까? 세속 현자는 진짜 현명한 사람인가? 세속 현자는 왜 무시무시한 율법의 산으로 안내했을까?

어린 시절 제24회 서울 올림픽 대회를 중계방송으로 봤다. 그날은 여러 경기중에 육상경기 중 하나인 허들 경기가 방송되고 있었다. 시원하게 전속력으로 누가 제일 빠른지 뛰는지 보는 것이 재밌는 100미터 달리기와 다르게 허들 경기는 달리는 중간에 장애물을 넘는 모습을 보면서 답답함을 느꼈다. '왜 그냥 달리지 허들을 뛰어넘어 가게 했을까? 허들이 없으면 더 빨리 달릴 텐데' 궁금함이 생겼다.

인생길을 걸어갈 때 평탄한 길만 있는 것이 아니다. 바위도 있고 푹 파인 길도 있고 나무그루터기도 있다. 이런 장애물을 효율적으로 넘어가야 목적지로 빠르게 갈 수 있다.

허들 경기는 우리의 인생과 비슷하다. 인생의 곳곳에 허들이 있다. 허들이 없는 인생은 없다. 허들이 나타났을 때 효과적으로 넘지 못하면 인생 경주에서 승리할 수 없고, 완주하기도 힘들다. 결승점을 향해 뛰어가다가 허들에 발이 걸리면 속도가 늦어진다. 다치고 상처가 회복하는 데 시간이 걸린다. 상처가 깊으면 결승점까지 못 갈 수도 있다.

허들이 발에 걸릴 듯 말 듯 아슬아슬하게 넘어가야 빠르게 결승점으로 갈 수 있다. 인생을 달릴 때 장애물이 나타나면 훌쩍 뛰어넘어 갈 수도 있지만 허들 경기 선수처럼 딱 필요한 힘만 써서 넘어가면 다음 목표까지 뛰어갈 힘을 아낄 수 있다. 『천로역정』은 쉽게 쓰였지만 쉽게 이해하기 위해서 넘어야 할 허들이 있다. 아무리 쉽게 적어도 읽는 사람의 문화와 세계관과 다른 부분은 설명이 필요하다. 『천로역정』의 허들을 만나면 필요한 만큼의 힘만 쓰고 쉽게 넘어갈 수 있게 설명하려고 한다. 이 책을 통해 쉽고 빠르게 이해하고 효율적으로 함께 허들을 넘어가 보자.

06 마녀 잡는 망치?

『마녀 잡는 망치』는 1486년에 출판된 마녀사냥 교본이다. 무려 28판이나 인쇄된 베스트셀러다. 28판이면 얼마나 팔린 책일까? 첫 번째 인쇄된 책 묶음을 1쇄 또는 1판이라고 한다. 이때 약 2,000권의 책을 인쇄한다. 1판을 인쇄 후 다 판매되면 다시 2판을 인쇄해서 판매하고 반복해서 판수를 올려서 책을 판매한다. 28판이라는 뜻은 56,000권의 책이 인쇄돼서 판매되었다는 뜻이다.

『마녀 잡는 망치』는 요하네스 슈프랭거와 하인리히 크래머가 썼다 저자 중 하인리히 크래머는 이웃 여성에게 원한이 있었고, 그녀를 마녀로 누명 씌워서 죽이고 싶어서 이 책을 썼다고 한다. 개인적인 복수심으로 쓴 책이 교황의 정치적 필요로 베스트셀러가 되었고, 약 50만 명의 남녀가 『마녀 잡는 망치』때문에 마녀가 아니지만 마녀로 누명을 쓰고 죽었다.

이런 작가들을 사이비似而非라고 한다. 사이비는 겉으로 보기이기에는 비슷해 보이지만, 근본적으로는 완전히 다른 것을 의미하는 고사성어이다. 한자를 그대로 풀어 보면 '비슷하지만, 아닌 것'이다. 다시 말해, 단순한 가짜가 아니라 의도를 가지고 '진짜인 척하는' 가짜다. 사이비라 불리는 사람들은 주로 자신의 이익을 위해 종교를 이용한다. 『마녀 잡는 망치』의 작가인 하인리히 크래머는 자신이 사이비면서, 사이비가 아닌 사람을 사이비로 정의해서 심판했다. 문제는 우리 시대에도 사이비가 많다는 것이다. 시대를 떠나 자신의 이익을 위해 우리를 현혹해서 사기를 치는 사이비를 조심해야 한다.

속담 중에 '돌다리도 두들겨 보고 건너라'는 말이 있다. 잘 아는 일도 세심하게 주의하라는 말이다. 『천로역정』이 『마녀 잡는 망치』와 같은 책은 아닌지 돌다리를 두드려보자.

여러 가지 돌다리 두드리는 방법 중에서, 그 책을 쓴 작가가 자신의 삶으로 그 책을 증명한 책인지 살펴보는 방법으로 『천로역정』을 검증해 보려고 한다. 『천로역정』은 누가 어떻게 썼을까?

『천로역정』은 존 번연이 감옥에서 자신의 인생을 되돌아보면서 쓴 우화다. 감옥에서 쓴 책? 번연은 범죄자인가? 범죄자가 쓴 책이 가장 최선이라고? 이런 의문이 들 수도 있다. 감옥에 간 이유가 우리가 생각한 그런 종류의 범죄 때문인지 시대적 배경에 의해 억울하게 투옥된 것인지 번연의 삶을 알아가면서 확인해 보자.

번연이 어떤 사람인지 자서전인 『죄인의 괴수에게 넘치는 은혜』(사신의 청소년기와 초창기 목회자 활동에 관해 쓴 책)와 알려진 사실들로 『천로역정』과 얼마나 비슷한 삶을 살았는지 알아보자.

번연은 1628년 영국 베드퍼드셔주 엘스토우에서 아버지 토머스 번연과 어머니 마가렛 벤틀리 사이에서 태어났다. 존 번연이 태어난 17세기는 『마녀 잡는 망치』로 인한 마녀사냥의 절정기였다. 특히 독일, 프랑스, 스위스에서 마녀사냥 활발했다. 번연이 영국에서 태어나지 않고 유럽에서 태어났다면 감옥에 가는 대신 마녀로 몰려 사형당했을지도 모른다.

번연의 할아버지는 행상인이었고, 아버지는 가난한 땜장이였다. 땜장이는 솥이나 냄비, 프라이팬 등 구멍 난 그릇을 때워서 메우는 일을 해서 그 대가를 받는 일을 하는 사람을 말한다. 번연도 대를 이어 땜장이의 일을 하면서 학교 교육을 일부분만 받았다.

번연은 자신이 청소년기에는 욕을 입에 달고 살았다고 했다. 하나님을 모독하는 말들을 하고 저주와 거짓말을 하며 살았다고 했다. 10살 때는 지옥에 떨어지는 악몽을 꾸었다고 했다. '마귀는 남을 괴롭히지만, 남에게 괴롭

힘을 당하지 않는다, 내가 마귀가 되면 좋겠다'는 생각이 들었고 괴롭힘당하는 게 싫은 이유로 스스로 악령이자 마귀 대장이 되고 싶어 했다.

그가 하나님을 믿기 전을 요약하면 욕쟁이 마귀 대장 지망생 땜장이였다. 17세기 영국의 욕쟁이 마귀 대장 지망생 땜장이가 쓴 책이 성경책 다음으로 많은 언어로 번역되고 많이 팔린 책이라고? 아니 지금 나보고 욕쟁이 마귀 대장 지망생 땜장이가 쓴 소설을 읽으란 말인가? 내 인생의 시간은 한정되어 있는데, 시간 낭비 아닌가? 하는 의문이 들 수 있다.

번연이 욕쟁이 마귀 대장 지망생 땜장이로 생을 마감했다면 『천로역정』은 이 세상에 나오지도 않았을 것이다. 누구나 질풍노도의 청소년기에 허황된 생각을 할 수 있다. 우리는 그것을 흔히 사춘기라고 부른다. 17세기 영국의 번연은 사춘기 때 욕도 많이 하고 마귀 대장이 되고 싶어 했다. 정말 마귀 대장이 되고 싶어서 끝까지 노력했다면, 번연은 마귀 대장 코스프레 장인으로 역사에 남았을 것이다.

영국 문학을 대표하는 두 명을 말하면, 윌리엄 셰익스피어와 존 번연이라 할 수 있다. 셰익스피어는 오늘날 고등학교 과정에 해당하는 문법 학교에서 교육을 받았다.

반면에 번연은 거의 아무런 교육도 받지 못했다. 요즘 흔히 말하는 '흙수저'다. 존 번연은 최하층에 속했지만, 영국 문학을 대표하는 반열에 오른다. 번역된 언어 수와 책 판매량으로만 보면 영국 최고의 문학가라 할 수 있다. 게다가 번연은 영국 베드포드 엘스토우에 존 번연 박물관 John Bunyan Museum도 있다.

그는 하나님을 믿은 후 하나님을 사랑하고, 세상 사람들을 사랑하는 사람이 되었다. 그가 사랑하는 사람들을 위해 믿음으로 살아가면서 겪었던 여러 경험을 기반으로 책을 썼다.

우화란 무엇인가? 우화는 영어로는 'fable' 또는 'allegory'로 표현되고 도덕적인 명제나 인간 행동의 원칙을 예시하는, 즉, 보편적인 지혜를 담고 있는 경구를 설명하는 이야기다. 어떤 대상을 우회적으로 빗대어 표현하는 기법이다. 알려진 우화로 『이솝우화』, 『탈무드』, 『천일야화』 등이 있다.

1644년, 존 번연의 나이 16살 때 어머니가 죽었다. 두 달 후 아버지는 재혼하였고, 이로 인해 번연과 아버지의 관계가 소원해졌다. 때마침 베드포드 지역에 내려진 군 소집령에 따라 번연은 군에 입대하고 전쟁에 참여한다. 당시 잉글랜드는 왕을 옹호하는 왕 군과 청교도가 중심이 된 의회를 옹호하는 의회 군으로 나뉘어 전쟁하고 있었다. 이때 자신의 동료가 전사하는 것을 목격하고, 죽음에 대해 심각하게 생각했다고 한다. 내전은 의회파의 승리로 끝난 뒤, 번연은 고향에 돌아왔다.

번연은 20세 때 몹시 가난한 청교도 집안에서 자란 아내 메리를 만나 결혼을 한다. 그의 아내는 너무도 가난해서 결혼할 때 지참금 등 혼수를 갖고 오지 못했다. 대신 청교도의 필독서인 아서 덴트Arthur Dent의 『평범한 사람이 천국에 이르는 길』과 루이스 베일리Lewis Bayly의 『경건의 연습』 책 두 권을 가지고 왔다.

번연은 배우자를 잘 만나서 세계적인 베스트셀러 작가가 되었다. 필자도 배우자를 잘 만났다. 아내의 지혜로운 말로 결혼 전에는 절대 하지 않을 훈련도 2년이나 받고 성장했다. 책도 결혼 전에는 써봐야지 하는 마음만 있었지만, 결혼 후에 아내와 세 자녀의 응원으로 책을 쓸 수 있었다. 번연도 필자도 마치 우리나라 전래 동화인 바보온달의 주인공 온달과 같다.

신실한 배우자가 혼수품으로 가지고 온 책들을 읽은 번연은 개신교를 탄압한 로마 가톨릭교회를 증오하게 되었고, 예수 그리스도에게 충성하기로 다짐했다. 그는 아내 덕분에 1653년 베드포드 침례교회의 신자가 되었다.

번연은 교회에 나가 설교도 듣고 찬송도 부르고 말도 믿음의 사람처럼 하며 살았다. 하지만 그의 속 사람은 바뀌지 않았다. 흔히 말하는 종교인 생활을 했다. 진짜 믿는 믿음 없이 겉으로만 믿음의 사람처럼 보였고, 사람들을 만날 때만 착한 척을 했다. 사람들이 자신을 좋게 평가하는 것이 좋았고, 설교 말씀을 들으면 마음에 뜨거운 불이 일었지만 금방 사그라졌다고 했다.

앞서 말했듯이 하나님을 모독하고 욕설을 입에 달고 산 번연은 자신이 이미 너무 큰 죄를 지어서 지옥에 가겠다고 생각하고 살았다. 엄격한 청교도들은 주일에 춤추고, 게임하며 종을 울리는 오락을 금지했다. 하지만 번연은 습관적으로 엘스토우 교회 부근의 잔디밭에서 자치기 놀이를 했다. 자치기 놀이를 하던 어느 날,

'죄에서 떠나 천국으로 가겠느냐? 아니면 이 죄를 지고 지옥으로 가겠느냐'

는 생각이 들었고, 몇 년간 고심하게 되었다. 죄를 끊어야 천국에 가겠다는 생각이 들었고, 그래서 욕하는 버릇을 끊었다.

1655년, 존 번연은 엘스토우를 떠나 베드포드로 이사했다. 1658년 번연은 아내와 사별했다. 두 사람 사이에는 4명의 자녀, 시각 장애를 갖고 태어난 첫째 딸 메리와 엘리자베스, 존, 토머스가 있었다. 존 번연은 이듬해인 1659년, 18살의 엘리자베스와 재혼했다. 엘리자베스와 결혼 후 얼마 지나지 않아, 번연이 감옥에 갇히게 된다. 엘리자베스는 재판관을 찾아가 남편을 옹호하며 변호했다. 두 사람 사이에는 2명의 자녀, 사라와 요셉이 있었다.

번연은 어느 날 땜장이 일을 하러 베드포드로 가는 길이었다. 태양이 내리쬐는 오후에 가난한 여인 서넛이 둘러앉아 하나님의 일에 관해 이야기하는 것을 들었다. 그들의 대화를 듣고 자신은 아무것도 아니라는 생각이 들었고, 사람들이 믿음 생활을 하지만 좌절과 절망의 생활을 하는 것을 보았다.

그러다가 어느 목사님이 하나님은 당신을 사랑하신다는 설교를 듣고 큰

기쁨을 느낀다.

"너는 내 사랑이다. 그 무엇도 너와 나의 사랑하는 관계를 끊을 수 없다."

는 말씀에서 가득한 위로와 소망을 맛보았고, 자신의 죄가 용서받았다는 것을 알았다고 했다.
 하나님의 자비와 사랑에 취해서 너무 기뻐했던 번연은 지나가는 까마귀에게도 자신이 깨달은 하나님의 사랑과 자비를 말하고 싶었다고 했다. 그만큼 기쁨이 넘쳤다. 그렇지만 곧바로 죄를 짓고 좌절했다.
 그러다

"하나님은 너를 포기하거나 버린 적이 없고, 네가 죄를 짓는 동안에도 너를 사랑했고 전에도 사랑했고, 지금도 사랑하고, 앞으로도 영원히 사랑할 것이다"

라는 말씀을 듣는다. 그렇게 하나님의 사랑을 다시 깨닫고 하나님의 말씀을 전하기 시작한다.
 베드포드의 길포드 목사님이 돌아가시고, 이어서 번연이 설교를 하세 된다. 그 시대의 영국 국왕인 찰스 2세는 영국 국교회, 즉, 영국 성공회를 제외한 모든 기독교 교파를 탄압했다. 1661년, 침례교도인 번연은 사전 허가 없이 복음을 전했고 비밀집회 혐의로 12년 동안 투옥되었다.
 이때 번연은 절망하지 않고 『죄인의 괴수에게 넘치는 은혜』라는 제목의 자서전을 썼다. 감옥에서도 하나님의 말씀을 전하기 위해서 『천로역정』을 집필한다. 출소 이후 1676년에 다시 감옥에 갇히고 다시 6개월간 감옥에 투옥된다. 이때 『천로역정』을 완성하고 1678년 『천로역정』 상권을 출판했다. 그로부터 6년 뒤인 하권을 출판했다.

　번연은 출소 후에 인기 있는 작가이자 설교자였다. 1672년, 베드포드 교회의 설교자로 청빙을 받았다. 번연은 베드포드뿐만 아니라, 말을 타고 전국 여러 곳을 순회하며 설교했다. 설교자로서의 번연은 '주교 번연'이라는 별칭을 얻었다.

　1688년, 존 번연은 사이가 나쁜 아버지와 아들을 화해시키려 런던 인근의 레딩으로 거센 비를 뚫고 갔다. 무리한 일정으로 병을 얻었고 런던의 스노우 힐에 있는 친구 스트러드빅의 집에서 1688년 8월 31일 사망했다. 번연이 죽은 후 3년 뒤인 1691년에 아내 엘리자베스도 사망했다.

　존 번연은 지금 런던의 번힐필드Bunhill Fields에 잠들어 있다. 번힐필드는 잉글랜드 국교회에 반발했던 비국교도들이 주로 묻혀 있다. 찬송가의 아버지 아이작 와츠, 『로빈슨 크루소』의 저자인 소설가 다니엘 디포, 시인이자 화가인 윌리엄 블레이크, 청교도의 대표적 신학자인 존 오웬, 웨슬리의 어머니인 수잔나 웨슬리 등이 잠들어 있다.

　번연은 자기 삶의 경험을 바탕으로 『성경』의 이야기를 비유로 잘 풀어썼고 자신도 『천로역정』의 내용처럼 천국으로 가는 길을 걸어갔고 완주했다. 돌다리를 두드려 보니 『천로역정』은 우리에게 이로움을 주는 책으로 읽어봄이 마땅한 책이다.

07
91번길

주인공은 91번 길을 찾아서 떠난다. 멸망의 도시를 떠나 91번 길을 찾아가는 동안 절망의 늪을 지난다. 주인공의 가족, 전도자, 고집, 변덕, 도움은 해석자의 집에 도착하는 동안 주인공이 만나는 등장인물이다. 이들과 함께 절망의 늪까지 함께 걸어가 보자.

이처럼 존 번연의 천로역정에는 많은 등장인물들이 등장한다. 러시아의 소설가이자 시인이자 사상가인 레프 톨스토이가 쓴 『전쟁과 평화』에는 총 559명의 등장인물이 나온다. 익숙하지 않은 러시아인 이름을 힘들게 기억하며 소설을 읽기 시작하면 수많은 인물이 등장하기 시작한다. 읽다 보면 이 등장인물이 아까 등장했던 그 등장인물인지 새로 나온 등장인물인지 헷갈리기 시작한다. 소설에 몰입하기 위해서는 등장인물들의 이름을 외우고 관계도를 그려가며 읽어야 한다.

많은 등장인물이 등장하는 천로역정도 등장인물 간 관계도를 그려가면서 읽어야 할까? 『천로역정』에도 수많은 인물이 등장하지만, 전쟁과 평화보다는 이해하기 쉽다. 등장인물들의 이름이 단순하고 직접적이다. 등장인물들의 성격과 역할이 이름이다.

등장인물들을 크게 네 가지 그룹으로 구분할 수 있다. 첫 번째 등장인물 그룹은 멸망의 도시에서 살아가는 인물 그룹이다. 두 번째 등장인물 그룹은 주인공을 멸망의 도시를 떠나지 못하게 하는 인물 그룹이다. 이 두 등장인물 그룹은 멸망의 도시가 예언대로 멸망하면 같이 멸망할 예정인 멸망의 도시에 머물러 있는 사람이다. 세 번째 등장인물 그룹은 하늘의 도시로 들어가는 인물 그룹이다. 네 번째 등장인물 그룹은 주인공이 하늘의 도시로 들어가기를 도와주는 인물 그룹이다. 영원한 생명을 얻기 위해 하늘의 도시로 가는 길을 걸어가는 사람들이다. 멸망의 도시에서 탈출하는 사람들이다. 『천로역정』에 새로운 등장인물이 등장할 때마다 이 네 가지 그룹 중에 어디에 속하게 될지 생각하면서 주인공과 함께 하늘의 도시로 걸어가 보자.

주인공은 꿈속에서 하늘의 도시로 들어가는 길을 떠난다. 주인공과 함께 걷다 보면 멸망의 도시에서 탈출하는 법을 배울 수 있다. 하늘의 도시로 들어가는 길을 주인공과 함께 걸으며 멸망의 도시에서 탈출하는 법을 배워보자.

주인공은 책을 보고 괴로워하다가 등에 짐을 지고 멸망의 도시를 떠난다. 여행을 떠나기 전 여행에 필요한 짐을 싸서 등에 멘다. 등에 진 짐은 길을 걸어가면서 때마다 필요한 물건들을 꺼내어 써서 부피와 무게가 줄어들게 마련이다. 그러나 주인공의 등에 진 짐을 길을 걸어갈수록 더 무거워진다. 도대체 어떤 짐이길래 점점 더 무거워질까?

진리를 찾는 사람들을 구도자라고 한다. 주인공은 멸망의 도시에서는 구도자다. 누구나 살면서 한 번쯤 삶에 의문을 가지고 진리를 찾고 싶을 때가 있다. 난 누군가? 어디서 왔고? 어디로 가나? 내 삶은 어떻게 살아야 할까? 한 번뿐인 소중한 내 인생 어떻게 살아야 잘 살았다고 소문날까? 지금, 이 선택으로 인하여 앞으로 어떤 일이 벌어질까? 이런 질문들의 답을 찾으려고 한다. 그렇게 답을 찾다가 지치고 상처받기도 한다. 상처가 반복되면 진리가 무엇인지 모르겠으니 내 삶은 어떻게 되든 상관없다고 결론을 내리기도 한다. 단 한 번뿐인 소중한 인생길을 그저 그렇게 되는 대로 걸어가기도 한다.

주인공은 예언이 적힌 책을 읽었다. 그 책에는 주인공이 사는 도시가 멸망한다는 예언과 영원한 생명을 얻는 방법에 대한 이야기가 적혀있었다.

영원한 생명을 얻는 방법을 찾는 일이 문제가 아니다. 멸망의 도시에 머물러 있으면 도시와 함께 멸망한다. 멸망의 도시를 떠나야 한다. 주인공은 선택의 여지가 없었다.

주인공은 그 책을 읽다가 자신의 죄를 깨닫고 죄의 짐을 등에 지고 다닌다. 등에 멘 죄의 짐을 벗기 위해서 방법을 찾다가 전도자를 만나서 순례의 길을 떠난다. 주인공은 구도자에서 순례자가 되었다.

멸망의 도시에서 고집과 변덕이 소문을 듣고 주인공을 다시 멸망의 도시로 데리러 간다. 고집은 이름처럼 자신의 고집을 굽히지 않고 멸망의 도시로 돌아가고 변덕이 주인공과 함께 순례의 길을 떠난다. 비록 그 친구가 변덕스러운 인격을 가지고 있더라도 당신의 곁에 함께 순례의 길을 걷는 친구가 있나?

먼 길을 걸어갈 때 함께 같이 걸어가는 친구가 있다는 것은 큰 힘과 축복이 된다. 주인공은 인생길을 걸어갈 때 동행자가 몇 번 바뀐다. 인생길의 동행자가 어떻게 바뀌고 마지막 동행자는 누구일까? 주인공과 함께 계속 길을 걸어가 보자.

전도자가 나타나 주인공에게 방향을 제시해 준다. 전도자가 제시한 방향은 좁은 문이다. 주인공은 좁은 문을 향해 발걸음을 옮긴다. 당신에게는 방향을 제시해 주는 사람이 있는가? 인생에 방향을 제시해 주는 사람을 만나는 기회는 흔치 않으며 정말 감사한 일이다. 아직 방향을 제시해 주는 사람을 만나지 못했다면, 책으로라도 삶의 방향을 잡고 나아가길 바란다.

주인공과 변덕은 희망찬 발걸음으로 하늘의 도시를 향해 걸어가지만, 곧 절망의 늪에 빠진다. 멸망의 도시를 떠나 만나는 첫 번째 장소가 절망의 늪이다. 왜 희망을 가득 안고 출발하자마자 도착한 첫 장소가 절망의 늪일까? 아직 죄의 문제를 해결하지 못해서다. 주인공의 등에는 여전히 죄의 짐이 매여있다. 게다가 죄의 짐은 계속 커진다. 살아가면서 마음속으로 짓는 죄와 행동으로 짓는 죄는 멈출 수가 없고 계속 쌓이며 커지기만 한다.

절망의 늪은 세상의 모든 죄들이 스며들어 생긴 늪이다. 사람들이 자신이 죄를 깨닫고 난 후 여러 가지 의심과 걱정과 두려움이 쌓이면 늪처럼 된다. 한 번 빠지면 천천히 깊게 빠져들고 죄의 늪에서 허우적거리면 허우적거릴수록 빠져나오기 힘들다.

존 번연은 어린 시절의 기억을 떠올리며 절망의 늪을 쓴 듯하다. 욕이 잘못인지 알지만 욕을 끊을 수 없었던 그는 절망에 빠지고 악몽에 괴로워하고 좌절했다.

변덕은 자신의 힘으로 절망의 늪에서 빠져나온다. 주인공은 죄의 목록이 적힌 책을 봤지만, 변덕은 아직 그 책을 보지 못해서 자신의 죄를 깨닫지 못한 상태다. 죄를 깨닫지 못했으니 등에 죄의 짐을 짊어지지 않았다. 죄의 짐이 없어서 몸이 가벼워 혼자 힘으로 디딤돌을 딛고 절망의 늪에서 나온다.

대체로 사람은 자신의 죄를 깨닫지 못한다. 마음속의 분노, 미워함, 시기, 질투, 욕함 등의 마음으로 짓는 죄가 행동으로 이어지지 않으면 죄가 아니라고 생각한다. 하지만 자신은 마음속에 나쁜 감정으로 나쁜 죄를 짓는 상상 한 걸 안다. 사소한 거짓말하기, 도로를 무단 횡단하기, 다른 사람이 보지 않을 때 쓰레기를 길에 버리기, 다른 사람을 말로 위험에 빠트리기 등의 작은 죄들도 들키지 않으면 죄라고 생각하지 않고 양심의 가책을 느끼지 않는다.

변덕의 죄에 대한 인식 상태를 살펴보면 이런 상태다. 나는 죄를 지었지만, 그런 죄들로 경찰의 단속으로 벌금을 내거나 감옥에 간 적 없으니, 죄가 없다고 생각한다. 심지어 벌금을 내거나 감옥에 다녀와서 그 죄에 대한 대가를 치렀으니, 나는 죄가 없다고 생각한다.

주인공은 멸망의 도시가 멸망한다는 예언이 적힌 책을 보고 자신의 죄를 명확하게 깨달았다. 그 책에는 죄의 목록이 정의되어 있다. 그 책을 읽고 나면 명확히 죄를 알게 된다. 죄를 깨닫고 죄를 짓지 않으려 하지만, 죄가 반복되고 절망이 반복되어 늪이 되고 헤어 나올 수 없게 된다. 죄의 문제는 어떻게 해야 해결될까?

주인공은 자신의 등에 멘 죄 짐의 무게 때문에 자신의 힘으로는 나올 수 없다. 어디선가 도움이 등장해서 주인공을 절망의 늪에서 꺼내준다. 이때 주인공을 도와주는 등장인물 이름이 도움이다. 등장인물들의 이름으로 등장인물의 역할을 알 수 있다. 특히 도움은 도와줄 것이 기대되는 이름이라는 것을 알 수 있다.

당신도 절망의 늪에 빠졌을 때 도움 같은 인물이나 존재를 만난 적이 있나? 당신의 주변에는 당신이 절망에 빠졌을 때 도와줄 도움이 있나? 당신이 절망에 빠졌을 때 도와줄 도움도 없거나 지금 절망의 늪에 빠셔있다면, 부디 이 책을 끝까지 읽고 도움을 받기를 바란다. 이 책이 당신에게 『천로역정』의 등장인물인 도움의 역할이 되어, 당신이 절망의 늪에서 빠져나오기를 바란다.

도움은 신의 도움을 상징한다. 이 세상을 설계하고 만든 신은 사람들을 위해서 길을 미리 준비하고, 그 길을 걸어가는 사람들을 도와주고 싶어 한다. 신이 영의 모습으로 다가와 사람들을 돕는다. 신이 직접 등장해서 도와주면 되지, 왜 영의 모습으로 변해서 다가와 도와줄까?

신과 사람은 직접 만날 수 없게 구분되고 구별되어 있다. 이것을 좀 더 전문용어로 말하면 신은 거룩하다고 한다. 거룩(holy)은 히브리어로 '코데쉬'라 하며 잘라냄 분리함을 의미하는 말로 더러움과 분리된 깨끗한 상태를 말한다. 『성경』에서 자주 언급되며, '구별' 또는 '분리'를 뜻한다.

그래서 신은 사람을 지켜보다가 본체가 직접 나서지 않고 신이 영의 모습인 도움으로 나타나 사람을 돕는다. 이것이 하늘의 도시로 가는 길의 세계관이다.

절망의 늪에서 혼자 힘으로 빠져나온 변덕은 이 길이 맞는지 의심하고, 하늘의 도시 가는 길이 멀고 험해 안 가겠다고 한다. 신을 믿기 시작한 사람은 이제 자신이 탄탄대로를 걷다가 신을 만날 것으로 기대한다. 신이 나를 도울 것으로 기대한다. 신은 도움을 요청하는 그 사람을 돕는다. 단, 신의 목적과 뜻 안에서 돕는다.

신은 도움을 요청하는 사람의 욕망을 채워주는 종이 아니다. 신은 사람을 만들고, 세상을 만들고, 신의 뜻대로 사람이 하늘의 도시로 갈 수 있도록 돕는다. 변덕은 이 사실을 받아들일 수 없다. 하늘의 도시로 가는 것도 자신의 욕망과 욕심을 채우기 위해서 가려 한 듯하다. 변덕은 하늘의 도시로 가는 길보다 멸망의 도시에서 즐기던 옛것들이 생각났다. 그것들이 주던 즐거움이 생각나 영원한 생명을 버리고 멸망을 선택한다. 변덕은 멸망의 도시로 돌아간다. 그렇게 멸망의 도시와 함께 멸망한다.

08
유혹하는 미로

　이번 장에서 주인공은 시내 산을 넘고 도덕마을에 들렸다가 좁은 문을 향해 간다. 세속 현자, 선의는 해석자의 집에 도착하기까지 등장인물이다. 이들과 함께 해석자의 집까지 가보자.

　번녀와 헤어진 주인공은 외롭게 다시 하늘의 도시를 향해서 좁은 문을 찾아 걸어가는 길에 세속 현자를 만난다. 세속 현자는 전도자와 다른 방향을 제시한다. 어려운 길 대신에 쉬운 길로 가라고 말한다. 좁은 문으로 갈 필요가 없고 넓은 문을 지나도 하늘의 도시로 들어갈 수 있다고 유혹한다. 산전수전을 경험해 본 사람들은 이 대목에서 고개를 갸웃한다. 과연 그런지 의심스럽다. 쉬운 길이라고 해서 막상 그 길로 가보면 결코 쉬운 길이 아니었던 경험이 기억난다. 살다 보면 쉬운 길이 쉬운 길이 아니고, 넓은 문도 지나고 보면 넓은 문이 아닌 경우가 참 많다. 오죽하면 쉽게 얻은 것은 쉽게 잃는다고 할까? 하물며 영원한 생명을 쉽게 얻을 수 있다고 말하니 고개가 갸웃거려진다.

　세속 현자는 도덕 마을의 율법주의 선생에게 안내한다. 좁은 문으로 들어가지 않아도 죄의 짐을 벗을 수 있다고 한다. 좁은 문으로 가면 불편하기만 하고 결국 죽는다고 한다. 사실이 아닌 말들도 주인공을 유혹하기까지 한다. 율법을 지키면 죄의 짐을 벗을 수 있다고 한다. 좁은 길을 가는 것 보다 율법주의 선생을 만나는 것이 더 안전하고 만족스러운 관계와 즐거움을 얻을 수 있다고 유혹한다.

　도덕마을의 율법주의 선생이 정답일까? 도덕마을도 율법주의 선생도 율법을 완벽하게 지키지 못한다. 율법은 마치 우리 세계의 법과 생활 규칙을 합친 말과 비슷하다. 율법은 이렇게 하면 안 되고 저렇게 하면 안 되는 일을 정의한다. 율법은 이렇게 하면 안 되니까 이것을 어기면 죄라고 말하며 죄를 정의하고 발견하게 해줄 뿐이다.

　법과 생활 규칙을 완벽하게 하나도 어기지 않고 지킬 수 있을까? 이런 법들을 완벽하게 지키면 죄인이 아니니 신과 만날 수 있고 영원한 생명을 얻을 수 있다고 한다면 아무도 영원한 생명을 얻을 수 없다. 율법을 하나도 어기지 않고 지키기란 불가능하기 때문다.

　율법은 왜 완벽하게 지킬수가 없을까? 율법을 완벽하게 지키려면 율법을 알아야 한다. 그러면 율법이 뭔지 배우기 전에 지은 죄들은 어떻게 할 것인가? 율법을 알고도 마음으로 지는 죄들은 어떻게 할 것인가? 법을 다 지킨다고 죄가 없는 걸까? 법이 완벽하게 죄를 정의할 수 있을까? 그렇다면 재판이 없고 소송이 없는 세상이 될지도 모른다. 법은 완벽하게 다 지키지도 못할뿐더러 법을 완벽히 알기도 어렵다.

　모두가 법을 완벽히 알면 모두 다 변호사를 하려고 하고 소는 누가 키우나? 모두가 법을 완벽히 알지 못해서 다행이다. 덕분에 우리는 맛있는 소고기를 먹을 수 있다. 알지도 못하는 것은 지키지도 못한다. 결국 율법으로는 죄의 짐을 벗을 수 없다.

　세속 현자는 세상 속 현명한 사람이라는 뜻이다. 세상 속의 현명함이 사실 세상의 현명함이 아니고 자신을 죄의 구렁텅이로 집어넣는다. 자기 계발 관련 책은 그 책을 쓴 작가만 부자가 된다고 한다. 몇몇 훌륭한 책들도 있지만 대부분 작가 본인도 잘 지킬 수 없는 이런저런 지혜로운 말들만 쓰여 있기 때문이다. 책의 제목과 지혜로운 말들로 설득된 독자들은 책을 구매해서 실천해 보지만 실천할 수 없고 그 책을 쓴 작가만 부자가 된다.

　세속 현자의 말도 이와 같다. 율법주의로 죄가 해결된다고 하지만 율법을 지키려고 하면 할수록 지킬 수 없는 법들을 지키려 고생만 하고 결국 지키지 못하고 죄를 짓고 죄책감에 빠지게 된다. 게다가 자신과 주변 사람들까지 같이 죄인으로 만든다. 지혜가 지혜가 아니고 자신을 영원한 생명과 멀어지게 한다. 세속 현자는 자신이 지혜롭다는 착각을 하고 자신의 지혜로운 말로 자신과 주변 사람 모두를 멸망의 길로 안내한다.

좁은 문의 반대 편의 의미로서 넓은 문은 출구 없는 유혹하는 미로와 같다. 세속 현자가 안내하는 넓은 문은 보이지만 들어갈 수 없는 문이다. 사실은 넓어 보이고 쉬워 보이는 문이지만 알고 보면 넓지도 쉽지도 않은 어려운 문이다. 넓은 문은 율법만 지키면 되지만 율법을 하나도 어기지 않고 모두 지키는 것은 불가능하기 때문이다. 불가능을 안내하는 문은 들이갈 수는 있지만 나올 수는 없다.

하늘의 도시로 가는 길의 세계관에서는 넓은 문으로는 주인공의 목표인 영원한 생명에 이를 수 없다. 좁은 문을 통과해야만 영원한 생명에 이를 수 있다고 설계된 세계관이기 때문이다. 멸망의 도시의 세계관에서는 넓은 문으로 영원한 생명을 얻을 수 있을까? 마찬가지로 영원한 생명에 이를 수 없다. 쉽게 걸어갈 수 있는 길은 사람을 쉽게 타락하게 한다. 멀쩡한 사람도 율법을 지키기 어려운데 이미 타락한 사람은 말할 필요도 없다.

좁은 문은 과연 어렵고 힘든 길인가? 아니다. 좁은 문은 좁아 보이는 문이다. 좁아 보이지만 막상 들어가면 좁지 않다. 신을 믿고 하늘의 도시로 가는 길을 걸어가면 신이 영의 모습으로 나타나 도와준다. 신이 만들어 놓은 안내서에 쓰인 대로 살기로 결심만 한다면 단계별로, 상황별로 다양한 방법으로 신이 영의 모습으로 도와준다. 인생길을 자신의 능력과 자기의 의지로만 걷지 않고 신과 함께 걸어간다.

대부분 자기 계발 관련 서적은 의지를 강조한다. 자신의 능력과 자기의 의지만으로 삶을 성공적으로 살 수 없다는 것을 자신도 알고 신도 안다. 오죽하면 운칠기삼이라는 말이 있을까? 운칠기삼이라는 말은 인생은 운이 70퍼센트이고 기세 즉, 자신의 의지가 30퍼센트라는 뜻이다. 쉽게 말해 운이 따라야 한다는 말이다. 다시 말해 자신의 의지보다 운이 더 중요하다는 말이다. 신을 믿지 않는 사람에게 운이 따를지 안 따를지는 아무도 모른다.

신이 만든 세상 즉, 하늘의 도시로 가는 길에서는 운이 필요 없다. 신이 도와 주기 때문이다. 운이 아니라 모든 것이 신의 도움이며 은혜다. 신이 앞서서 예비한 길로 신을 신뢰하고 걸어가기만 하면 되는 세계관이다. 모든 것이 운이 아니고 신의 도움이며 은혜라는 사실이 쉽게 이해되지 않는가? 신이 심심해서 안 되는 길 만들어 놓고 당신이 어디로 가나 지켜보는 것 같은가? 과연 신이 그렇게 심심할 것 같은가?

신과 당신의 입장을 서로 바꿔서 생각해 보자. 당신이 이 세상을 만든 신이라면 심심할지 생각해 보자. 당신이 세상을 만들었다고 상상해 보자. 만들어진 세상은 그냥 던져두면 돌아갈까? 세상은 관리를 해야 유지된다.

지구도 돌리고 달도 태양도 돌리고 은하도 돌리고 바쁘다. 돌리는 속도와 방향이 안 맞으면 부딪혀서 부서지고 사람들이 다 죽는다. 애써 만들어 놓은 세상이 멸망한다. 정신 똑바로 차리고 돌려야 한다.

게다가 사람들도 도와달라고 난리다. 그러면 신이니 도와줘야 한다. 지구 한 편의 사람들이 밤이면 반대편의 사람들은 낮이다. 지구 한편의 사람들은 낮에 도와달라 기도하고 당신이 그들을 돕는다. 다시 밤과 낮이 바뀌고 다른 편의 잠을 자던 사람들이 일어나 도와달라 기도한다. 게다가 지구 동편의 대한민국 사람들은 새벽에도 벌떡 일어나서 기도하고 밤에도 기도하고 난리다. 사람들이 자기들 잠도 줄여가며 낮과 밤에 쉬지 않고 기도한다. 자기들끼리 순서를 정해서 시간대를 정해서 릴레이 기도를 한다. 마치 릴레이 경기를 하듯이 바턴을 주고받으며 기도한다. 당신은 기도를 들어주느라 쉬지도 못하지만, 사람들은 기도하느라 신이났다.

당신은 계속 잠을 못 자서 피곤하다. 피곤해도 기도하는 사람들을 돕기로 한 신이니 당신은 자지도 못하고 도와준다. 이 세상을 신인 당신이 만들었으니 책임져야 한다. 자신이 만든 사람들 때문에 잠도 못 자고 쉬지도 못한다. '아이고 인간들아, 나도 좀 자자. 좀 쉬자'고 말할 수도 없다. 신은 잘 시간도 없이 바쁘다 심심하고 싶어도 심심할 틈이 없다. 당신이 이런 상황이면 심심하다는 생각이 떠오를 시간이나 있을까?

신의 도움으로 할 수 있으니 신이 사람에게 시키는 거다. 신이 사람을 만들고 사랑했다. 신이 사랑스러운 사람들을 위해 길을 미리 만들었다. 신이 자신이 만든 길을 걷기로 결심한 사람들을 다양한 방법으로 성장하게 해서 때에 맞게 딱 맞는 능력을 준다. 신이 미리 만들어 놓은 하늘의 도시로 갈 수 있게 돕는다. 진짜인가 싶은가? 의심이 드나? 이 책을 끝까지 읽어보자. 신이 주인공을 만들어 놓고 '오늘은 심심한데 보자 그래 오늘은 네가 좋겠다. 오늘은 너를 데리고 놀아볼까?' 하고 심심해서 가지고 노는지 하늘의 도시로 들어가게 하는지 지켜보자.

좁은 문은 쉬운 문인데 왜 어려워 보일까? 멸망의 도시에서 살면서 습관처럼 스며든 익숙한 길이 아니라 새로운 길이라서 어려워 보인다. 멸망의 도시에 살면서 익숙해진 멸망 도시의 길은 비록 그 길이 멸망으로 가는 길이라도 익숙하고 재밌다.

좁은 문은 신의 아들이 인간의 모습으로 이 세상에 온 예수님을 상징한다. 이 책에서는 의미 전달을 위해 이후 예수님을 신의 아들이라고 부르려고 한다. 하늘의 도시로 가는 길의 세계관에서는 신의 아들을 통하지 않고 구원받을 수 없다. 좁은 문으로 가는 길은 널리 알려져 있다. 다시 말해 신의 아들에게로 가는 길을 잘 알려졌지만 그 길이 보기보다 쉽다는 사실은 알려지지 않았다.

좁은 문은 새로워 보이지만 새로운 길이지만 새로운 길이 아니다. 신의 아들에게로 가는 길 즉, 좁은 문은 예전부터 우리를 기다리고 있었다. 약 2020년 전부터 우리를 기다리고 있었지만, 우리가 모른 척하고 있었을 뿐이다.

영국의 존 번연 박물관에는 좁은 문 사진이 전시되어 있다. 좁은 문 사진 옆에는 쪽문이라고 설명이 적혀있다. 쪽문은 어떻게 지나가야 할까? 쪽문은 겨우 사람 한 명 지나가는 크기의 문이다. 키가 큰 사람은 머리를 부딪힐 수 있어 살짝 고개를 숙이고 들어가야 한다. 등짐이 있다면 내려놓아야 들어갈 수 있다. 등에 멘 죄의 짐을 내려놓아야 들어갈 수 있다.

"낙타가 바늘귀로 나가는 것이 부자가 하나님의 나라에 들어가는 것보다 쉽다"

는 유명한 『성경』의 마가복음 10장 25절의 말씀에도 좁은 문이 나온다. 응? 좁은 문이 나온다고? 아무리 말씀을 다시 읽어봐도 말씀 안에 좁은 문이 안 보인다고? 그렇다. 바늘귀가 좁은 문을 말하기 때문에 말씀만을 보면 좁은 문이 안 보이는 것처럼 보인다.

신의 아들 즉, 예수님이 사람의 모습으로 이 세상을 살아가던 시기에는 이스라엘의 예루살렘에서는 성을 쌓아서 도시를 보호하고 있었다. 성에는 양쪽으로 열리는 큰 문이 있어 낮에는 그 문이 활짝 열려있고 짐을 실은 낙타와 수레와 마차가 지나간다. 해가 지고 밤이 되면 성문을 닫는다. 밤에도 긴급히 사람이 지나가야 할 때가 있다. 이때 큰 성문을 열었다 닫아야 한다면 적군은 어둠을 틈타 숨어 있다가 활짝 열린 성문으로 쉽고 빠르게 성으로 들어와서 공격할 위험이 있다.

그래서 양쪽으로 열리는 커다란 성문의 한쪽 편의 문에 사람만 지나갈 작은 쪽문을 만들어 놓았다. 만약 밤에 사람이 성문을 지나가야 하면 쪽문만 열어서 지나가게 했다. 혹시 숨어있던 적군이 들어오더라도 문이 좁아서 쉽게 들어오지 못하게 했다. 쪽문으로 들어가려면 긴 창과 칼 방패를 들고는 빠르게 들어갈 수 없기 때문이다.

이 쪽문을 바늘귀라고 불렀다. 이 바늘귀 즉, 쪽문 다시 말해 좁은 문으로 들어갈 때 등에 짐을 메고 있다면 등에 짐을 내려놓아야 들어갈 수 있다. 좁은 문은 예수님을 뜻하고 좁은 문을 두드려 예수님에게 들어가려면 등에 멘 죄의 짐을 내려놓아야 한다.

부자가 좁은 문으로 들어가려면 등에 멘 재물의 짐을 내려놓아야 한다. 부자는 등에 재물의 짐을 내려놓고 예수님을 의지하고 좁은 문으로 들어가야 하는데 등에 멘 재물이 아까워서 내려놓지를 못한다. 예수님은 신의 아들인데도 부자는 신의 아들마저 신뢰하지 못하고 재물에 눈이 먼다. 신의 아들이라면 부자를 다시 부자로 만들어 주는 것은 일도 아니라는 생각을 하지도 못하고 바로 눈앞의 재물에 정신이 온통 쏠리고 아까울 뿐이다.

부자는 이 세상을 만든 신이 자신을 사랑한다는 사실을 몰랐다. 신의 아들은 부자를 사랑해서 등에 멘 재물의 짐을 내려놓고 좀 쉬라고 말하는 것이다. 신이 자신을 사랑하는 사람에게 전 재산을 내놓고 굶어 죽으라고 하겠는가? 신이 자신을 신뢰하는지 보는 것이다. 신을 신뢰하는 사람만 좁은 문으로 들어갈 수 있다. 등에 재물이 짐을 내려놓지 못하는 부자를 보면 인도 열대림의 원숭이 사냥법이 생각난다.

인도의 열대우림에서는 원숭이를 독특한 원숭이 사냥법이 있다. 입구에 원숭이 손만 들어갈 정도의 구멍이 있는 나무상자에 원숭이가 좋아하는 견과류나 과일을 넣어 놓는다. 원숭이가 그 상자에 손을 넣어 과일이나 견과류를 움켜쥐면 움켜쥔 손이 좁은 나무 상자의 입구에 걸려서 손을 뺄 수 없다. 원숭이는 한번 잡은 것은 놓지 않는 습성이 있다. 결국 원숭이는 사냥꾼에게 잡혀 자유와 목숨을 잃는다. 우리 주변을 둘러보면 이처럼 원숭이 같은 삶을 사는 사람들이 많다. 당신도 이 이야기의 원숭이처럼 살 것인가?

어느날 부자가 이웃 나라에서 진귀한 물건을 많이 사서 예루살렘 성으로 돌아오고 있었다고 상상해 보자. 예루살렘 성에 도착할 때쯤 밤이 되고 성 근처에 숨어있던 강도들이 나타나 부자를 죽이고 짐을 뺏으려 한다. 많은 짐을 가지고 바늘귀 즉, 좁은 문으로는 들어갈 수 없다. 부자는 선택해야 한다. 많은 재물을 지키다가 강도에게 죽을지 재물을 내려놓고 좁은 문으로 들어가 목숨을 건질지 선택해야 한다. 부자는 자기의 재물이 아까워 우물쭈물하다가 강도에게 붙잡혀 재물과 목숨을 잃는다. 죽으면 그 많은 재물이 무슨 소용일까? '우물쭈물하다가 내 이럴 줄 알았지'라는 노벨문학상 수상작가인 버나드 쇼의 묘비명이 생각나는 순간이다.

존 번연은 『천로역정』에서 이와 비슷한 장면을 묘사한다. 주인공이 좁은 문으로 뛰어와서 좁은 문을 두드린다. 선의가 좁은 문의 안쪽에서 문을 열고 주인공이 좁은 문 안으로 들어오는 순간 바로 문을 닫는다. 그리고 좁은 문밖에서는 악마의 수하들이 쏜 화살이 좁은 문에 부딪힌다. 주인공이 좁은 문 앞에서 문 두드리기 전 우물쭈물했다면 주인공의 묘비명에 '우물쭈물하다가 내 이럴 줄 알았지'라고 새겨지고 『천로역정』의 이야기는 끝이 났을 것이다.

넓은 문은 멸망의 도시에서 성공하는 길이다. 다양한 지식을 쌓아야 한다. 멸망의 도시에 가면 저마다 자기가 쓴 책이 바이블이라 한다. 분야마다 바이블이 있다. 분야마다 배워야 할 것이 많다. 멸망의 도시에서 성공하려면 공부도 잘해야 하고 술도 잘 마셔야 하고 적당히 아부도 잘해야 하고 인성도 좋아야 하고 운동도 잘해야 하고 노래도 잘해야 하고 돈도 잘 벌어야 한다. 요즘 흔히 말하는 육각형 인재가 되어야 한다.

육각형 인재가 되는 것은 너무 어렵고 불가능에 가깝다. 왜냐하면 당신은 부모님 친구의 자식보다 잘해야 육각형 인재가 될 수 있기 때문이다. 끊임없이 주변 사람들과 비교하고 우월감을 느껴야 마음에 만족감이 온다. 그렇게 해서 육각형 인재가 되더라도 헛되다. 왜냐하면 결국 멸망의 도시는 멸망하기 때문이다. 멸망의 도시의 모든 것은 헛되고 헛되다.

좁아 보이는 문이지만 영원한 생명으로 가는 좁은 문으로 갈 것인가? 넓어 보이지만 멸망의 길로 가는 넓은 문으로 갈 것인가? 좁은 문 앞에서 우물쭈물할 것인가? 좁은 문 앞에서 망설임 없이 문을 두드리고 들어갈 것인가?   선택은 당신이 한다. 주인공은 좁고 어려워 보이지만 영원한 생명으로 가는 좁은 문을 선택했다. 당신은 어떤 문을 선택할 것인가? 계속해서 주인공과 함께 하늘의 도시로 가는 길을 걸어가며 생각해 보자.

09
91번 길 위의 좋은 소식

이번 장에서 주인공은 해석자의 집에서 구원의 담과 십자가의 언덕을 지나 겸손의 골짜기에 도착한다. 해석자, 집 주인, 율법, 복음, 정욕, 인내, 불 끄는 마귀, 기름 붓는 예수, 싸움 끝에 궁전 안으로 들어간 자, 쇠창살에 갇힌 자, 꿈에서 마지막 날을 본 자는 십자가의 언덕에 도착하기까지 등장인물이다. 이들과 함께 겸손의 골짜기까지 가보자.

다시 주인공과 길을 걸어가 보자. 주인공은 선의의 안내에 따라 해석자의 집으로 간다. 해석자의 집에서 순례의 길에서 도움이 될 이야기를 듣는다. 여기서 해석자의 집은 교회를 상징한다. 교회를 상징하는 해석자의 집에서는 어떤 일이 벌어질까?

해석자의 집에서 하늘의 도시로 가는 길을 안내하는 목자들의 이야기를 듣는다. 비질하는 하인의 비질을 가만히 보면 먼지만 일으킨다. 청소를 하지만 결국 시간이 지나면 먼지가 가라앉고 다시 더러워진다. 물 뿌리는 소녀가 와서 물을 뿌린다. 물 뿌리는 소녀가 물을 뿌린 후 비질을 해야 먼지를 일으키지 않는다. 비로소 깨끗이 청소된다.

이 이야기는 무엇을 비유할까? 먼지는 죄를 상징한다. 비질하는 하인은 율법을 상징하고 물 뿌리는 소녀는 '신의 아들이 너와 나와 우리 모두를 구원하셨다'는 복음(좋은 소식)의 능력을 뜻하고 물은 생수(영의 모습으로 우리를 곁에서 돕는 신 즉, 앞서서 절망의 늪에서 만난 도움)를 뜻한다. 복음과 생수 없이는 방을 깨끗이 치울 수 없다는 뜻이며 이는 복음과 성령(Holy Sprit = 도움) 없이는 죄를 깨끗이 할 수 없다는 의미다.

주인공은 사람의 정욕과 인내를 두 명의 아이로 비유한 이야기를 듣는다. 당장 눈앞의 이익만을 좋아하는 정욕은 멸망의 길에서 돌아서지 못함을 배운다. 은혜의 불을 끄려는 마귀와 은혜의 불이 꺼지지 않게 하는 신의 아들의 이야기를 듣는다. 주인공은 멸망의 도시의 시민들이 멸망의 길에서 돌아서지 못하게 마귀가 방해해도 신의 아들의 도움으로 소용이 없음을 배운다.

이어서 아름다운 궁전 앞에서 무장한 군사들과 반복되는 도전 끝에 이긴 사람의 이야기를 듣는다. 그 사람은 결국 아름다운 궁전으로 들어간다. 하늘의 도시로 들어가기까지 반복되는 싸움에 계속 도전해야만 하늘의 도시에 들어갈 수 있음을 배운다.

이어서 주인공은 철장 속의 타락자 이야기를 듣는다. 그는 멸망의 도시에서 나와 순례의 길을 걸어가는 사람이었다. 그는 멸망의 도시에서 깨어 정신을 차리고 순례의 길을 떠났지만, 정욕에 이끌리는 대로 살다가 신의 선하심을 거역하고 절망에 빠져 사는 사람이 된다. 주인공은 정욕에 이끌리는 삶의 위험을 배운다.

무서운 꿈에서 깬 남자 이야기를 듣는다. 이 남자는 꿈에서 멸망의 도시가 멸망하는 것을 본다. 이 남자는 멸망하는 모습이 두렵기보다 멸망하는 날에 아무런 준비가 되지 않아서 두려워하며 떨었다. 주인공은 멸망의 날에 아무런 준비가 되지 않으면 결국 멸망하게 되는 것을 배운다.

무서운 꿈에서 깬 남자 이야기는 멸망의 도시에서 좋은 소식을 듣지만 믿지 않는 사람들과 같다. 우리가 살고 있는 현실로 잠시 돌아가 보자. 우리가 사는 현실 세계에서 많은 사람들이 길이나 책이나 교회에서 '신의 아들이 너와 나와 우리 모두를 구원하셨다'라는 복음을 듣는다. 복음을 듣고 교회에 나가서 성장하며 살아간다.

이렇게 순례의 길을 걸어가지만, 신의 아들이 너와 나와 우리 모두를 구원하셨다'라는 복음과 성경의 이야기들이 믿어지지 않는다. 어찌하면 좋은가? 복음을 듣고 안다고 해서 아는 대로 행동하기는 어렵다. 아는 것과 아는 대로 행동하는 것은 다르다. 신의 아들이 너와 나와 우리 모두를 구원하셨다'라는 복음을 알고 아는 대로 행동하려면 어떻게 해야 할까? 복음을 알고 그 아는 것을 믿어야 한다. 믿어야 믿음으로 행동할 수 있다. 삶을 변화시킬 수 있고 하늘의 도시로 들어갈 수 있다.

믿음에도 불구하고 사람은 불쑥 욕심이 솟아난다. 정욕대로 살고 싶은 유혹이 시시때때로 온다. 정욕에 한 번씩 그렇게 넘어져도 피 터지게 싸우고 계속 믿음의 도전을 해야 한다. 넘어져도 벌떡 일어나야 한다. 여기서 정욕에 무너지면 모든 것이 헛되다. 앞서 믿은 것이 헛되다. 정욕에 무릎을 꿇으면 멸망의 길에서 애써 돌아섰는데 다시 멸망의 길로 돌아가 멸망하는 변덕과 같아진다.

멸망의 길에서 돌아서서 하늘의 도시에 들어가 영원한 생명을 얻기 위해서는 넘어지더라도 일어서서 계속 믿음의 도전을 해야 한다. 그저 그자리에 넘어져 있으면 철창 속의 타락자처럼 무서운 꿈속에서 깬 남자처럼 멸망의 날이 왔을 때 멸망하게 된다. 정욕대로 다 살지도 못하고 한 많은 세상에서 살다가 멸망의 날에 그저 멸망한다. 넘어졌을 때 도와달라고 회개하고 기도하면 영의 모습으로 우리를 도우려고 우리 곁에서 기다리고 있는 신이 때에 맞게 도와준다.

'신의 아들이 너와 나와 우리 모두를 구원하셨다'는 복음을 듣자마자 구원을 받고 바로 하늘의 도시로 들어가는 것이 가장 효율적이다. 최고다. 빠르다. 속 시원하다. 고생 끝 행복 시작이다. 더 이상의 절망도 고통도 없다. 안타깝게도 구원을 받은 즉시 하늘의 도시로 들어갈 수는 없다. 멸망의 길에서 하늘의 도시로 들어가는 길에는 과정이 있다. 그 과정을 통과해야 하늘의 도시로 가서 영원한 생명을 얻을 수 있다. 그 과정을 살아내야 한다. 그 과정이 궁금하다. 주인공과 함께 그 과정을 미리 걸어보자.

『천로 역정』의 이야기가 소설이 아니고 실제 이 세상에서 일어나는 일을 미리 보여주는 것이라면 당신은 어떤 선택을 해야 할까? 멸망의 날이 왔을 때 '나는 몰랐다 억울하다. 나는 억울하니 하늘의 도시로 그냥 보내 달라'고 할 수도 있다. 나와 당신이 사는 현실에서는 이런 이야기를 할 수가 없다. 지하철에서도 길에서도 텔레비전에서도 인터넷에서도 우리의 이웃들에서도 신의 아들이 너와 나와 우리 모두를 구원하셨다'는 복음은 이미 들었다. 매년 한 번씩은 12월 25일 성탄절을 통해 신의 아들이 너와 나와 우리 모두를 구원하셨다'는 복음을 들었다. 복음이 넘쳐흐르고 어디에나 있는 세상이다. 나는 못 들었다 몰랐다 억울하다 할 수가 없다.

당신에게는 좋은 기회가 왔다. 『천로 역정』이 사실인지 아닌지 모르지만, 멸망의 날이 오기 전 천로역정의 주인공과 함께 신의 아들이 너와 나와 우리 모두를 구원하셨다'는 복음(좋은 소식)을 듣고 하늘의 도시로 가는 길을 미리 가볼 수 있다. 하늘의 도시로 가는 길에 어떤 위험이 있고 위험을 어떻게 극복해야 하는지 미리 경험해 볼 수 있다.

다시 주인공과 하늘의 도시로 가는 길을 걸어보자. 주인공은 십자가 언덕에 도착한다. 십자가의 언덕에 도착하자마자 죄의 짐이 벗겨진다. 주인공이 스스로 벗은 것이 아니다. 끈이 느슨해지더니 죄의 짐이 벗겨져서 데굴데굴 굴러떨어져 무덤으로 들어갔다. 죄의 짐이 무덤으로 들어갔다는 것은 어떤 의미일까? 죄의 짐은 무덤으로 들어가 죽었다는 것이고 다시 살아 돌아오지 않는 의미다. 다시 주인공의 등에 철썩 들러붙지 않는다는 뜻이다. 십자가를 통해 죄의 짐을 벗은 사람은 다시는 죄인이라고 불리지 않는다는 뜻이다.

드디어 죄의 짐을 벗다니 그 기쁨은 이루 말할 수 없다. 그 어떤 방법으로도 죄의 짐을 벗을 수 없었다. 십자가 앞에서만 죄의 짐이 벗겨졌다. 십자가의 힘은 너무도 강력하다. 십자가에 다가간다는 건 어떤 의미일까? 멀리서 십자가를 볼 때는 등에 있던 죄의 짐이 벗겨지지 않았다. 구원의 담으로 싸여진 오르막길을 올라가서 십자가에 가까이 다가가자, 죄의 짐이 벗겨져 굴러떨어지고 무덤 안으로 들어갔다. 십자가는 도대체 어떤 힘을 가지고 있나?

사람들의 죄를 대신 짊어지기 위해서(대속 = 대신 속죄) 신이 신의 아들의 역할로 사람의 모습으로 이 세상에 온다. 신은 죄가 없이 깨끗하다. 사람의 모습으로 온 신의 아들도 죄가 없이 깨끗하다. 죄가 없이 깨끗하니 사람들의 죄를 대신 짊어질 수 있다. 더러운 죄인이 죄인을 구원할 수 없다. 깨끗한 신이 더러운 죄인을 구원해야 더러움이 없어진다. 쉽게 다시 말하면 더러운 손으로 다른 사람의 손을 잡으면 같이 더러워진다. 깨끗한 손으로 다른 사람의 손을 깨끗하게 해야 깨끗하게 할 수 있다. 사람의 모습으로 이 세상에 신의 아들의 역할로 온 신이 죄가 없는 깨끗한 상태로 모함을 받고 억울하게 십자가에 매달리고 죽는다. 그렇게 십자가에 사람들의 죄를 대신해서 죽음을 맞이한다. 사람들의 죄가 죽는다. 사람의 모습으로 이 세상에 신의 아들의 역할로 와서 우리를 구원한 그의 이름은 예수다. 그렇게 신의 아들이 사람들의 죄를 짊어짐으로 사람들이 신의 아들을 믿기만 하면 91번 길에 들어설 수 있다.

구원의 길을 숫자로 표현하면 9구 1^{one}번 길로 재밌게 표현해 봤다. 91번 길에서 주인공이 죄 짐을 벗고 기쁨의 순간을 맞이했다. 이제 눈앞에 탄탄대로가 펼쳐진다 구원을 받았으니, 모든 일이 다 잘 되는 느낌이다. 그렇게 확신이 들고 신난다.

아! 맞다. 안타깝게도 구원은 받았지만, 하늘의 도시에 도착하지 않았다. 하늘의 도시에 도착해야 영원한 생명을 얻을 수 있다. 주인공과 함께 계속 하늘의 도시로 걸어가 보자.

10
퀀텀 점프

　이번 장에서 주인공은 십자가의 언덕에서 곤고의 산과 정자와 아름다움의 저택을 지나 겸손의 골짜기에 도착한다. 단순, 나태, 거만, 허례, 위선, 겁쟁이, 불신, 사자, 파수꾼, 분별, 신중, 경건, 자비, 아볼루온은 십자가의 언덕에 도착하기까지 등장인물이다. 이들과 함께 겸손의 골짜기까지 가 보자.

　퀀텀 점프라는 말이 있다. 퀀텀quantum은 양자 물리학에서 유래한 단어다. 작고 불연속적인 변화가 아닌 급격하고 혁신적인 도약을 의미한다. 점프jump는 한 단계 더 높은 단계로 비약적인 발전을 의미한다. 즉 퀀텀 점프는 급격한 성장을 뜻한다. 주인공은 겸손의 골짜기에 들어가기 직전 퀀텀 점프를 한다. 왜 주인공은 겸손의 골짜기에 들어가기 전 퀀텀 점프를 할까? 주인공이 왜 급격한 성장을 해야만 하는지 그 이유를 같이 걸어가며 알아보자.

　주인공은 십자가의 언덕에서 느낀 구원의 기쁨을 뒤로하고 단순, 나태, 거만을 만난다. 단순은 '이제 구원받았으니 끝이다. 오는 길에 고생했으니 좀 쉬고 부족한 잠도 자보자'고 말한다. 단순은 다음을 생각하지 않는다. 그렇게 순례의 길에서 잠들어 버린다. 나태는 게으름으로 낙심한다. 거만은 거만한 마음으로 배움을 거부한다. 이 세 사람은 발에 족쇄를 차고 있다. 발에 단순의 족쇄, 나태의 족쇄, 거만의 족쇄 때문에 앞으로 나가지 못한다. 앞으로 나아가야 하늘의 도시로 갈 수 있는데 그 자리에 머물러 있다. 정신을 차리고 족쇄를 벗어버리지 못하면 하늘의 도시에 갈 수 없다. 주인공은 구원을 받은 후에 우둔함과 게으름과 거만함의 유혹에서 벗어나기 위해 깨어서 부지런하고 겸손하게 앞으로 나아가야 하늘의 도시로 계속 걸어갈 수 있음을 배웠다.

순례의 길에서 허례와 위선을 만난다. 이들은 좁은 문을 통하지 않고 담을 넘어온 사람들이다. 자신들의 마을에서는 다들 담을 넘어서 하늘의 도시로 걸어간다고 한다. 겉으로만 구원받은 척하며 하늘의 도시로 순례의 길을 걸어가는 사람이다. 이들은 인생길의 마지막에 하늘의 도시로 들어갈 수 있을까?

주인공은 곤고의 산을 지나 겁쟁이와 불신을 만난다. 겁쟁이와 불신은 아름다움의 저택 앞에서 두 마리의 사자를 보고 무서워 다시 멸망의 길로 되돌아간다. 두려움을 이기지 못하고 멸망의 도시로 역주행한다.

아름다움의 저택 앞에 있는 사자는 자세히 보면 사슬에 묶여있다. 주인공이 하늘의 도시로 가는 길을 방해하는 마귀는 한계가 있음을 뜻한다. 주인공이 아름다움의 저택에 들어가기 전에 믿음의 시험을 받은 것이다. 신이 사람에게 시험을 주더라도 사람이 시험을 통과할 만한 시험을 준다. 신을 의지하고 신뢰하고 나아가야 한다. 신을 믿지 못하고 실패를 겁내면 앞서 본 등장인물인 불신과 겁쟁이처럼 다시 멸망의 길로 달려간다. 지금껏 하늘의 도시로 왔던 역정이 헛된 발걸음이 된다.

사자 앞에서 주인공도 두려웠지만 신을 의지하고 용기를 내어 사슬에 묶인 사자의 시험을 통과 했다. 주인공이 지나갈 때 사슬에 묶인 사자가 크게 울며 주인공에게 달려들었지만 주인공을 물 수 없었다. 사슬에 묶인 사자와의 싸움은 이미 이긴 싸움이다. 그렇게 믿음으로 주인공은 사자를 지나 아름다움의 저택에 들어간다. 주인공은 두려움과 불신을 극복하지 못하면 하늘의 도시로 들어가는 길을 완주 하지 못함을 배웠다.

아름다움의 저택에서는 네 명의 자매를 만나 퀀텀 점프 즉, 혁신적이고 급진적인 성장을 한다. 아름다움의 저택에는 평화의 방과 서재와 무기고

가 있다. 평화의 방에서는 위로와 쉼을 얻고 기도를 한다. 서재에서는 교훈을 배운다. 무기고에서는 아볼루온과 싸울 무기를 받는다.

아름다움의 저택의 방들은 우리에게 익숙하다. 어디선가 본 것만 같다. 그 이유는 아름다움의 저택이 교회를 의미하기 때문이다. 교회에서 세상으로 나가면 아볼루온이 기다리고 있다가 멸망의 도시로 유혹한다. 세상에서 아볼루온의 유혹을 이기기 위해서는 교회에서 쉬고 교훈을 얻고 영적인 무기로 무장해야 한다. 그래야 세상에서 아볼루온의 유혹에서 이길 수 있다.

교회는 교회의 역할이 있다. 교회의 역할을 제대로 하는 교회로 가야 한다. 그래야 세상의 유혹과 싸워 이길 수 있다. 앞서 본 해석자의 집과 지금 본 아름다움의 저택처럼 영적으로 건강한 교회에 나가야 한다. 영적으로 건강한 교회에 나가야 올바른 휴식과 회복을 하고 영적인 부상을 하고 세상에 나갈 수 있다. 주인공은 교회에서 성장하고 세상으로 나간다. 멸망의 도시에서는 어떤 준비를 하고 세상으로 나가야 할까?

왜 겸손의 골짜기에 들어가기 전 퀀텀 점프를 해야 할까? 겸손의 골짜기에서 목숨을 건 싸움을 하기 때문이다. 겸손의 골짜기에서 멸망의 도시의 주인인 아볼루온과 생명을 건 싸움을 한다. 여기서 아볼루온에게 지면 하늘의 도시로 갈 수 없다. 퀀텀 점프를 통해 준비된 주인공은 겸손의 골짜기의 아볼루온과 전투를 한다.

겸손의 골짜기에서 만나는 아볼루온은 멸망의 도시의 주인이다. 무저갱의 사자, 큰 용, 옛 뱀, 마귀, 사탄, 온 천하를 꾀하는 자 등 여러 가지 이름을 가지고 있다. 여러 가지 이름으로 우리에게 다가와 교묘하게 멸망의 도시로 유혹한다. 이미 멸망의 도시에 있는 사람은 계속 그곳에 머물게 한다.

아볼루온을 만난 주인공은 목숨을 건 전투에서 죽음 직전까지 간다. 죽음의 위기가 왔을 때 믿음의 방패로 아볼루온의 공격을 막고 성령의 검으로 아볼루온을 무찌른다. 성령의 검은 신의 말씀을 기록한 『성경』의 말씀을 의미한다. 주인공은 믿음과 신의 말씀으로 전투에서 승리한다.

　왜 아볼루온이 기다리고 있는 장소가 겸손의 골짜기일까? 아볼루온을 이기고 교만해지면 다음으로 나갈 수 없다. 신이 아름다움의 저택에서 주인공을 준비시킨다. 준비된 주인공이 아볼루온을 이기는 것은 예정된 것이다. 주인공만 아볼루온과의 싸움이 이미 이긴 싸움임을 모르고 싸울 뿐이다. 멸망의 도시의 주인인 아볼루온을 이긴 주인공은 어떻게 될까? 자신감이 하늘로 치솟아 교만해질 것이다. 교만은 앞으로 나아가지 못 하게 하는 족쇄와 같다. 주인공이 앞으로 나가기 위해서는 교만한 마음을 버려야 한다. 그래서 겸손의 골짜기에서 아볼루온과 싸우도록 신이 예비한 것이다.

11
01

　이번 장에서 주인공은 사망의 음침한 골짜기에서 이교도의 동굴과 길 위와 헛됨의 시장과 안락 평야와 금전산과 하나님의 강과 초원과 샛길 초원과 쉼터와 의심의 성에서 기쁨 산맥과 자만 마을과 마법의 땅과 뿔라의 땅과 죽음의 강을 지나 하늘의 도시에 도착한다. 신실, 수다쟁이, 변덕, 음녀, 첫 민째 아담, 육신의 정욕, 안목의 정욕, 이생의 자랑, 불만, 수치 신실, 전도자, 시장 관리자, 상인들, 질투, 미신, 아첨쟁이, 재판관, 배심원, 맹목, 불량, 악의, 호색, 방탕, 무모, 거만, 증오, 거짓말쟁이, 잔인, 빛 혐오, 완강은 십자가의 언덕에 도착하기까지 등장인물이다. 이들과 함께 하늘의 도시까지 가보자.

　주인공은 사망의 음침한 골짜기와 이교도의 동굴을 지나 길 위에서 헛됨의 시장을 지난다. 이곳에서 신실과 수다쟁이를 만난다. 헛됨의 시장은 인간의 허영심과 욕망을 채우는 온갖 물건들을 파는 시장이다. 순례의 길에서 걸음을 지체하게 한다. 하늘의 도시에 들어가는 주인공의 설음을 느리게 하고 발목을 잡는다.

　신실과 주인공은 헛된 상품을 사지 않고 진리를 사려고 했다. 주인공은 왜 시장에 팔지도 않는 상품을 사려고 했을까? 주인공과 신실은 헛됨의 시장에서 파는 헛된 것들에 관심이 없다. 단지 헛됨의 시장의 상인들이 자신들의 물건을 안 산다고 기분 나빠하고 진리라는 시장에서 안 파는 상품을 사려고 한다는 죄목으로 고발당한다. 결국 주인공과 신실은 감옥에 갇히고 재판 당한다.

맹목, 불량, 악의, 호색, 방탕, 무모, 거만, 증오, 거짓말쟁이, 잔인, 빛 혐오, 완강이 배심원들이다. 배심원의 이름이 죄인의 이름이다. 죄인이 죄인을 심판한다. 마치 앞서 말한 『마녀 잡는 망치』의 이야기와 비슷하다. 존 번연은 마녀사냥의 시대를 살았다. 아마 영국에서 유럽의 마녀사냥 얘기를 들었을지도 모르겠다. 배심원들은 주인공과 신실이 자신들의 기준에 맞지 않는 사상을 가졌다고 보고 사형판결을 내린다.

주인공과 신실은 믿음을 지킨다. 신실은 순교를 당하고 주인공은 계속 믿음의 길을 걸어간다. 신실의 순교는 헛된 걸까? 신실의 순교를 지켜본 헛됨 시장의 소망은 주인공과 함께 순례의 길을 떠난다. 신실은 이렇게 죽고, 끝인가? 신실은 죽는 순간까지 믿음을 지켜서 순교 후 하늘의 도시로 바로 들어간다. 신실의 희생으로 소망이 순례의 길을 떠나고 영원한 생명을 얻게 된다. 신실의 순교는 헛된 일이 아니다.

길을 잘못 들어선 주인공과 소망은 절망의 거인이 만든 감옥에 갇힌다. 절망의 감옥에서 절망에 다시 한번 빠진다. 주인공은 십자가의 언덕에서 죄의 짐을 벗기 전 절망의 늪에서 빠졌다가 탈출한 경험이 있다. 그럼에도 절망은 다가온다. 구원받기 전 절망의 늪에 빠졌을 때는 신이 사람을 돕기 위해 영의 모습으로 나타난 도움의 도움을 받는다. 이번에는 절망에서 어떻게 탈출할까?

존 번연이 복음을 전하다가 감옥에 갇혔던 경험으로 절망의 거인의 감옥 이야기를 쓴 듯하다. 장기간 수감생활을 했던 번연은 감옥에 있을 때 우울증에 걸렸다고 했다. 그가 갇힌 감옥은 수감자들이 우울증에 걸리기 쉬운 위치에 지어졌다. 감옥이 강가의 다리 위에 지어졌기 때문이다. 사람은 물을 오래 보고 있으면 우울한 마음이 든다고 한다. 절망의 감옥에서 우울증으로 괴로워하던 번연은 우울증을 어떻게 극복하고 『천로역정』을 완성할 수 있었을까?

주인공과 소망은 절망에 빠져 괴로워하다가 기도하는 것을 잊었다는 것을 깨닫고 기도한다. 약속의 말씀 즉, 『성경』의 말씀을 열쇠로 받고 절망의 감옥에서 탈출한다. 구원을 받고 순례의 길을 걸어갈 때도 절망에 빠질 때가 있다. 구원을 받은 후 절망에서 탈출하는 방법은 기도와 신의 약속이 기록된 『성경』의 말씀이 절망을 이기는 열쇠다. 지금 하늘의 도시로 가는 길을 걷다가 잠시 절망에 빠졌나? 그렇다면 지금 당장 이 책을 덮은 후 기도하고 『성경』을 펼쳐서 말씀을 읽고 절망에서 탈출하자.

모든 사람의 기도를 들어주면 얼마나 좋을까? 모든 사람 기도를 다 들어주는 신이 있다면 다 같이 행복하지 않을까? 왜 기도를 들어주셨다가 안 들어주셨다가 하는 것 같을까? 모든 것을 다 들어주는 것이 전지전능일까? 진짜 신이라면 모든 것을 다 들어 줘야 하는가? 기도에 대해서는 이린 질문들이 많다.

하늘의 도시로 걸어가는 사람들은 기도하자마자 당장 들어주지 않으면 신을 향해 원망하고 의심한다. 나의 기도를 들어주지 않는 신은 없는 건가? 의심한다. 기도를 들어주지 않더라도 신은 없는 것이 아니다. 그 기도를 들어주지 않으시는 것이다. 왜 저 사람의 기도는 들어주고 내 기도는 안 들어 주는 걸까? 신이라면 모든 기도를 다 들어주면 좋을 텐데 생각한다. 생각해 보자 신이 모든 기도를 다 들어 주면 어떻게 될까?

사람의 기도 내용을 자세히 들여다보고 분석해 보자. 이것도 달라고 하고 저것도 달라고 하고 다 내 것으로 해달라고 기도한다. 하늘의 도시의 세계관과 멸망 도시의 세계관에는 자원이 한정되어 있다. 모든 사람이 다 내 것 하자고 기도하면 들어 줄 수가 없다. 사람들의 기도를 다시 자세히 보자 다 내 것 하게 해 달라고 기도하는 것이 아니다. 자세히 보면 이미 먹고살 만하지만 이웃보다 내가 더 가져야겠다고 기도한다.

그렇다면 신이 나의 기도도 들어주고 이웃의 기도도 들어주면 어떻게 되나? 신이 나의 기도를 들어줘서 이웃보다 더 가지게 해줬다. 마음에 기쁨이 넘친다. 이제 이웃이 자기도 나보다 더 가지게 해달라고 한다. 신이 그 기도를 들어줬다. 이웃의 마음에 기쁨이 넘치고 나의 마음에는 질투가 넘친다. 서로 이런 기도를 반복하다 보면 이웃이 없어야 내가 행복하겠다는 것을 깨닫는다. 신에게 이웃을 없애달라고 기도한다. 이웃도 나를 없애달라고 기도한다. 결국 신이 나와 이웃의 기도를 들어준다. 결국 동시에 세상에서 없어진다. 영원한 생명도 없다. 서로 다 죽여달라고 한다. 세상은 그렇게 멸망한다. 지금까지 나와 이웃의 인생은 헛된 삶이 된다.

모든 사람의 욕망이 넘치는 기도까지 다 들어주는 신이 있다면 그는 신이 아니고 악마 즉, 아볼루온이다. 결국 사람들의 욕망이 넘치는 기도의 끝은 세상의 멸망이다.

그렇다면 기도는 무엇일까? 『천로역정』에서는 고난을 극복하게 해준다. 절망에서 빠져나오게 한다. 신은 주인공이 절망의 감옥에 처박혀 있기를 원하지 않는다. 신은 그 감옥 안의 주인공 옆에서 주인공을 지켜보며 주인공이 기도하고 자신을 찾기를 안타까운 마음으로 기다린다.

기도는 신과 소통하는 수단이다. 신을 믿고 신이 만들 길을 걷기 시작한 처음에는 다 달라고 기도한다. 시간이 지나면 기도의 목적을 알고 기도는 신에게 떼쓰는 수단이 아님을 알게 된다. 그렇게 신과 소통하기 시작한다.

기쁨의 산에 도착한 주인공과 소망은 안식과 기쁨을 느낀다. 이때의 기쁨은 신과 함께하는 기쁨이다. 네 목자를 만난 주인공과 소망은 영적인 지식과 소중한 영적인 경험을 듣고 영적인 보호를 받고 성실한 믿음을 본다. 네 명의 목자는 교회에서 만나는 목자들을 의미한다. 교회에 가면 소그룹 안에서 신앙생활을 한다. 소그룹 안에서 동역자를 만나고 목자들의 양육으로 순례의 길을 완주할 능력을 기른다. 순례의 길은 외롭게 도를 닦으면서 고통에 몸부림치고 혼자 가는 길이 아니다. 동역자들과 함께 가는 행복하고 든든한 길이다.

주인공과 소망은 무지를 만난다. 무지는 자신이 지름길을 안다고 말하면서 자신과 순례자들을 속인다. 자신이 무지함을 모르고 자신이 지혜롭다고 하는 등장인물이 또 나타났다. 앞서 만난 세속 현자와 비슷한 등장인물이다. 무지는 선한 마음과 착한 행실로 하늘의 도시로 갈 수 있다고 한다. 과연 그럴 수 있을까?

우리는 앞서 법을 완벽히 지키는 것이 불가능함을 확인했다. 그런데 선한 마음과 착한 행실을 완벽하게 하기는 더 불가능하다. 무지는 갈 수 없는 길을 지름길이라고 자신과 사람들을 속인다. 이런 무지한 사람들이 우리 주변에 많다. 그들은 자신들이 지혜롭다고 생각한다. 하지만 세상에서 제일 무지한 사람들이다. 조심하고 피해야 한다. 사자성어에 근묵자흑近墨者黑이 있다. 먹을 가까이 하면 자신도 검어진다는 뜻이다. 속담에 '까마귀 노는곳에 백로야 가지마라'고 했고 '바보도 옮는다'고 했다.

순례의 여정에는 지름길이 없다. 무지는 하늘의 도시에 지름길로 들어가려고 한다. 하늘의 도시의 문 앞에서 문지기는 무지에게 하늘의 도시에 들어가기 위한 증명서를 요구한다. 무지는 증명서가 없다. 좁은 문을 지나지 않았다. 무지는 온갖 지혜로운 척을 다 했지만, 마지막에 하늘의 도시에 못 들어갔다. 그의 삶은 지혜로운 삶이 아니라 헛된 삶이 돼버렸다.

주인공과 소망은 작은 믿음을 만난다. 그는 강도를 당했고 힘들었고 목숨만 겨우 건졌다고 했다. 작은 믿음은 무지보다는 낫다. 무지는 좁은 문을 지나지 않았지만 작은 믿음은 좁은 문을 지나왔다. 단지 믿음이 작아서 당하지 않아도 될 고초를 당한다. 주인공은 큰 믿음으로 나가야 함을 배웠다.

마법의 땅은 순례자들을 잠들게 하고 위험에 빠트리는 마지막 관문이다. 인생의 황혼기 할 일이 없다고 무기력하게 있다면 영적으로 잠이 든다. 주인공은 하늘의 도시가 눈앞에 왔는데 방심하고 무기력하게 잠들면 못 들어가는 안타까운 일이 벌어짐을 배운다.

뿔라의 땅은 순례길의 마지막 안식처다. 하늘 성의 기쁨을 미리 경험하는 장소다. 신의 만찬으로 초대하고 사랑하는 동역자들과 떡과 잔을 나누며 서로 하나임을 확인한다. 신의 아들의 십자가 희생을 기념하고 신의 도움의 영 즉, 성령의 임재를 경험하는 곳이다. 신은 이렇게 주인공에게 회복할 곳을 곳곳에 예비한다.

주인공은 죽음의 강을 앞두고 있다. 드디어 마지막 관문이다. 하늘의 도시는 죽음의 강 너머에 있다. 즉 죽어야 갈 수 있는 곳이다. 주인공과 소망은 죽음의 강을 건너 드디어 하늘의 도시로 들어간다. 하늘의 도시에 들어가서 영원(영 : 0, 원 : one→1)의 세계에 들어가 영원한 생명을 받는다. 이 새로운 세상에서는 모든 것이 새롭다. 다시 영원의 세상에 들어가면 01부터 새롭게 시작한다.

주인공과 소망은 하늘의 도시 안에서 무지를 내려다봤다. 무지는 증명서가 없어서 하늘의 도시에 못 들어갔다. 두 천사가 와서 무지를 들어 지옥에 던지는 모습을 보며 주인공은 꿈에서 깬다. 『천로역정』의 주인공은 결국 하늘의 도시에 들어갔다. 해피엔딩이다. 당신 인생의 주인공은 당신이다. 당신도 하늘의 도시에 들어가서 영원한 생명을 얻을 것인가? 당신의 인생길도 해피엔딩으로 끝나길 바란다.

우리는 주인공과 함께 하늘의 도시로 들어가는 길을 함께 걸어봤다. 주인공이 멸망의 도시에서 살 때는 생존하기 위해 위대한 삶을 살았고 이미 죽은 거인 같은 옛 현자들이 쓴 책을 통해 그들의 어깨에 올라 살아갔다. 멸망의 도시를 떠나 좁은 문을 지나고 살아 있는 신의 도움으로 인생길을 완주하고 하늘의 도시에 들어갔다. 당신은 이미 죽은 거인의 어깨에 올라 살아갈 것인가? 살아 있는 신의 도움으로 살아갈 것인가? 선택할 시간이다.

하늘의 도시로 가는 길을 필자와 함께 지금까지 걸어온 당신의 소감이 궁금하다. 존 번연도 당신의 소감이 궁금했던지 끝맺으며 독자에게 자신을 도와 달라고 한다. 아직 이야기가 끝나지 않았다.

12 나가며

　꿈에서 깬 주인공은 독자들에게 꿈 해몽을 해달라고 한다. 이야기의 주인공이 독자에게 부탁을 하다니! 참 재밌는 설정이다. 게다가 꿈 해몽의 주의 사항도 알려준다. 비유를 곰곰이 생각하고 핵심을 놓치지 말아 달라고 한다. 쓸데없는 것이 보이면 과감히 버리고 황금은 놓치지 말라고 부탁한다. 그렇게 독자들이 꿈을 해석해달라고 하며 책은 끝난다.
　필자와 당신은 『천로역정』의 독자다. 필자는 당신과 함께 주인공의 부탁을 들어주고 싶다. 주인공의 꿈을 해석하려면 어떻게 해야 할까? 주인공이 꿈에서 본 예언서와 두루마리가 『성경』 같다. 『성경』을 펼쳐본다. 주인공의 꿈과 『성경』을 비교해 보니 성경의 이야기와 비슷하다. 그냥 꿈이 아니었다. 앞으로 일어날 일을 보여주는 예지몽이었다.
　지금까지 주인공과 함께 하늘이 성으로 들어가는 길을 함께 걸어가 봤다. 주인공은 확신했다. 이제 우리가 확신할 차례다. 성경책을 펼치고 『천로역정』이 현실을 비유한 우화 소설인지 그냥 지어낸 비현실적인 판타지 소설인지 확인 할 시간이다. 성경책을 펼치고 확인을 해본다. 하늘의 도시에 들어가는 길이 나와 있는지 확인해야 하는데 잠이 몰려온다.
　『천로역정』의 이야기가 현실 이야기인지 소설인지 확인하는 또 다른 두 가지 방법이 있다. 하나는 남은 인생을 살아낸 후 죽어보면 된다. 하늘의 도시로 가는 길을 알려준 『천로역정』이 진짜인 것을 믿고 『성경』을 보고 살았는데 죽어보니 하늘의 도시가 있어서 들어갔다면 성공한 삶이 된다. 『천로역정』이 가짜라 생각하고 내 맘 대로 살다가 죽어보니 『천로역정』

의 이야기가 진짜고 하늘의 도시가 눈앞에 있다면 아쉽게도 『천로역정』의 무지처럼 영원히 하늘의 도시에 들어가지 못하고 두 천사가 그 사람을 지옥에 던져버리고 그 사람은 영원히 슬피 울며 고통받는다.

『천로역정』이 진짜이든 아니든 『천로역정』에서 알려준 대로 하늘의 도시로 가는 길을 살아서 죽기 전에 걸어봐도 손해 볼 것은 없다. 그런데 한 가지 큰 문제가 있다. 세속 현자나 무지처럼 잘못된 믿음을 가지도록 우리를 유혹하는 무지한 사람이 너무 많다. 『마녀 잡는 망치』를 쓴 작가들같이 진리는 무시하고 자신의 욕망을 채우기 위해 사람들을 이용하려는 사람들을 피해서 올바른 믿음으로 하늘의 도시로 들어가려면 어떻게 해야 할까? 신은 있는 것 같은데 내가 믿는 신이 진짜 신인지 가짜 신인지 확인하려면 어떻게 해야 할까?

도시의 밤이 왔을 때 전망대같이 높은 곳에서 도시를 내려다보면 반짝반짝 LED가 빛나는 빨간 십자가들이 수없이 보인다. 우리 주변에는 교회가 넘쳐 난다. 그리고 교회인 척하면서 우리를 이용만 하려는 사이비 이단들도 많다. 사이비 이단 사기꾼들에게 속지 않고 하늘의 도시로 가는 길을 걸어가려면 어떻게 해야 할까?

2023년에 리케이온 출판사를 통해 『난 괜찮아 I AM FINE』 책이 출판되었다. 『난 괜찮아 I AM FINE』 책에 나오는 소제목 중에 『득템』이 있다. 『득템』에 진짜 신을 찾는 방법을 썼다. 『난 괜찮아 I AM FINE』의 『득템』을 읽어보길 권한다. 진짜 신을 찾길 바란다.

다음으로 모두가 공인하는 교회를 찾아가자. 교회를 찾아가기에 앞서 이 교회가 논란이 있는지 없는지는 교회와 교단 이름을 인터넷으로 검색해 보자. 신앙생활의 확신을 가지기 전까지는 가능하면 많이 알려진 교회를 가자.

당신은 하늘의 도시는 가겠지만 교회는 가지 않고 싶다고? 앞서 교회의 역할을 『천로역정』을 통해서 배웠다. 하늘이 성은 혼자 가는 길이 아니다. 동역자인 친구들과 함께 걸어가는 길이다. 교회를 찾아가서 등록하고 천국에 가는 과정을 어떻게 살아내는지 배우자. 그렇게 하늘의 도시를 향해 걸어가는 과정을 살아내고 영원한 생명을 얻어보자.

필자는 영원한 생명을 얻기 위해 하늘의 도시로 가는 길을 걸어가고 있다. 이 좋은 길을 필자만 갈 수 없다. 우리 함께 같이 하늘의 도시로 들어가서 영원한 생명을 얻자. 그곳에서 함께 기뻐하자.

『천로역정』이 당신에게 말하고 싶은 핵심은 좋은 소식(복음)을 듣고 하늘의 도시로 들어가기까지 과정을 살아내야 영원한 생명을 얻을 수 있다는 것이다.

아직 『천로역정』을 안 읽었다면 읽어보길 권한다. 이 책을 읽고 『천로역정』을 읽으면 더 쉽고 빠르게 이해하기를 기대한다.

차기작으로 우리가 다시 만나는 그날에 당신은 순례의 길에서 걸어가는 중이길 바란다. 그날에 우리가 함께 걸어가는 동역자가 되어 있기를 바란다. 우리 함께 하늘의 도시까지 가는 길을 완주하고 영원한 생명을 함께하길 기대한다.

참 『천로역정』 주인공의 가족들은 어떻게 되었을까? 1부에서 주인공은 구원을 받고 하늘의 도시로 들어가지만, 멸망의 도시에는 주인공의 아내와 아이들이 남아 있다. 다행히 이야기가 끝난 것이 아니다. 『천로역정』은 1부와 2부로 나뉘어 있다. 주인공의 가족들은 『천로역정』의 1부에서는 멸망의 도시에 머문다. 왜 1부에서 주인공은 가족과 함께 하늘의 도시로 가는 길을 걸어가지 못했을까? 가족들이 주인공을 무시해서 그랬을까? 아니다. 하늘의 도시로 가는 길은 누군가 대신 가줄 수 없다. 자신이 스스로 가야 하는 길이다. 『천로역정』의 2부에서는 멸망의 도시에 남아 있던 가족들이 하늘의 도시로 가는 이야기가 펼쳐진다. 이 책을 다 읽은 분들은 천로역정의 1부를 읽고 2부도 읽기를 권한다.

참고문헌

참고도서

『다음 세대와 함께 걷는 천로역정』, 두란노, 김종원 씀
『천로역정』, 두란노, 정성묵 옮김
『천로역정』, 열린책들, 이동일 옮김
『천로역정 주니어』, 두란노, 신은정 그림
『죄인의 괴수에게 넘치는 은혜』, CH북스(크리스천다이제스트), 고성대 옮김
『난 괜찮아 I AM FINE』, 리케이온, 김동석, 김찬주, 신동석, 이나경, 한동균 씀

일상에서 만난 인문학
아보하 사람들

Epilogue

| 김민겸

　처음 출판팀 제의가 들어왔을 때 많이 고민했다. 사실 필자는 인문학보다는 시를 좋아한다. 시는 우리의 생각이나 감정을 함축적으로 담아내기 때문이다. 특히 상징적인 의미나 비유, 은유 등의 표현은 읽는 사람마다 다른 영감을 얻게 해주기에 필자는 좋아한다.

　돌아가서, 출판팀 제의에서 필자가 가장 잘 표현할 수 있는 인문학이 무엇인가 생각할 때 바로 '논어'가 떠올랐다. 논어는 문답으로 짧게 몇 줄만 쓰인 책이다. 하지만 그 문장은 과거부터 현재까지 읽는 이들이 처한 상황에 따라 다양한 생각을 하게 한다. 이런 점에서 시와 비슷하다고 생각을 한 것은 필자의 오만함이었을까? 책을 선택한 후 글을 마치기까지는 생각보다 상당한 시간이 필요했다.

　집필을 마치고 다시 한번 글을 읽어보니 출판팀 방향과 비슷한 것 같아서 내심 기분이 좋다. 다만 너무 인문학에 치중해 글이 경직되어 있어 독자들의 다양한 생각을 방해한 것 같아 미안하다. 다양한 생각은 자신을 더욱더 강하게 만드는 것임을 알기에 그러하다.

필자가 즐겨 쓰는 책갈피에는 이런 문구가 쓰여 있다. '시간은 흘러도 위대한 생각은 녹슬지 않는다.' 필자도 녹슬지 않기 위해 오늘도 책을 읽으면서 사색에 잠긴다.

▎김성용

평소 존경하는 한동균 작가님으로부터 함께 하자는 연락을 받았다. 한사코 거절했었다. 생업과 학업에다가 아이 둘 아빠, 많은 모임 등의 핑계들은 둘째 치고, 글을 쓴다는 것을 평생 살면서 무관한 것으로 치부했었다. 그럼에도 공동 출판이었던 까닭에 누구와 함께하는지 물어보았다. 멤버가 좋았다. 2024년 리케이온 글쓰기와 출판 프로젝트에 마지막 일원으로 참여하게 되었다.

처음 미팅 후에 소감은 돌이켜 보면 막연 그 자체였다. 글쓰기의 주제와 도서를 선정해야 했다. 인문고전독서토론회 '리케이온'의 24년 1월 선정 도서인 에픽테토스의 『엥케이리디온』을 선택했다. 2천 년 후의 한국인에게 로마의 스승이 보내는 위로의 편지, 짧지만 한줄 한줄 내용이 전달하는 메시지가 묵직하게 느껴졌다. 그러면서 후기 스토아학파 철학자들, 세네카와 아우렐리우스까지 알아보게 되었다. 주제는 주저 없이 '행복'으로 선정했다. 최초 기세는 좋았으나, 2개월 동안 갈피를 잡지 못했다. 행복에 대한 글을 써야 하는데 이로 인해 고통을 받는 점에서 아이러니했다.

글을 쓰는 기간 동안 모든 알고리즘이 행복이란 키워드로 연결되었다. 행복은 추상적이고 개인에 따라 의미가 다른 까닭에 많은 자료를 인용했다. 가요의 가사를 쓰는 것이 분위기와 감정을 전달하기에 효과적이라 생각했다. 끝까지 글을 쓸 수 있게 응원해준 분들에게 감사의 말씀을 전하며, 글을 읽어주신 모든 독자의 행복을 기원한다.

김효엽

　기억에 의한 고착화. 우리는 시간과 세월의 타협 없이 고착된 신념에 얽매여 편견을 통제하지 못한다. 타인에 의해 논의된 정의를 본인이 제정한 양 거름망 없이 인용한다. 100여 년이 넘는 시간이 흘러도 아무도 의문을 가지지 않았던 동심의 소설. 하지만 아니다. 동심이 어디에 존재하는지 찾아볼 수 없다.

　나는 『피터 팬』에서 사회의 모순을 찾고 개인이 가지는 오류가 사회에 어떠한 영향을 주는지 의문을 가졌다. 다른 시선으로 등장인물 개개인과 대화해 보고 싶었고, 사회적 심리 불안을 얘기해 주고 싶었다. 피터팬 신드롬의 부정적인 것을 넘어 긍정적인 부분을 심도있게 논의하고 싶었다.

　100년이 넘은 인문 고전문학이 비단 소설로 비켜가지 않고 실생활에 가져 올수 있는 것이 무엇일까를 생각했다. 각 인물의 심리상태와 네버랜드의 사회적 순환구조를 파헤쳐보았다. 중소기업의 피터팬 신드롬을 신명나게 연구한 논문이 많이 없어 다소 아쉬웠다. 정부의 짧은 기간의 정책으로 경제를 연구하는 것이 쉽지는 않을 터이다.

　독서토론동아리 리케이온에서의 사유가 깊게 다가온다. 행운의 여신이 쓴 모자 위의 단추를 바라보지 않는다. 인문의 어깨에 올라 경영을 바라본다. 이곳에서의 사색이 세상을 사는 현명한 즐거움이다. 나에겐.

이혜민

　1. 삶은 끊임없는 도전과 선택의 연속이다. 꿈을 이루기 위한 여정은 결코 순탄하지 않으며, 좌절과 실패를 거듭하면서 우리는 비로소 자신이 누구인지 깨닫게 된다. 이 책을 마무리하며 독자들에게 전하고 싶은 메시지는 분명하다. 꿈 꾸는 것을 두려워하지 말고, 그 꿈을 향해 끊임없이 나아가라는 것이다. 성공은 단지 목표를 이루는 것이 아니라, 그 과정에서 얻는 깨달음과 성장이 더 큰 의미를 지닌다. 구운몽의 주인공 양소유가 겪

는 꿈과 현실의 경계 속에서 우리는 자신의 삶을 돌아볼 기회를 얻는다. 이 책이 독자들에게 그동안 잊고 지냈던 꿈을 다시금 떠올리고, 새로운 도전을 시작할 용기와 힘을 주기를 바란다. 그리고 그 꿈을 향해 용기 있게 나아갈 수 있는 계기가 되기를 바란다.

2. 20살 새내기가 된 나, 당시 대학교 도서관에서 우연히 한 권의 책을 집어 읽고 깊은 감동을 받았다. 용기를 준 저자에게 감사의 글을 남겼고, 답장이 오지 않을 것이라 생각했지만, 뜻밖에도 저자의 답장을 받았다. 그때의 기억은 아직도 잊히지 않는다. 이제는 내가 저자가 되어, 독자들에게 용기를 전하고 있다. 도움이 필요하면 언제든지 연락 주세요.

hminlee10@naver.com

장두종

책을 읽으면서 생각이 넓어졌다. 확장된 생각에 정리가 필요한 시점이 있어 글을 적어야 되겠다고 결심하게 되었다. 시작할 때 힘들 것이라고 생각은 하였다. 다만, 나와의 약속을 미룰지는 예상하지 못하였다. 식사할 때 맛없는 것을 먼저 먹고 맛있는 것을 남기는 버릇이 있다. 싫어하는 일을 먼저 하고 내가 즐기는 일을 뒤로 남기어 편하게 마무리하는 것이 오래된 습관이었다. 글을 적으면서 내가 아직 부족하다는 것을 깨달았고 루틴이 바뀌었다. 자꾸 뒤로 미루게 되고 핑곗거리를 찾는 자신을 마주하게 되었다. 난 참을성이 있다고 생각하였는데 전혀 그렇지 않다는 것을 알게 된 계기가 되었다. 돌아보니 몇십 년간 매일 하던 운동도 아이가 태어나고 자주 하지 않게 되었고, 공부도 별로 안 하고 있었다. 이 활동이 새로운 습관을 형성하여 참을성을 기르는 기회가 된 것 같다. 당장 큰 변화는 없더라도 내일은 1분이라도 좀 더 행복에 가까워지는 변화의 씨앗이 되었던 경험이었다.

한동균

　2023년 말 김동석, 김찬주, 신동석, 이나경 작가와 함께 리케이온 출판사를 통해 『난 괜찮아 I AM FINE』을 출간했다. 많은 에너지를 쏟아서 집필했다. 책을 펴내고 뒤돌아보니 집필 기간을 정해놓고 완료해야 해서 다시 보니 아쉬움이 많았다.

　글을 계속 쓰고 더 잘 쓰고 싶은 마음에 두 번째 공동 출판에 도전했다. 거의 1년 동안 『천로역정』의 여러 번역서를 읽고 비교하고 관련 자료를 찾고 읽고 정리했다. 두 번째 출판이라 첫 번째보다는 쉽게 잘 쓸 수 있다는 자신감으로 시작했다.

　멀리서 보면 쉬운 길로 보이는 길이 막상 가보면 쉬운 길이 아닌 경우를 많이 경험해 봤을 것이다. 나 역시 그런 경험을 많이 했다. 안타깝게도 이번 두 번째 출판도 그런 경험에 포함된다.

　『천로역정』에서 다뤄야 할 주제와 생각거리가 내 예상보다 너무 많았다. 쉽게 재번역하고 쉽게 풀이하고 싶은 내용도 꽤 많았다. 이 많은 주제 중에서 핵심 주제들을 고르고 설명하는 일이 생각보다 오래 걸리고 에너지가 많이 들어갔다. 게다가 여름에는 교통사고 후유증으로 두 달 넘게 제대로 집중할 수 없었다.

　천로역정에서 말하고자 하는 핵심을 아직 구도자의 길에 머무르는 사람에게 쉽게 전달하는 글을 쓰고 싶었다. 그가 순례의 길을 떠날 수 있도록 이해하기 쉽게 쓰고 싶었다. 천로역정의 여러 번역본을 읽고 여러 번 읽어가면서 천로역정의 이야기를 이해하기 위해 애쓰고 『천로역정』을 쓰기 시작한 때 마침 경산중앙교회의 김종원 담임목사님이 『천로역정』을 주제로 설교 말씀을 시리즈로 시작하고 『다음 세대와 함께 걷는 천로역정』 책을 출판했다. 설교와 책에서 많은 영감을 얻었다.

　우여곡절 끝에 출판을 마무리한다. 아무쪼록 이 책이 『천로역정』을 쉽고 깊게 이해하는 책이 되고 이 책을 통해서 삶의 중요한 인사이트를 발견하기 바란다.

일상에서 만난 인문학
아보하 사람들

아보하 사람들 : 일상에서 만난 인문학

초판인쇄 2025년 04월 20일
초판발행 2025년 04월 28일
지 은 이 김민겸, 김성용, 김효엽, 이혜민, 장두종, 한동균
펴 낸 이 김도균

펴 낸 곳 도서출판 리케이온
출판등록 제2016-000007호
전 화 053-784-8666, 010-3439-7939
팩 스 0505-966-8666
주 소 대구광역시 중구 달성로 10, 동산빌딩 5층
이 메 일 loverofart@daum.net
홈페이지 www.lykeionbook.kr
정 가 18,000원
I S B N 979-11-973527-6-8

이 책은 저작권법에 따라 보호받는 저작물이므로 무단복제를 금합니다.
이 책 내용의 전부 또는 일부를 이용하려면 반드시 저작권자와
도서출판 리케이온의 서면 동의를 받아야 합니다.